梁英聖
Ryang Yong-Song

日本型ヘイトスピーチとは何か

社会を破壊するレイシズムの登場

影書房

日本型ヘイトスピーチとは何か　目次

第3章 実際に起きた在日コリアンへのレイシズム暴力事例 83

《おことわり》

一、本書は差別実態を紹介する必要から、差別的表現をそのまま引用・掲載した箇所がある。あらかじめご了承いただきたい。なお引用文献中、旧かなづかいを新かなづかいに、算用数字を漢数字にあらためたものがある。ルビは適宜付加した。また明らかな誤植・誤記・脱落と思われるものは訂正した。元の文献と記述の不一致が確認できたものも訂正した。資料中の実名については一部伏せたものがある。

一、本書では朝鮮民族の総称として「朝鮮」あるいは「コリア」を用いる。しかし民族の総称として「韓国」ないし「韓」を用いる立場を一律に否定するものではない。

一、本書では日本に在住する朝鮮半島にルーツをもつ人びとを指す言葉としては、原則として「在日コリアン」を用いる（たんに短く「在日」と略されている場合も同様）。「在日朝鮮人」と同義である。在日コリアンには朝鮮民族が植民地支配や冷戦時代に離散を強いられたさまざまな国・地域（日本や中・ロ・米等）の国籍や法的地位をもつ人びとがふくまれる。またダブル（いわゆる「ハーフ」）等ルーツを複数もつ人びともふくまれる。その多くは日本による朝鮮植民地支配によって日本に住むことになった朝鮮人とその子孫（いわゆるオールドカマー）であるが、八〇年代以降に大韓民国から日本にやってきた人びと（いわゆるニューカマー）なども当然ふくむ。

一、本書では朝鮮半島の南北に分断された国家および政府を指す言葉としては「朝鮮民主主義人民共和国」／「大韓民国」を、その略称としては「北朝鮮」／「韓国」を用いる。

一、本書は近年の在日コリアンへのヘイトスピーチがもつ特殊な形態と、それが頻発する原因を分析することを目的としている関係上、叙述はレイシズム現象の分析（定義は第2章参照）に絞っている。ジェンダーや障がいや階級といった観点から、本来であれば多角的に分析すべき論点についてはほとんど触れていないことをご了承いただきたい。またレイシズムという語を本書では、近代以降の、実際に差別・暴力・虐殺といった行為としてあらわれるレイシズムを指すものとしてあつかう。

序章

戦後日本が初めて経験するレイシズムの危険性を前に

いま日本社会では、「朝鮮人を殺せ」などとさけぶ醜悪なヘイトスピーチ（差別煽動）が各地で頻発している。

今年（二〇一六年）三月三〇日に公表された法務省による初の調査結果によると、二〇一二年四月から二〇一五年九月にかけて、二九都道府県で計一一五二件のヘイトスピーチ街宣が確認されている。「年ごとに見ると相当程度減少しているが、沈静化したとはいえない状況だ」と国が認めるほど、状況は深刻なままだ（毎日新聞、二〇一六年三月三一日、東京朝刊）。

二〇一三年二月以降、「カウンター」とよばれる、ヘイトスピーチ街宣に非暴力直接行動によって抗議する方法が市民のあいだで広まり、それはマスコミ報道の関心を集め、ヘイトスピーチの異常さ・醜悪さや、シンプルな抗議の方法を社会レベルで可視化することに成功した。また昨年（二〇一五年）五月の国会で戦後初めて、レイシズム（民族差別）禁止法案である人種差別撤廃推進法案が野党から提出された（その後与党からヘイトスピーチに特化した法案が出され、いわゆる「ヘイトスピーチ解消法」〔本邦外出身者に対する不当な差別的言動の解消に向けた取組の推進に関する法律〕が今年五月二四日に成立した）。

おそらく法律が成立したとしても、ヘイトスピーチ頻発状況の改善は困難だと私は考える。なぜなら、ヘイトスピーチ頻発現象の本当の危険性が、そしてその原因がどこにあるのかが、日本社会で十分に共有されているとは思えないからだ。

最悪のレイシズム現象としてのヘイトスピーチ

現在のヘイトスピーチの危険性は、過去の在日コリアンへのレイシズムと比較することで明瞭になる。

戦後日本社会ではほとんど知られてこなかったが、ヘイトスピーチが頻発するはるか以前から、在日コリアンに対しては深刻なレイシズムが横行し、暴力事件も頻発してきた。それはジェノサイドにいたった関東大震災の朝鮮人虐殺だけではない。敗戦直後の復員軍人はじめ日本人によるレイシズム暴力事件や、六〇年代～七〇年代に頻発した朝鮮中高校生襲撃事件（以下、朝高生襲撃事件）、さらには八〇年代後半以降頻発した「チマチョゴリ切り裂き事件」（以下、チマチョゴリ事件）にいたるまで、死者・負傷者を出すほどに深刻だった。

かつての朝高生襲撃事件は、反共主義の極右勢力が直接犯人を煽動した。チマチョゴリ事件は、「普通の人」が政府とマスコミの北朝鮮バッシングに「上から」煽動されて自然発生的に起きたと考えられる（詳細は第3章参照）。両者はいずれも匿名の非公然の犯行だった。

しかし、いま頻発するヘイトスピーチは、「普通の人」が、レイシズム・外国人排斥を公然とかかげ、継続的に組織されつづけている点で、前二者にはない特徴をもっている。また、「普通の人」が、インターネットの煽動力を利用し、ハナから差別を目的とした、しかも遊び半分の「運動」に自然発生的に参加し、くりかえされているという点も特徴的だ。

これは、戦後日本社会が初めて経験する、民主主義と社会を直接破壊しかねない水位にまで上昇した、最も危険なレイシズム暴力現象である。

そしてこれは、レイシズムを暴力に結びつける見えない社会的回路が、すでに広範にかつ根深く形成されているがゆえに起きている。

私たちは、ヘイトスピーチを止めるだけでなく、レイシズムを暴力に転化させる社会的条件を特定し、それをなくさなければならない。それができなければ、民主主義と社会を破壊から守ることはできないだろう。

本書では、いまだよく知られていないこのヘイトスピーチの危険性に、最大限の警鐘を鳴らしたいと考えた。

ヘイトスピーチの危険性を可視化するキーワード①——反レイシズムというモノサシ

ヘイトスピーチとは、簡単に言えば差別煽動（レイシズム煽動）のことだ。ヘイトスピーチを理解するには、そもそも「差別（レイシズム）とは何か」という基本的な理解が欠かせない。

ところが、ここに日本社会が抱える難問がある。多くの日本市民には、残念ながらレイシズムが「見えない」ように（不可視化）されているからだ。

日本社会で差別が不可視化されている一例として、日本で当たり前に用いられている「履歴書」をあげることができる。日本で履歴書と言えば、市販されているフォーマットがある。そこには必ず生年月日・性別を記入する欄とともに、顔写真を貼りつける欄がある。ひと昔前までは国籍・本籍欄さえあったし、現在でも戸籍謄本・抄本の提出を求める企業が後をたたない。

だが欧米では、職務の内容に無関係なはずの肌の色や容姿、性別、年齢、あるいは宗教などを、雇用時の判断材料にすることは差別だと考えられている。

米国の履歴書には「性別や生年月日、年齢を記入する欄がない。そもそも写真を貼るところがない。

写真は性別や年齢、人種を推測することができるからだ」（木下武男「同一労働同一賃金を実現するジョブ型世界」、『POSSE』三一号、五六頁）。第四章で後述するとおり、米国では一九六四年の有名な公民権法でレイシズムや性差別が包括的に禁止され、六七年には雇用における年齢差別禁止法も制定されているためだ。さらに欧州でもたとえば性・人種／民族・宗教などの理由による雇用差別を禁止する「雇用及び職業における均等待遇の一般的枠組みを設定する指令」というEU指令が存在する。

それどころかいまや欧米では、名前さえ書かない履歴書の導入さえすすんでいるという（「匿名履歴書、移民・女性にプラスの効果」労働政策研究・研修機構のウェブサイトより、二〇一二年七月、http://www.jil.go.jp/foreign/jihou/2012_7/german_02.html）。ドイツ連邦非差別局は、「氏名、年齢、性別、顔写真、配偶者・子の有無など採用差別を生じさせる項目を削除し、資格や職業能力のみを記載」した「匿名履歴書」の試験導入を行い、それは、「アメリカ、イギリス、カナダなどではほぼそれに近い形が一般化しており、ヨーロッパではスウェーデン、フランス、オランダ、スイス、ベルギーなどで試験的な導入が進んでいる」という。

日本では、なぜレイシズム（差別）が、ここまで不可視化されているのか。その理由は、日本社会に反レイシズム（反民族差別）という社会的規範が成立していないからである。

この「社会的規範」という概念は、本書の理解にとって欠かせないポイントとなる（第2章参照）ので、セクハラ（セクシャル・ハラスメント）を例にとって、ここで説明しておこう。

いまでこそ、日本の多くの常識人が、何がセクハラで、何がそうでないかを判断できるようになっている。そして、「セクハラはよくない」という道徳・倫理レベルを越えて、「セクハラは犯罪」という認識も広まった。

こうなったのは、決して「自然なこと」ではない。セクハラをなくし、違法化を求める「反セクハラ」の力が、社会的規範（もちろん十分ではないのだが）の成立を勝ちとったからだ。

八〇年代に、北米に進出した日本の多国籍企業がセクハラで巨額の訴訟を起こされたり、国内でも、非常に困難な状況下で立ちあがった被害女性たちによる裁判をはじめとする社会運動の結果、八五年に国連の女性差別撤廃条約の締結にともなって制定された男女雇用機会均等法が九七年に改正され、セクハラが違法化された（立法・政策の成立）。違法化されることで、日本企業がコンプライアンスとしてセクハラを社内で（建前上は）禁止するようになり、ようやく社会レベルでもセクハラは犯罪とみなされるようになった（社会的規範の成立）。

ここから学びとれる重要な教訓がある。たとえ深刻なセクハラが横行していたとしても、反セクハラという規範がなければ、それらは「セクハラ」として概念化されず、マジョリティの男性はじめ、社会的には「見えない」ものにされてしまう、ということだ。

実際に、セクハラという言葉が普及するはるか以前から、日本企業ではお茶くみや、いわゆるヌード・ポスターなどのポルノの掲示から、いじめや昇進差別、雇用関係を悪用した性暴力にいたるまで、セクハラは頻発してきた。

つまり「反セクハラ」規範は、セクハラを測るモノサシ（尺度）――何がセクハラで何がそうでないかの線を引く――として機能する。同様のことは、「公害」、「過労死」、「児童虐待」、「貧困」、「待機児童」など、さまざまな社会問題についても言える。人権侵害は、一般に、「反人権侵害」という社会的規範がなければ、たとえ死にいたるほど深刻なものであったとしても、社会的には「見えない」まま、「なかったこと」にされてしまう。

「反人権侵害」という社会的規範は、人権侵害を社会レベルで可視化させ、その深刻さの質と程度（量）を測るモノサシ（尺度）である。多くの市民は、「反人権侵害」という社会的規範が成立していればこそ、社会共通のモノサシを基準にすることで、何が人権侵害で、何がそうではないかを判断することができる。

レイシズムの話に戻れば、「反レイシズム」規範こそが、レイシズムを測るモノサシとなる。欧米はじめ世界には、反レイシズムという社会的規範がすでに存在する（もちろんその内容・範囲は絶えず議論の対象となり、闘争にさらされている）。だから、レイシズムは、セクハラや児童虐待と同じく、社会がなくすべき社会問題として理解されている。

だが、戦後日本社会では、反レイシズム政策が一つもなく、社会的規範も成立してこなかった。そのため、在日コリアンへの深刻な差別が横行しても、「見えない」ままにされてきた。

つまり日本にはいまだ反レイシズムという、レイシズムを測る基本的なモノサシが欠けている。ヘイトスピーチの危険性や被害について理解し評価を下すための必要条件が存在しないのである。

したがって、欧米でのヘイトスピーチ問題とは対照的に、日本では、まず反レイシズムというモノサシを社会に打ち立てる、というごく基本的な課題があるのだ。

反レイシズムのモノサシを身につける方法

日本のヘイトスピーチ頻発状況を解決に導くためには、反レイシズムというモノサシを身につける必要がある。

よく企業で行われるセクハラ研修では、

①セクハラの定義（性的嫌がらせであり相手が望まない性的言動）

②セクハラの具体的な事例（女性だけにお茶くみをさせるなど）

を最低限学ぶはずだ。

本書も同じく、①定義と②事例をさまざまなかたちで学ぶことで、反レイシズムを身につけられるようにしたい。とくに前者は、国家が定める反レイシズム法・政策から、後者は過去に実際に起きたレイシズム事例から学びたい。

残念なことに、日本は反レイシズム法を一つももたない唯一の先進国だ（今年五月に成立した「ヘイトスピーチ解消法」は、「ヘイトスピーチは許されない」とする極めて限定的な法律であり、欧米の反レイシズム法と同じとは言えない*）。そのため、①定義については、日本も九五年に批准した人種差別撤廃条約（ＩＣＥＲＤ）から学ぶ。また、欧米先進諸国による立法・政策からも学ぶ。

これら国際条約・欧米先進諸国による立法・政策はヨコの（同時代から学ぶ）モノサシであり、過去のレイシズム暴力事例はタテの（過去から学ぶ）モノサシと言えるだろう。

ヘイトスピーチの危険性を可視化するキーワード②――差別煽動

ヘイトスピーチの危険性を可視化する第二のキーワードは「差別煽動」だ。差別煽動とは文字どおり、人びとを差別するように煽りたてることだ（第２章参照）。

差別煽動の理解が重要である理由は、前述のとおりヘイトスピーチがその定義からして差別煽動であるからだけではない。ヘイトスピーチを頻発させる差別煽動効果がどこからやってくるのかを可視化させる必要があるからだ。

現在の日本のヘイトスピーチは、かつてのレイシズムとは比較にならない危険性をもっている。なぜ・どのようにして・何によって日本のヘイトスピーチが頻発するようになったのか。この問いを考えなければ、有効なヘイトスピーチ対策を打ち立てることは不可能だ。

日本でヘイトスピーチを頻発させた差別煽動効果は、政治空間からやってきている。政治空間からの差別煽動（本書では「上からの差別煽動」とした）、つまり、有名な政治家・政党によるヘイトスピーチや、国・自治体による公然たる差別政策、さらには歴史否定（日本軍「慰安婦」制度や朝鮮人強制連行、南京大虐殺の否定など）は、市民社会でのレイシズムを決定的に増大させてしまう。だからこそ、人種差別撤廃条約の第4条（c）では、政治家や公務員のレイシズム・差別煽動を許さないと、定めている。

＊　法案成立以前に原稿の大半を書き終えていた本書では、「ヘイトスピーチ解消法」についてのべる紙幅がないため、次のことを指摘しておくにとどめる。同法は近年の「反ヘイトスピーチ」運動が成立させたという意味では画期的であった。だが同法は、①禁止規定のない理念法であるだけでなく、②包括的差別禁止法でもない、ヘイトスピーチに対象を限定したものであり、しかも③「本邦外出身者」へのそれにのみ限るものだ。そのため本書で後述するように、レイシズムそのもの（労働・居住・公共空間等での）を法律で禁止するという、およそ半世紀前に欧米で闘いとられた水準の反レイシズム法がゼロであるという日本の深刻な状況に大きな変わりはないと考える。さらに同法には④「適法に居住する者」という文言が挿入されているが、これじたいが人種差別撤廃条約に反するレイシズムである疑いが強く、極めて深刻な問題を抱えている。同法の問題については反レイシズム情報センター（ＡＲＩＣ）の「与党ヘイトスピーチ法案の修正を強く求め、特に「適法に居住するもの」規定が削除されない場合は法案の廃案を求める声明」を参照されたい。http://antiracism-info.com/archives/782）

戦後日本社会には反レイシズム政策がなく、そのため政治空間でのレイシズムもほとんど野放しにされてきた。そのうえ九〇年代以降の右傾化によって、レイシズム・歴史否定やナショナリズム煽動を通じて極右議員が当選するという集票構造が成立した。それは、四半世紀にわたって日本社会のレイシズムを止めどなく煽動しつづけ、結果、二〇〇〇年代後半から、醜悪なヘイトスピーチが頻発するようになったのだ。

反レイシズムの欠如が在日コリアンにおよぼした影響——戦後日本社会における「沈黙効果」

戦後日本社会における反レイシズム規範の欠如が、日本のレイシズム問題を深刻なものにしてきた。第一に、社会レベルでは、レイシズムは「なかったこと」にされ、第二に、マジョリティが無意識のうちに差別することを許してきた。

だがもっとも深刻な問題は、第三に、マイノリティへの重大なマイナス影響をもたらしたことにある。たとえば、反レイシズム規範の欠如は、マイノリティの表現の自由を根本から奪ってきた。

本書で見るとおり、ヘイトスピーチの被害は極めて深刻だ（第1章、第3章ほか）。にもかかわらず、ヘイトスピーチに抗議をしたり、それ以前に被害を訴える在日コリアンは、現状では圧倒的に少ない。このことはよくヘイトスピーチの「沈黙効果」と説明される（師岡康子『ヘイト・スピーチとは何か』）。

しかし、そこで言う「沈黙効果」とは、六四年の公民権法以降の、差別禁止法とアファーマティブ・アクション（積極的差別是正措置）が成立した米国で、それでもなお抑制することが難しい差別表現・煽動によってマイノリティが「沈黙」を強いられることを概念化したものである。特殊な文脈のなかで語られているということに注意しなければならない。

差別禁止法がない日本で、これまで野放しにされてきたヘイトスピーチが与えるマイノリティへの被害は、米国と同じような「沈黙効果」にとどまるものだろうか。

米国では、警官の黒人射殺というレイシズムに対して、黒人団体が猛抗議をしたり、黒人集住地区で大衆的なデモや「暴動」が起きたりもする。ヘイトスピーチが「沈黙効果」を発揮するとしても、大規模なプロテスト（抵抗）じたいがないわけではない。

対して在日コリアンは、現下の最悪のヘイトスピーチにさえ、大規模な抵抗運動をいまだに組織できないでいる。この全般的な、絶対的とも言える「沈黙」は、はたしてヘイトスピーチの「沈黙効果」（という米国流のモノサシで測れる被害）だけで説明がつくのだろうか。

在日コリアンは、ヘイトスピーチ頻発のはるか以前から、結婚・就職・住居・教育ほか、あらゆる局面で深刻なレイシズム被害にあってきた。にもかかわらず、自分たちが受けた被害についてほとんど「沈黙」を強いられてきた。というより、そもそもどれほど深刻な差別被害を受けても、自身でそれを「差別」と認識する術をもたない当事者が無数にいる——とりわけ若い世代ほどその傾向は顕著だ。

ヘイトスピーチ被害について在日コリアンが異様なまでに「沈黙」しているのは、ヘイトスピーチの「沈黙効果」だけでは決して説明がつかない。

反レイシズム規範をつくらず、在日コリアンという存在やアジア侵略の歴史を認めることもないまま、半世紀以上もレイシズムを放置してきた戦後日本社会こそが、ただでさえ朝鮮半島の分断を背景に引きさかれてきた在日コリアンに「沈黙」を強いてきた。ヘイトスピーチの「沈黙効果」は、これら従来のレイシズムが強いてきた「沈黙」を、一層強化させたのである。

このことは、欧米の議論を抽象化した一般論では決してつかむことはできない。統計や量的なデータからも容易に測ることはできない。日本という個別具体的な歴史的・社会的文脈のなかでレイシズム現象を分析する場合に、はじめて「見える」ようになる。

反レイシズムというモノサシは、社会的規範として成立していれば、マイノリティとマジョリティがコミュニケーションをとる際に、必要最低限の「共通言語」となるはずのものだった。

しかし、日本には反レイシズムだけでなく、本書第5章でのべる反歴史否定（反歴史修正主義）規範という――朝鮮植民地支配は不法であるなどの――モノサシもない。さらに、日本人でさえマタニティ・ハラスメントを受けたり、生活保護受給者がバッシングされるこの国では、一般的な人権規範も欠けている。つまり、①一般的人権規範、②反レイシズム、③反歴史否定という、在日コリアンの生存権を守るための人権規範が、日本には三つとも存在しない。それらは人権侵害を測るモノサシであり、人権侵害を語るための共通言語である。

それだけでなく、マイノリティにとってそれらは、なによりも自分を権利否定から守る「盾」である。つまり在日コリアンの若者は、生きのびるうえで必要な三つの盾を一つももたない無防備な状態で、実社会でもネット上でも、ヘイトスピーチとレイシズムに日々さらされるほかないのである。

そのため在日コリアンは、レイシズム被害を他者に語ることができないだけでなく、自分が何者であるかを他者に説明することや、自分を在日コリアンとしてアイデンティファイ（自認）することじたいが相当に困難なのだ。ここに、朝鮮半島の分断と、日本と朝鮮半島との敵対的関係が加わるため、それは途方もなく難しくなる。

さらに、在日コリアンは日本社会でいまやアトム化されてしまい、自分の家族以外の在日コリアンと知り合う機会がない者が多数派だ。加えて、若い世代の在日コリアンは、大衆規模で何かを勝ちとった実体験をもたず、上の世代が闘いとった「歴史」を自分のものにできている者も多いとは言えない。

在日コリアンは、本来もっているはずの、レイシズム被害を語る力も、人間性を失わないために自分のアイデンティティを活用する力も、それらを社会を変えるために発揮する力をも、右のような社会的条件のために削がれつづけている。これが、ヘイトスピーチの「沈黙効果」以前に、はるかに徹底的に在日コリアンの若者を黙らせてきたのだ。

本書では、本来であれば語るべき在日コリアンのレイシズム被害の実態や、当事者の主体性——在日がどのように生き、何を考え、何を訴え、どう抵抗したのかなど——についてはまったく不十分にしか触れていない。本書はただ、レイシズムを語るうえでの最低限度の右記の三つのモノサシ＝共通言語のうち、反レイシズム規範に重点を置いてその必要性を訴えることに努めた。そのモノサシによって、日本のレイシズム／ヘイトスピーチ頻発現象を可視化するというごく初歩的なアプローチが喫緊の課題だと考えたからだ。

そして、いかに迂遠に見えようとも、それが結局はレイシズム被害の実態とマイノリティの主体性を日本社会が理解するための、十分条件ではないが、不可欠な必要条件となると考える。

本書の構成

本書は、日本のヘイトスピーチの危険性、社会的原因、有効な対策について考えていく。その際、欧米の経験を抽象化した一般論にとどまらず、日本という個別具体的な歴史的・社会的文脈のなかに位置づけて、その特殊性に着目する。そして、反レイシズムというモノサシを身につけることを通じて、日本のレイシズム問題を「見える」ようにする。

第1章では、まず現在の日本のヘイトスピーチの現状とその特徴をおさえる。ヘイトスピーチは従来のレイシズムと比べても、極端な非人間性（嗤いながら「殺せ」と言うなど）をもち、物理的暴力（脅迫・営業妨害・傷害ほか）をともなうという明白な特徴があることがわかるだろう。

第2章では、反レイシズムというモノサシについて概説する。レイシズムの定義と、ヘイトスピーチ頻発を招いている社会条件を可視化するのに欠かせない差別煽動の定義をここでおさえる。

第3章では、反レイシズムというモノサシを身につけるための事例として、物理的暴力に発展した在日コリアンへのレイシズムの具体的事例（タテのモノサシ）を紹介する。一九二三年の関東大震災時の朝鮮人虐殺、一九六〇～七〇年代の朝高生襲撃事件、一九八〇年代後半以降のチマチョゴリ事件などを取りあげる。

第4章では、欧米先進諸国の反レイシズム政策・社会的規範（ヨコのモノサシ）を学ぶ。戦後日本社会に反レイシズムの社会的規範が欠けていることの異常性・特殊性が浮き彫りになるだろう。

欧米も、かつては日本と同じく、区別と差別の判断基準があいまいな社会だった。しかし、それらの国では、六〇～七〇年代にかけて、それぞれの反レイシズム運動を背景に、政府にのちに基本となる反レイシズム政策をつくらせた（反レイシズム1.0）。その結果、それまであいまいだった区別と差別のあいだに明確な一線を引く公的な基準をつくりだし、さらに、区別から切りだされた差別＝レイシズムは「社会と政府が闘うべき悪」であるとする最低限の社会的合意をつくりだした。

しかもそれらの国は、その後も持続的に反レイシズム政策をアップデートしつづけている（反レイシズム2.0）。そういう意味で、反レイシズム政策がゼロの日本は、欧米先進諸国と比べて二周も遅れていることがはっきりするだろう。

第5章では、日本のヘイトスピーチ頻発状況をもたらした社会的要因が何であるかを考える。あらかじめ言ってしまえば、それは、①反レイシズム規範の欠如、②「上からの差別煽動」、③反歴史否定規範の欠如と歴史否定の煽動、の三つの要因に整理できる。

第6章では、これらの原因をふまえ、どうしたらヘイトスピーチを止めることができるのかを考えたい。本書では、日本社会に欠けてきた反レイシズムという社会的規範を確立させるためのシングルイシュー闘争の決定的重要性を訴えたい。しかし同時に、反レイシズム規範を闘いとるシングルイシューだけでは、レイシズムそのものが発生する社会的原因をなくすことはできない。レイシズムをここまでひどいものにするもろもろの社会関係を変えるための闘争について、最後に触れる。

第1章

いま何が起きているのか——日本のヘイトスピーチの現状と特徴

本論に入る前に、いま頻発する日本のヘイトスピーチの実態を押さえておきたい。次の光景は私が直接目の当たりにした街頭でのヘイトスピーチの一例である。

◆二〇一三年六月　東京・大久保にて

その日の大久保通りはよく晴れていた。乗客でにぎわうJR新大久保駅改札を出て、すぐ右手のガード下をくぐりぬけると、交差点に面した小さなスペースがある。花屋と喫煙所の間にあるそこに陣どって、私は彼らがくるのを待っていた。

やがて右手の明治通りのほうから、拡声器を通した声が聞こえはじめた。若い女性の声のようだ。徐々に音が大きくなるにつれ、次のように言っているのがわかった。

「朝鮮人はぁ、未来永劫ぅ、われわれ日本人のぉ、天敵だぁー」

慣れを感じさせる、ドスの利いた、調子をつけたコール（よびかけ）である。

これに「おー」という喚声がこたえる。日の丸・旭日旗を手にした「デモ隊」は、老若男女さまざまで、数はゆうに一〇〇を超える。なかにはベビーカーを押す女性も見える。彼らの手にするプラカードには、「仇ナス敵ハ皆殺シ　朝鮮人ハ皆殺シ」などと書いてある。カラーのマジックインキであえて醜く描かれた、チマチョゴリを着た女性の絵の隣に「従軍慰安婦は売春婦」と大書きしたものもある。

ただでさえ「韓流目当て」にやってきた大勢の通行人でごった返す休日の大久保通りは、落ちついて歩けない。そこに「デモ隊」とカウンター数百名がつめかけ、さらに両者を合わせたより多い機動隊が押し寄せる。大音量で流されるヘイトスピーチと、「帰れ！」など怒号をふくむ猛抗議とであたりは騒然となり、たちまち大混乱だ。しかし「デモ隊」は、フル装備の機動隊ごしに見えるカウンターを笑いながら、「ゴキブリ」「蛆虫」「キムチ」などと罵声を浴びせつつ、ゆうゆうと大久保通りを練り歩いていく。

記録のために一行にカメラを向けると、こちらに気づいたある中年男性は、顔を隠そうともせず、プラカードを高くかかげてポーズをとった（写真参照）。レンズ越しに目が合うと、彼は口の端を曲げて笑った。

朝鮮人のみな殺しをさけびながらも、彼らにはその種の覚悟や緊張はみじんもない。あるのはたとえようもなく不快な嘲笑だ。そこには一方的にマイノリティを攻撃して悦に入る嗜虐性や、なかば本能的に感じて

撮影・著者

いるだろう安全圏――いくらヘイトスピーチをくりかえしても、刑罰や訴訟や失業のリスクがない日本国内――にいるという安堵感がよくあらわれている。

一行が通りすぎるペースは、きわめてゆっくりで、私にはたまらなく長く感じられた。彼らが去ったあと、私の後方で、三名の女性がたがいに身を寄せあい、泣いていた。一人はひきつけを起こしているように見える。ガード下を通りぬけた「デモ隊」を追いかけて、機動隊も大勢のカウンターも行ってしまった。やがて交通規制も解除され、止められていた車が動きだす。買い物客が行きかい、大久保通りは喧騒前の光景を取りもどす――。

◆ひどすぎてありえない差別の登場

当時の光景を、直後に記したメモを頼りにして書き起こしてみたが、生ぬるい。現場に身をおいたときの言いようのないまがまがしさ、体中の皮膚がざわつくような不快な身体感覚は、少しも伝わらないだろう（しかもこれはマジョリティの側にいる人でさえそうなのだ。マイノリティであれば別の苦しみが多重化することは付け加えておきたい）。まだしもユーチューブなどで類似の動画を見たほうが――ジェノサイド煽動さえインターネットでいつまでも無料公開されつづけていることじたいが問題なのだが――伝えたい醜悪さが何であるかを感じてもらいやすいかもしれない。

もう少し実態を紹介することにする。

同じ年の二月に、やはり東京大久保で行われた街宣では次のようなヘイトスピーチが発せられた。

変態朝鮮人は日本からでていけー！

変態朝鮮人はその顔面に恥を知れー！

変態朝鮮人は生きてることに恥を知れー！

ゴキブリチョンコを日本からたたき出せー！（以上、デモのコール）

朝鮮人　首吊レ毒飲メ飛ビ降リロ
良い韓国人も悪い韓国人もどちらも殺せ
韓流にトドメを
竹島返せ　反日帰れ
害虫駆除（以上、プラカード）

「朝鮮人は出て行ったらいい、ゴキブリだ」

「自分は大阪から来たが、大阪の鶴橋にもコリアンタウンがある。夜になったらレイプが多発する」

（以上、参加者の暴言）


「デモ」のタイトルは、「不逞鮮人追放！　韓流撲滅デモ in 新大久保」と題されている。そしてこれら街宣は、基本的に事前にインターネット上で告知される。その文章じたい読むにたえない差別に満ちている。これら実例を読んだ読者はどう思われるだろうか。

国外退去と自死の命令。民族の虫けらあつかい。殺害予告。虐殺・ジェノサイドの煽動——。

マイノリティを慄然とさせ、恐怖におとしいれるにあまりある。しかし街宣は、朝鮮民族のみな殺しを語るには、あまりにも軽薄に、なかば遊び半分で、言わば「ノリ」で行われている。そのギャップそのものによってマイノリティを弄《もてあそ》びたいかのようだ。

国会議員の有田芳生（以下、登場人物については原則として敬称は略）は、ヘイトスピーチを「人間としてもっとも醜悪なデモ」と言いきったが本質をついている。レイシストを除けば、だれもがヘイトスピーチの異常さ・醜悪さ・差別性に怒りを覚えるにちがいない。

ここに、ヘイトスピーチが従来のレイシズムと一線を画す重要な特徴がある。それはたんなる差別ではない。ひどすぎる差別なのだ。日本で頻発するヘイトスピーチとは、ひどすぎて本来ありえないほどのレイシズムなのである。

このひどさを明確に言葉で理解する作業が、日本のヘイトスピーチの危険性を理解する最初の入り口になる。

ここでまず、このひどさのうち、だれにでも見える暴力のひどさに着目して、日本のヘイトスピーチが「スピーチ」ではなく、文字通りの物理的暴力現象であることを確認する。

◆さまざまなタイプの物理的暴力――街宣型・襲撃型・偶発的暴力

街宣型

すでに紹介したヘイトスピーチは、すべて街宣型である。マスコミでも取りあげられるように、

「ヘイトスピーチ」と言えば、これら街頭宣伝が主にイメージされると思われる。参加者は数名から数百名までさまざまだが、激化した二〇一三年・二〇一四年は、百名規模で行われることも多かった。

実施された現場は東京・大久保、大阪・鶴橋などコリアンタウンが有名であるが、その他、北から北海道札幌や福島県郡山、埼玉県大宮・蕨・川口、神奈川県横浜・川崎、愛知県名古屋、京都府京都、大阪府大阪、福岡県博多をはじめ、主要都市をふくむ全国各地で行われている。

主催だけでなく協賛に複数の団体が名を連ねていることからもわかるとおり、これらを主催する側のレイシスト団体は、大小あわせ数十以上が確認されている（それは有名無名や実体のないものまでふくめてだが）。このようなヘイトスピーチ街宣は、事前に意図的に計画・組織されたものである。これは差別を目的としたある種の社会「運動」だと言える。

だがヘイトスピーチは街宣にとどまらない。それは個人・団体やイベントへの襲撃から、現場での偶発的暴力、新聞・テレビ・書籍・雑誌による差別煽動から、インターネット上での差別の書きこみにいたるまで、さまざまなやり方をとる。

襲撃型

襲撃型は、明確に攻撃目標を定め、集団で押しかけ、脅迫・侮辱・名誉棄損・暴行・器物損壊などを行う暴力である。後述する在特会が引きおこした三鷹事件（二〇〇九年八月に東京都三鷹市で開催された日本軍「慰安婦」問題の展示・報告集会に押しかけて来場者の入場を妨害）や、徳島事件（二〇一〇年四月に朝鮮学校を支援したという理由で徳島市の日教組事務所を襲撃した事件で、二〇一六年四月に高裁が「人種差別」にあたると判断、四三六万円の賠償を命じた）などがその例である。ここではレイシストらの組織活動が活発化した二〇〇九年に起きた、最もひどい襲撃事件だった京都朝鮮学校襲撃事件（以下「京都事件」とも）について簡単に説明しておきたい。

京都朝鮮学校襲撃事件（京都事件）

最初の事件が起きたのは二〇〇九年一二月四日の昼すぎ。京都駅の南東には東九条という在日コリアン集住地域がある。その南はずれの鴨川土手に近い勧進橋児童公園の隣にあった、京都朝鮮第一初級学校が襲撃された（初級学校は日本の小学校に該当）。

犯人は「在日特権を許さない市民の会」（在特会）と「主権回復を目指す会」の構成員ら一一名。以下、判決で事実認定された差別発言の一部である。

「我々はX公園を京都市民に取り戻す市民の会でございます」「（本件学校は）公園を五〇年も不法占拠している」「日本国民が公園を使えない」「この学校の土地も不法占拠だ」「我々の先祖の土地を奪った。戦争中、男手がいないとこから、女の人をレイプして奪ったのがこの土地」「戦後焼け野原になった日本人につけこんで、民族学校、民族教育闘争、こういった形で、至るところ、至る日本中、至るところで土地の収奪が行われている」「日本の先祖からの土地を返せ」「これはね、侵略行為なんですよ、北朝鮮による」「ここは北朝鮮のスパイ養成機関」「犯罪者に教育された子ども」「ここは横田めぐみさんを始め、日本人を拉致した朝鮮総連」「朝鮮やくざ」「こいつら密入国の子孫」「朝鮮学校を日本からたたき出せ」「出て行け」「朝鮮学校、こんなものはぶっ壊せ」「約束というのはね、人間同士がするもんなんですよ。人間と朝鮮人では約束は成立しません」「日本に住ましてやってんねや。な。法律守れ」「端のほう歩いとったらええんや、初めから」「我々は今までみたいな団体みたいに甘うないぞ」「この門を開けろ、こらぁ」といった怒声を間断なく浴びせかけ、合間に、一斉に大声で主義主張をさけぶなどの示威活動を行った（二〇一三年京都事件地裁判決より）。

このような差別による罵詈雑言が、およそ一時間にわたり継続した。

当時学校には、合同授業のためやってきた近隣の朝鮮学校の児童もふくめ、小六以下約一七〇名の児童・生徒がいた。教員やかけつけた保護者らによる抗議にもかかわらず、犯人らは一時間にわたる襲撃をつづけた。教員は児童・生徒にヘイトスピーチを聞かせまいと努力したが、何人かは恐怖におびえ、泣きはじめた。

深刻なのは警察の対応だった。この街宣は「朝鮮学校による公園不法占拠」なるでっち上げの口実で行われた。しかもインターネット上で予告され、「宣伝用の動画」が無料公開されていた。事前に学校側はこれを知り、何度も警察に止めさせるよう訴えていた、その末の事件だった。

襲撃を防げなかった時点で、警察は責任を問われるべきである。しかし警察は、一一〇番通報後にやってきても、目の前で半時間も襲撃を放置した。

児童生徒らは襲撃後、スピーカーの音におびえたり、なかには夜尿症が治らなかったりと、PTSDが疑われるほどに深刻な被害をこうむった。また教員や保護者そして地域の在日コリアンにも癒しがたい傷を負わせた。

被害はそれだけではすまなかった。まず、犯人らは襲撃の様子をビデオカメラに記録し、ウェブサイト上に無料公開した。映像はまるで何かのプロモーションビデオのごとく、軽快な洋楽をBGMにして、高速早回しでJR京都駅から朝鮮学校までの道を示したうえに、犯行の「名シーン」をダイジェストで見せ、あらためて無音のドキュメンタリーとして襲撃の一部始終を犯人の目線から見せる、という編集を加えてアップされていた。タイトルは「12月4日 京都児童公園を無断で校庭として使う朝鮮学校から奪還」。この映像には一週間で一〇万件を超えるアクセスがあった（現在は削除）。

そして翌年一月七日付でサイトに、「1・14 朝鮮学校による侵略を許さないぞ！ 京都デモ 子供を盾に犯罪行為を正当化する不逞鮮人を許さないぞ！ 朝鮮人犯罪を助長する犯罪左翼・メディアを日本から叩きだせ！」なる襲撃告知を行った。そして同じ犯人らが、一月一四日と三月二八日の二回も、同じ朝鮮学校への襲撃をくりかえした。

第二回目も、警察の目の前で襲撃は行われた。第三回目は、学校関係者と支援者の努力によって三月一九日に裁判所に街宣差し止めの仮処分が申し立てられ、二四日に仮執行がおりて、学校の半径二〇〇メートル以内での街宣は禁じられていた。しかし三月二八日当日、犯人らは裁判所の仮執行を破り、学校近辺でまたもや街宣を行った。これも警察の目前で行われた。そしていずれも犯人らは、襲撃の一部始終をネット上にアップしつづけた。

これら史上最悪のヘイトスピーチ事件は、その後、被害を受けた学校が原告となって刑事・民事両面から訴訟になった。刑事では二〇一〇年に有罪判決が下り、四人が起訴・二人が逮捕された。民事でも二〇一四年一二月に最高裁で、その加害行為が、人種差別撤廃条約が禁止する「人種差別」にあたると認定され、損害賠償計約一二二六万円の高額賠償金が命じられた。しかも朝鮮学校の民族教育実施権も部分的に保護法益にふくんだ、画期的判決が確定した。

しかし、被害はあまりに深刻だった。「二度とこのようなことが起きてはならないと言うだけでは足りない。これは一度たりとも起きてはならないことだった」。こんな言葉が関係者から聞かれたという（板垣竜太「朝鮮学校への嫌がらせ裁判に対する意見書」、同志社大学『評論・社会科学』105号より）。この言葉は、決してヘイトスピーチがもたらす直接の被害だけを意味していると考えるべきではない（それだけでも極めて深刻だが）。

問題は、被害がヘイトスピーチの暴言・暴力による直接の被害にとどまらず、従来からのレイシズム被害を激化させるがゆえに、その分だけ甚大になるということだ。

朝鮮学校や在日コリアンは、戦後一貫して日本政府のレイシズム政策と、市民社会の無理解による差別の被害にあってきた。ヘイトスピーチは直接の被害だけでなく、これら日常のレイシズムによる傷を押しひろげるかたちでダメージを与えるからこそ、被害が甚大なものになるのである。

だが、このことはほとんど理解されていない。なぜなら日本社会には「ヘイトスピーチ」は見えても、従来からある「レイシズム」は見えないからだ。

必然的に頻発する偶発的暴力

街宣型と襲撃型の現場をふくめ、ヘイトスピーチが行われる現場では、些細なことがきっかけとなって「偶発的暴力」が頻発している。

まず、街宣の現場では必ずと言っていいほど「くさい」などの侮辱や、「殺す」などの脅迫が頻発するが、それ以外にプラカードを奪う・はたく、服やメガネを引っぱる・取りあげるなどの暴力をカウンターにふるっている。さらにコリアンタウンなどでは、商店の看板を破壊する、店員を侮辱・脅迫する、飼い犬を虐待する、買い物客を囲んで脅迫し荷物をぶちまけるなどの暴力がふるわれる。在日コリアンなどマイノリティを見つけると（とくに女性だと）、集団で取りかこんで襲撃し、「チョンコ！　こいつがチョンコ！」などの聞くにたえない差別語を使い、ののしるだけでなく周囲に大声でアピールし、白昼の街頭ではずかしめる。

より直接的な暴力行使やリンチもある。二〇一二年六月三日の午後二時半ごろ、東京新宿駅南口で行われた在特会の街宣に、ある老人が「うるさい」と抗議をした。マイクで演説中だった当時の会長桜井誠は、何やらさけぶと同時に老人めがけて突進した。するとそれが引き金となり、周囲の在特会会員ら十数名がいっせいに老人に襲いかかった。老人はあっという間に転倒し、在特会メンバー十数名に囲まれて足蹴にされ、罵詈雑言と怒号を浴びせられつづけるという集団リンチにあった。幸い警備員や駅員が止めに入ったため大事にはいたらなかった。周囲の通行人のほとんどは、雑踏を足早に行きすぎるか、ただ見ているだけだった。この事件はいまでもユーチューブに一部始終がアップロードされている。当局がその気になれば即逮捕可能だが、警察はいまだに犯人を捕らえようとしない。

傷害事件に発展したものもある。二〇一四年二月に川崎で差別街宣が行われたあと、街宣に参加したレイシストが、JR川崎駅京浜東北線ホームに偶然いあわせた乗客を模造刀で斬りつける事件が起きた。模造刀とはいえ、全長が九〇センチの大きな金属製のものであった。刃渡りが五〇センチもある。被害にあった会社員は、全治一週間ほどの傷を負っている。犯人は会社員をカウンター参加者だと「かんちがい」したという。

のちに見るとおり、米国で八〇年代にヘイトスピーチという言葉がつくられたときには、その定義に物理的暴力がふくまれていたわけではない。だが、このように偶発的暴力が頻発する日本のヘイトスピーチは、実態からみて潜在的な暴力現象だと言ってまちがいない。日本のヘイトスピーチは、マイノリティや民主主義運動にあからさまな敵意をいだき、実際に「殺せ」や「死ね」など他者の殺人やジェノサイド煽動をくりかえす。それが実際の暴力行使に結びつくには、ささいなきっかけ（リーダー級人物の指示・行動、抗議への応答、周囲の反応、周囲との小競り合いから参加者の虫の居所まで）がありさえすればよいのである。

二〇一六年三月二〇日には、JR川崎駅前でヘイトスピーチ街宣に抗議したカウンターが、十数名の街宣参加者に襲撃・暴行される事件が起きた。議員が国会で追及したことも影響してか、一〇日後に犯人が逮捕されたが、集団リンチは川崎警察署員数十名が街宣を警備するなかで起こっていた（神奈川新聞、三月二〇日）。見逃せないのは、街宣主催団体が「維新政党・新風」という政治団体であったことだ。この事件は日本のレイシズムが政治的暴力（政治的テロリズムふくめ）と結びつきはじめていることを示唆する。

もちろんヘイトスピーチは「言葉の暴力」でもあるし、人を根底から傷つけ否定するという意味でも「暴力」だ。だが、そのはるか手前の段階での、シンプルな物理的暴力行使が頻発することが日本のヘイトスピーチの特徴である。

◆あらゆるマイノリティと民主主義の破壊

日本のヘイトスピーチの特徴は暴力だけではない。在日コリアンは主なターゲットであるが、そのほか無数の攻撃対象がある。確認できただけでも、アイヌ・沖縄・被差別部落出身者や、日本軍「慰安婦」制度の被害者、広島・長崎の被ばく者、そしてフィリピン人・ブラジル人・中国人・イラン人・タイ人や外国人研修生など在日コリアン以外の在日外国人、さらには水俣病患者から東日本大震災の被災者、そしてシリア難民にいたるまで、あらゆるマイノリティを対象にしている。

さらに、ヘイトスピーチのターゲットは、もはやマイノリティにとどまらず、マジョリティが多く参加する反原発運動・反レイシズム運動・戦争法案反対運動など、民主主義にかかわる運動を攻撃するようになっている。たとえば、経産省前に反原発運動が立てたテントがレイシストに襲撃されている。ほかにも広島の平和式典を妨害したり、二〇一五年にはＳＥＡＬＤｓの街宣まで攻撃した。

挙句のはては、地方や国の議会、政党（日本共産党・社民党など左派政党から民進党さらには自民党や維新の会など極右まで）、そして国・自治体の行政機関といった、公的機関をも攻撃している。二〇一六年一月一五日に可決した大阪市のヘイトスピーチ対処条例の審議では、在特会の集会に以前から参加していたレイシストが、市議会の傍聴席からカラーボールを投げこみ、反レイシズム運動をしていた傍聴者に暴力をふるって逮捕されている。

さらにマイノリティを擁護あるいはそれに同調したとみなされる報道機関や企業、個人・団体に対しても攻撃が加えられている。とりわけ、日本軍「慰安婦」問題を「ねつ造」したというデマなどを用いての朝日新聞への攻撃が激しくなっている。

ヘイトスピーチは、マイノリティを攻撃する暴力にとどまらず、民主主義社会そのものを破壊しかねないレイシズム現象である。これもまた重要な特徴だ。

◆社会「運動」としてのヘイトスピーチ

日本のヘイトスピーチは、公然と外国人排斥をかかげ、継続的に組織されたレイシズム団体・ネットワークによって引きおこされている。つまり、戦後日本社会にこれまでなかった新しいタイプの極右勢力が担い手である。

もっとも有名なのは、京都朝鮮学校襲撃事件を起こした在特会だ。正式名称が「在日特権を許さない市民の会」。「在日特権」なるありもしないデマを用いて差別を煽動するこの会は、二〇〇六年一二月に結成され、二〇〇九年の京都事件など、過激なレイシズムを自覚的に煽動のツールに用い、インターネットを通じて無視できない影響力をもつようになった。インターネットで登録できるメールマガジン会員は一万五八二八名（同会ホームページより、二〇一六年四月一四日現在。なお四月四日からはメール会員が廃止され正会員に一本化された）だという。

第2章で見るが、日本のヘイトスピーチは、①正面からレイシズムをかかげ、②継続的に組織化され、③インターネットを通じて「普通の人」の動員に成功している、という点で新しいレイシズム「運動」だと言える。

また、第3章で詳しく見るが、かつての朝高生襲撃事件ともチマチョゴリ事件とも異なる悪質なレイシズム「運動」である。まず少数のコアメンバーは、旧来の市民運動のように学習会・シンポジウム・情報宣伝活動など「地道な活動」を行ってはいる。だがそれは旧来の右翼・左翼や労組がやっていたような「動員型」で人を集める社会運動ではない。街宣やイベントに参加する人びとのなかには驚くほど「普通の人」が多く、しかもSNSの「オフ会」のようなノリで醜悪な街宣に参加し嗜虐的に差別を「楽しむ」人が実際に出てきている（安田浩一『ネットと愛国』、樋口直人『日本型排外主義』参照）。つまり日本のヘイトスピーチを担うレイシズム団体・極右勢力による「運動」は、旧来の社会運動のように学習会・ビラまき・街宣などの手法を使いながらも、インターネットを通じて参加への敷居を低くし、ネットワークを駆使して仲間を増やし、目的を達成する「運動」なのである。

このような「運動」がなぜ成立するのか。それは目的が差別だからだ。安田浩一が指摘するとおり、ありもしない「在日特権」の廃止を目的としてかかげる在特会は、運動としては破たんしている。だが、かかげられた獲得目的がどれほど幼稚で下品で荒唐無稽で破たんしていようとも、とにかく他者を差別できればそれで成立してしまうのが日本のヘイトスピーチであることに注意する必要がある。

かつて差別は、建前にせよ人前でははばかられるものであり、何らかの利害関係に迫られて起きてしまうものだった。いまやヘイトスピーチという名の差別目的の差別が登場したと言える。

差別目的の差別ほど危険なものもない。限度を知らないからだ。実際、日本のヘイトスピーチは、抗議活動や世論の批判が大きくなるまで、急速に過激化・醜悪化・凶悪化していった。

ヘイトスピーチの登場は、レイシズムが社会を破壊するまでに増殖する社会的回路が、すでに日本で成立していることを示す。

このレイシズム「運動」を阻止するとともに、「運動」を可能にしている社会的回路を断ち切る必要がある。そのためにも、日本のヘイトスピーチの特殊性をつかむことが必要だ。

◆ヘイトスピーチのどこがどうひどいのか――「見える」ひどさと「見えない」ひどさ

だれにでも見えるひどさ――反人間性・暴力

日本で起きているヘイトスピーチはどこがどうひどいのか。あまりに説明不要なほどにひどすぎたため、じつはこの問いはきちんと問われてこなかった。従来からの在日コリアンへのレイシズムとのちがいと連続性を整理し、日本のレイシズム増大傾向における位置づけを考えるためにも、このひどさを言葉にする必要がある。

日本のヘイトスピーチの「ひどさ」は、異なるタイプのものが複合的にからみあっている。大きく四つに大別してみた。①正視にたえないほどの反人間性、②物理的暴力との一体性、③レイシズム（民族差別）、④歴史否定（修正主義）（四六頁図1参照）。

このように分けてみると、これら四つのひどさは、すべてがよく「見える」ものではない。日本の市民のほとんどだれもがひどいと思えるものは、①反人間性と、②暴力だろう。しかし、③レイシズムと、④歴史否定についてはそうではない。①と②とは対照的に、大多数の日本の市民にとってそのひどさは「見えないまま」——あるいは「見まいとするまま」——である。

①正視にたえないほどの反人間性（以下、反人間性）とは、だらしなく嘲笑を浮かべながら「殺せ」などと「悪ノリ」で面白おかしくさけぶ姿に象徴されるような、極端なまでの嗜虐性・侮蔑性・残酷性などのことだ。日本のヘイトスピーチを一度でも見たことのある人のほとんどは、差別や人権問題以前に「人としてありえない」と口をそろえる。それは従来の差別にもなかった、理屈ぬきで反発・嫌悪されるあからさまなひどさがあるからだ。ヘイトスピーチに実際に加わる人間は、差別主義者である以前に、人として守るべき最低限度のルール・ふるまいに当たるみずからの「人間らしさ」を腐らせている。

このようなヘイトスピーチの極端なまでの、形容不可能な醜悪さを、本書では固有のひどさとして

「反人間性」とする。この「反人間性」は、戦後日本社会で人権感覚のモノサシとなってきた、「戦後日本的人間性」からしても、許しがたい逸脱に見えるレベルの非人間性のことだ。

②物理的暴力は、「言葉の暴力」以前の有形力のことだ。これもまた、日本の市民のだれもが「見える」人権侵害だろう。戦後日本社会では「暴力はいけない」という「反暴力」というモノサシは、さすがに社会的規範となっているからだ。

くりかえしになるが、ヘイトスピーチはマイノリティや抗議行動参加者（カウンター）への暴行・傷害・業務妨害・殺人予告や脅迫といった犯罪から、暴言・侮辱などの「軽犯罪」にいたるまで、刑事事件に相当する物理的暴力をともなっている。しかもそれらは偶発的暴力だけでなく、組織的・計画的・集団的な暴力である。さらに、密やかに実行されるのではなく、白昼公然と、しかもインターネットで予告がされたうえで実行されている。前述のとおり、大阪市議会妨害やＳＥＡＬＤｓへの攻撃、そして川崎市における維新政党・新風による街宣時の襲撃事件等々、なかば政治的暴力に近いものさえ散見されはじめている。

戦後日本社会は、高度に「治安のよい」社会だったことは欧米先進諸国と比較しても明らかだが、社会運動や政治にともなう暴力も、日本ではとくに近年はほとんどまれであった。第三世界だけでなく欧米先進諸国では、ストライキやデモの際でさえ、警察や軍隊と衝突したり、建物・商店・車が破壊されるなど、暴力現象をともなうことは珍しいことでなく、むしろ日常だ。労働組合がそもそもストさえ行わず、デモも車道を全面占拠することができない現在の日本では、社会運動や政治的意思表示に暴力現象がともなうことじたいがまれであった。そしてレイシストも、暴力を組織的に行使する極右組織としては公然化することがなかった。ヘイトスピーチというかたちで醜悪なレイシズム暴力が日本で出現しはじめたことは、少なくない意味をもつ。

見えないひどさ――レイシズム・歴史否定

①反人間性と②暴力というヘイトスピーチのひどさは、日本市民のほとんどだれもが「ひどい」と思える質のものだった。しかし③レイシズムはどうだろうか。残念ながら多くの日本市民は見えないままだ。

「いや、ヘイトスピーチにあれほど反対する人がいたではないか」。このような反論が心に浮かんだ人は、立ち止まって次の丁寧口調の「意見」について考えてもらいたい。

「私は差別しているわけではありません。しかし在日コリアンは日本社会にはなじまないので、できるなら朝鮮半島に帰ったほうがお互いのためではないでしょうか」

この発言はレイシズムに当たるだろうか。

もし、少しでも迷われた人は、③レイシズムが見えていないことになる。これを反人間的なかたちに翻訳すると「ゴキブリ在日は朝鮮半島へ帰れ！　差別ではなく区別だ！」というわかりやすい「ヘイトスピーチ」になる。ここまでにならないと「ひどさ」が見えない人は少なくない。

第3章で見るとおり、ヘイトスピーチが頻発するはるか以前から、在日コリアンは非常に深刻なレイシズム被害にあってきた。しかしそれらは、残念ながら日本市民による広範な反対運動をよぶほどには「ひどい」と思われてこなかった。

④歴史否定も同様だ。第5章で見るが、歴史否定とは「ナチスのホロコーストはなかった」など、戦争犯罪・植民地支配・奴隷制・ジェノサイドほか近現代の歴史を歪曲・否定し美化する思想・実践

のことだ。「強制連行はなかった」「「慰安婦」は売春婦」など、ヘイトスピーチの現場でくりかえされるこれら妄言は、「ガス室はなかった」などの、ドイツやフランスなどでは犯罪として処罰の対象となるホロコースト否定と同タイプの歴史否定である。

ナチスのユダヤ人虐殺ほか、レイシズムがジェノサイド（民族抹殺）に結びついた歴史をくりかえさないために、また、レイシズムが暴力に発展するのを未然に防止するために、欧州では歴史否定はレイシズムと同じく法規制の対象となってきた。「強制連行は嘘」という妄言は、それほどの重みと罪深さをもつ。

だが、そう思える日本市民も残念ながらごくわずかだ。それがなぜかは第5章で詳しくのべるが、ここで最低限その理由を指摘しておくと、第一に、日本政府がかつてのアジア侵略についてのごく基本的な史実さえ教育する機会をつくらないためだ。そしてより根本的には第二に、そもそも東京裁判はじめアジアへの侵略戦争・植民地支配にともなう戦争犯罪に対して、いったいだれがどのような責任を負っているのかという公正なジャッジメント（裁き）が十分に下されないままだからだ*。だから、日本市民の大多数は、「強制連行は嘘」と言われても、そもそもそれが歴史否定なのかどうかの判断材料をもたない。

ヘイトスピーチの「ひどさ」（反人間性や暴力あるいはレイシズムのひどさ）には抗議できても、歴史否定については抗議してよいのか悪いのかの踏ん切りをつけられないという人は少なくあるまい。その隙をついて、歴史否定によるヘイトスピーチと差別煽動は、現時点では有効な抗議方法が見当たらないまま、増殖するにまかされている。

つまり、ヘイトスピーチがもつ①反人間性、②暴力のひどさはあまりにも明瞭なため、ほとんどだれにでも見えるが、ヘイトスピーチの核心部にある③レイシズム、④歴史否定のひどさは、日本社会のごく限られた人にしか見えないのである（図1）。

問題は、①反人間性と②暴力のひどさをともなわない、③レイシズム、④歴史否定の場合だ。「ひどすぎない」ヘイトスピーチやレイシズムは、日本社会では「見えにくい」。そのため批判もごく弱いままにとどまる。たとえば、日本政府による朝鮮高校をねらい撃ちにした高校無償化除外を「レイシズムだ」と判断できる、ましてや抗議の声をあげられる人はどれほどいるだろうか。また「強制連行はなかった」という歴史否定に反論・抗議できる人も多くはない（図2参照）。

このことはレイシストの側からすれば、①・②を抑えて③や④に純化した活動（学習会や「穏健な」デモ）段階にまで「後退」すれば、いくらでも目的を達することができる、ということになってしまう。しかし、中核部分の③と④から①と②は成長し、結局は醜悪なヘイトスピーチが生まれてくる。ゆえに、ヘイトスピーチをなくすためには、③レイシズムと④歴史否定への対処が必要不可欠なのである。

このレイシズムと歴史否定こそ、いまのヘイトスピーチが頻発するはるか以前から戦後日本にまん延してきたものであり、在日コリアンを以前から苦しめつづけてきたものだ。だがごく一部を除いて、日本社会ではこれまで問題にさえならなかったのである。

＊ もちろん東京裁判がアジア太平洋戦争を侵略戦争であると判断し、B・C級戦犯裁判が捕虜虐待等の戦争犯罪を裁いてはいる。だがそれらは植民地支配と日本軍「慰安婦」制度を十分に裁けなかったという批判がある。そして戦後日本社会では東京裁判の裁きでさえ、社会的規範としてレイシズム規制に活かすことができなかった。

図1　ヘイトスピーチのひどさ

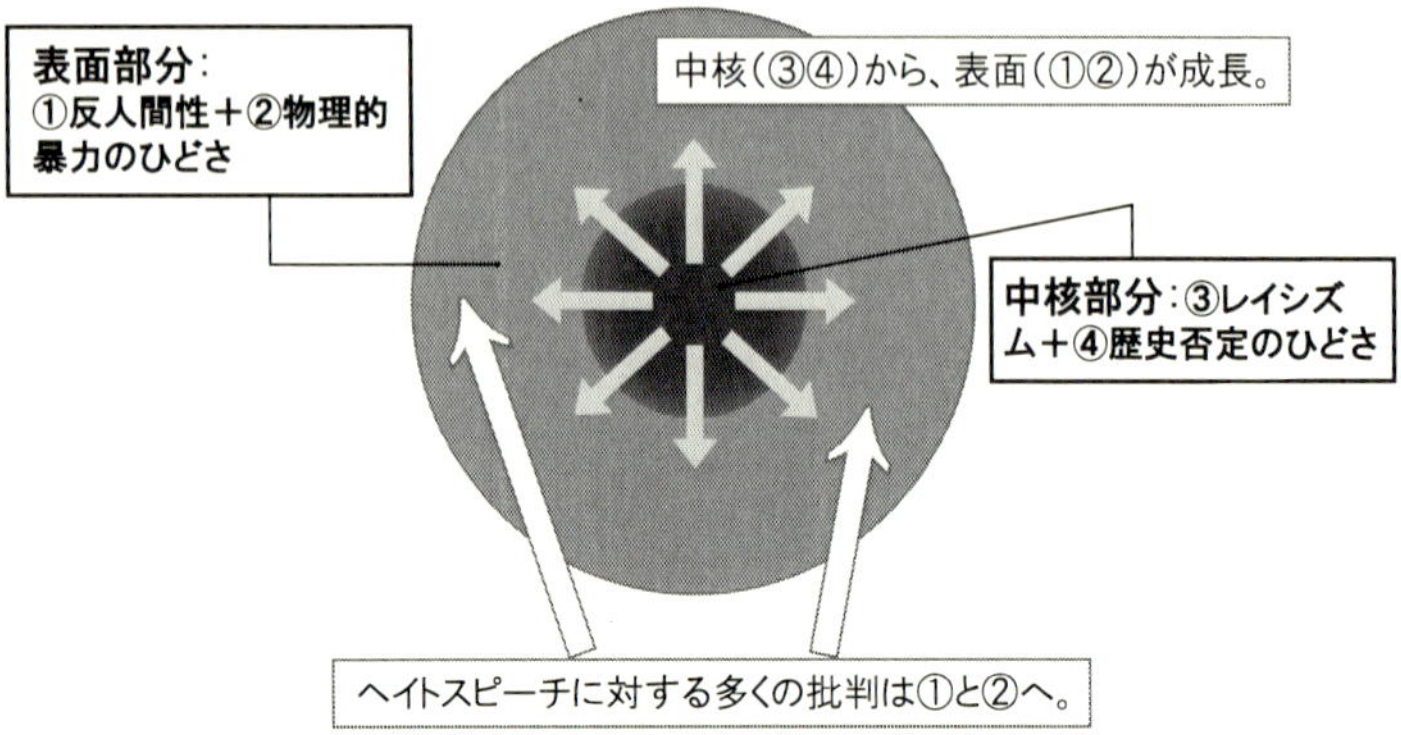

図2　ヘイトスピーチのひどさ-2

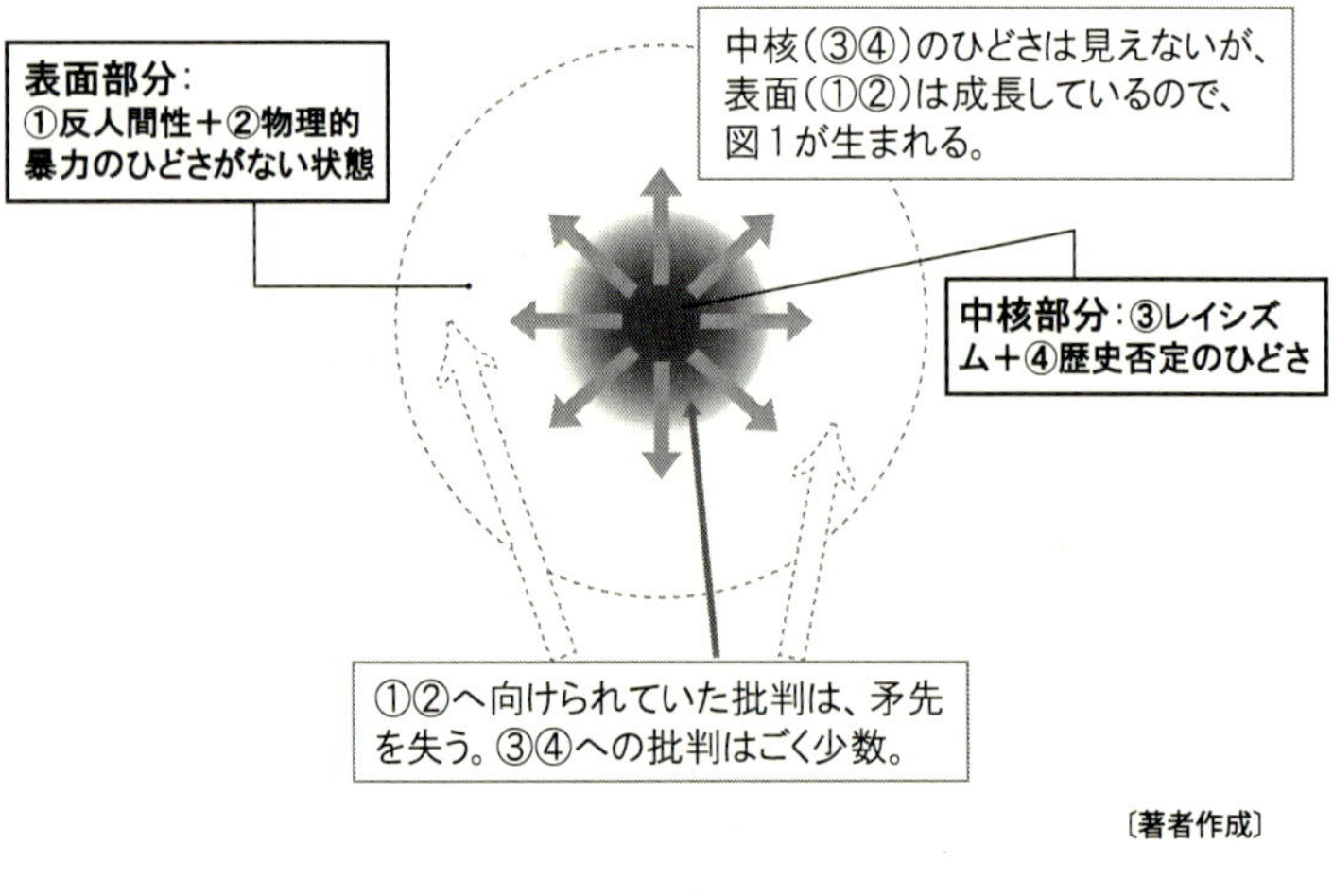

〔著者作成〕

◆反レイシズムというモノサシ（社会的規範）の必要性

二〇〇〇年代後半から日本各地で見られはじめたヘイトスピーチ頻発現象とは、従来からの在日コリアンへのレイシズムの成長を戦後社会が抑えられず、その結果、ついに差別を超えて暴力の段階にまで発展したレイシズム現象である。

だからこそヘイトスピーチは、従来の差別とは異なり、例外的と言える大きな社会的注目と批判を浴びた（①反人間性・②暴力のひどさはだれにでも見えるからだ）。言いかえれば日本社会は、ヘイトスピーチの登場後、「戦後日本的人間らしさ」と「反暴力」を手がかりに、「反ヘイトスピーチ」というかたちの新しいモノサシ（社会的規範）を二〇一三年以降に芽吹かせることに成功したと言える。これは大きな歴史的変化だ。

同時に、いくらヘイトスピーチが世のひんしゅくを買おうとも、現状のままでは、批判の矢は①反人間性・②暴力に向かいはするものの、それらを生み出している肝心の③レイシズムそのものを射ぬくところまではいかない（④歴史否定についてはより一層批判が弱い）。

ヘイトスピーチの頻発を生み出したのは、戦後日本社会で放置されつづけてきたレイシズムだ。レイシズムは少しの誇張もなく社会を破壊する。ヘイトスピーチの頻発は、レイシズムがすでに日本社会を深く破壊し腐敗させた結果生じた、言わば「腐臭」にすぎない。ヘイトスピーチ頻発状況をくいとめるためには、その原因であるレイシズムを社会が抑止しなければならない。歴史否定についても同様だ。

そのために、二〇一三年以降、戦後日本に新しく生まれた「反ヘイトスピーチ」というモノサシに懐胎されている「反レイシズム」というモノサシ（規範）をあらためて芽吹かせ、若木に、ひいては大樹に、育てあげなければならない。

〝レイシズムは民主主義と社会を破壊する〟という警句は、ナチスによるホロコースト以後、第三世界の反植民地主義を背景に戦後の国際社会がつかんだ教訓だった。だからこそ欧米をはじめとする国々では、人種差別撤廃条約を成立させ、国内のレイシズムを撲滅することが義務となった。しかし日本は、ヘイトスピーチが虐殺に帰結した関東大震災時の朝鮮人虐殺のような、世界史に記録されるべき経験をもつにもかかわらず、基本的な反レイシズム法・政策さえこれまでゼロのままだった。

戦後日本社会にとって、民主主義と社会を破壊するレイシズム暴力がヘイトスピーチとして頻発してきたいまが、最後のチャンスかもしれない。私たちは、欧米先進諸国のように反レイシズムという社会的規範を打ち立て、レイシズム「運動」を抑制できるのか、あるいはこのまま、遊び半分のレイシズム「運動」に社会と民主主義が圧殺されるのをなすすべもなく見送ることになるのか、その瀬戸際にいる。

第2章

レイシズムとは何か、差別煽動とは何か——差別を「見える化」するために

1　レイシズムとは何か――レイシズムの「見える化」

◇ヘイトスピーチとは何か

そもそも「ヘイトスピーチ」とは何だろうか。日本で広まった定義では、「人種、民族、国籍、性などの属性を有するマイノリティの集団もしくは個人に対し、その属性を理由とする差別的表現」となる。「その中核にある本質的な部分」には「差別、敵意又は暴力の煽動」（自由権規約20条）、「差別のあらゆる煽動」（人種差別撤廃条約4条）がある（師岡康子『ヘイト・スピーチとは何か』四八頁）。

おさえるべきポイントは三点だ。第一に「スピーチ speech」というが、これは「言論」「表現」だけではない。ジェスチャー（身振り）や態度をふくめた行為一般がふくまれる。たとえば、欧州のサッカーの試合で猿のものまねやバナナを投げる等をすれば、これは黒人選手への侮辱・差別煽動だとみなされ、違法行為になる。また、ドイツやフランスをはじめヨーロッパの多くの国ではナチス式の敬礼やホロコースト否定は明確な差別煽動とみなされ、法規制の対象とされている。

第二に、「ヘイト hate」というが、これは日本語で言う「憎悪」「憎しみ」ではない。ヘイトスピーチの「ヘイト」のターゲットは、個々人ではなく、必ず人種・民族・性などの何らかのグループ（もしくはそのグループのメンバーとしての個々人あるいはそう思われた人びと）に向けられている。つまりヘイトスピーチの「ヘイト」は、たんなる憎悪ではなく、差別と不可分の憎悪なのである。

第三に、ヘイトスピーチの定義の核心には「差別煽動」がある。社会に向けて差別を煽りたてる行為と、その効果こそが問題なのだ。

簡単に言いなおせば、ヘイトスピーチとは、差別／憎悪を煽動する表現／行為となる。

このように、ヘイトスピーチの定義は、差別の定義を前提としている。つまり、ヘイトスピーチが何であるかを理解するには、差別とは何かを理解する必要がある。逆に言えば、いくらヘイトスピーチに反対しようと思っても、差別とは何かを明確にできなければ、ヘイトスピーチにも（ひどすぎるヘイトスピーチを除いて）的確に反対できない。では差別とは何だろうか。

◆レイシズムとは何か

在日コリアンへのレイシズムをあつかう本書では、「差別」と言うとき、基本的には「レイシズム（民族差別）」をあつかうことになる。したがって「ヘイトスピーチ」と言うときも、「レイシズムとしてのヘイトスピーチ」をあつかう。

レイシズムの基本的な定義：人種・民族的出自にまつわる集団への社会が無くすべき不平等

レイシズムとは何か。これは難しい問いだ。本書ではわかりやすくするために、基本的にレイシズムを具体的な行為としてあらわれる差別に限定してあつかう。イデオロギー的側面をあつかう場合は、必ず具体的な行為に関係するものとしてのみあつかう。

人種差別撤廃条約には、第1条に「人種差別（racial discrimination）」のわかりやすい定義がある。

「この条約において、「人種差別」とは、人種、皮膚の色、世系又は民族的若しくは種族的出身に基づくあらゆる区別、排除、制限又は優先であって、政治的、経済的、社会的、文化的その他のあらゆる公的生活の分野における平等の立場での人権及び基本的自由を認識し、享有し又は行使することを妨げ又は害する目的又は効果を有するものをいう」

（人種差別撤廃条約第1条1項、外務省ウェブサイトより。同条約条文引用の際は以下同）

ポイントは、第一にグループ（集団・属性）にもとづいた区別（「区別、排除、制限又は優先」）であるという点だ。想像上の出自に結びつけられたグループ分けもふくまれる。

第二に、その区別は不平等なものであり、平等な権利行使を妨げる目的と効果をもつもので、しかもその不平等は、政策・法律をつくってでも（第2条）社会がなくすべき害悪である、という点だ。

そこで、本書では基本的にレイシズムを次のように定義する。

レイシズムとは、人種・民族など出自（血・ルーツ）に結びつけられた集団に対する、社会がなくすべき不平等のことである。短く言えば、レイシズムとは、人種／民族差別のことだ（以下、わかりやすく民族差別とするが、人種差別もふくむ）。

この定義から、「いじめと差別がどうちがうか」という質問には明確に答えることができる。差別は、人種／民族や性や障がいなど、ある社会的につくられたグループが対象となる点で、いじめとは明確に異なる。たしかにいじめは、人権侵害であり、「社会がなくすべき害悪」だ。しかし、その定義には、「（社会的につくられた）グループを区別すること」はふくまれていない。もちろん差別を根拠としたいじめはありうるし、実際に多いが、いじめと差別は概念的に異なる。

人種差別撤廃条約第1条のレイシズムの定義に、「平等の立場での」権利行使を妨げる「目的又は効果を有するもの」とあることに注意してほしい。目的だけでなく「効果を有するもの」であれば、それはレイシズムであるということだ。これは極めて重要だ。たとえば、一部の政治家は差別用語を用いずに結果として差別を煽動することに長けているが、これを確信をもって批判できるかどうかのポイントとなる。

ところで、レイシズムの定義にある「社会がなくすべき不平等」とは、どのレベルのものなのか。人種差別撤廃条約は、加盟各国のレイシズム撤廃義務を規定した第2条で、形式的な差別禁止にとどまらず、マジョリティとの実質的平等を達成するために必要とされる場合、人種／民族的マイノリティだけに認められた特別な権利・措置を講じることを義務づけている（米国ではアファーマティブ・アクション〔AA〕、欧州ではポジティブ・アクション〔PA〕とよばれている）。

ヘイトスピーチや就職差別は形式的平等や自由権を侵害しているので、比較的差別として認識しやすいが、レイシズムが実質的平等を侵害する場合は差別と認識されにくい現状がある。しかし、たとえば、在日コリアンの民族教育権や、障がい者雇用のための特別枠、女性専用車両・女性議員当選枠といったものは、この実質的平等を担保しようとするものだが、これらマイノリティにのみ認められた特別な権利が攻撃される場合も、もちろん差別と言える。

だがそうした際、レイシストは必ずと言っていいほど、「平等」（市場原理に親和的な機会の平等）を「利用」した「特権批判」というやり方を好む。市場原理に親和的なので、日本ではとくに支持を得やすい。それだけに「在日特権」型ヘイトには、たんに「デマだ」と批判するだけでなく、「実質的平等実現のために必要なマイノリティの特権を認めるのは当然の義務」とする人種差別撤廃条約の国際基準に依拠して対抗していく必要がある。

国籍とレイシズム

ところで人種差別撤廃条約でのレイシズムの定義には、「人種、皮膚の色、世系又は民族的若しくは種族的出身に基づく」とあるだけで、国籍はふくまれていない。国籍で人を区別することはレイシズムに当たらないのだろうか。じつは人種差別撤廃条約には次のような留保がある（第1条）。

「2　この条約は、締約国が市民と市民でない者との間に設ける区別、排除、制限又は優先については、適用しない。

3　この条約のいかなる規定も、国籍、市民権又は帰化に関する締約国の法規に何ら影響を及ぼすものと解してはならない。ただし、これらに関する法規は、いかなる特定の民族に対しても差別を設けていないことを条件とする」

つまり、国籍による区別までレイシズムだと規定すると、国民国家を成り立たせている国籍法や国境管理をはじめとする「国籍の壁」の正当性が、根本から揺らいでしまう。そのため、条約発効時から人種差別撤廃条約は、「国籍の壁」をレイシズムだとは言い切れなかったのだ。

しかし、国籍「区別」すべてが正当化されるわけではない。もっともわかりやすい例で言えば、国連人種差別撤廃委員会は、二〇〇四年に、その名も「市民でない者に対する差別」と題した勧告を出している。「市民でない者」とは、国籍や市民権を有しない者を指すが、同勧告では右の「（人種差別撤廃条約）第1条2項は、差別の基本的な禁止を害することを回避するよう解釈しなければならない」

と明言したうえで、次のように指摘している。

「3．〔レイシズム禁止・撤廃義務を規定した第5条を確認した上で〕これらの権利のうちのいくつかのもの、たとえば、選挙に投票および立候補によって参加する権利は市民にのみ限定することができる。しかし、人権は、原則として、すべての者によって享有されなければならない。締約国は、国際法に基づいて認められた範囲において、これらの権利の享有における、市民と市民でない者との間の平等を保障する義務を負う。

4．条約上、市民権または出入国管理法令上の地位に基づく取扱いの相違は、次のときには差別となる。すなわち、当該相違の基準が、条約の趣旨および目的に照らして判断した場合において正当な目的に従って適用されていないとき、および、当該目的の達成と均衡していないときである。特別措置〔積極的差別是正措置：筆者注〕に関する条約第1条4項の適用範囲内の取扱いの相違は、差別とは見なされない」（国連人種差別撤廃委員会一般的勧告30、ヒューライツ大阪のウェブサイトhttp://www.hurights.or.jp/archives/opinion/2004/03/post-4.html より。以下、他の勧告についても同じ）

つまり人種差別撤廃条約をモノサシとする世界では、国籍「区別」の名のもとに実施される国籍（や市民権）がない人への差別が、実態として「ルーツにまつわるグループへの不平等」である場合には、それはレイシズムに当たり違法、とするのが標準となっている。

半世紀前からレイシズムを法規制してきた欧米先進諸国では、「同じ人間」を差別で分断する「レイシズムの壁」は違法化・犯罪化されて当然のことで、その是非は基本的に問題にもならない。そのような欧米先進諸国で問題となるのは、国籍法や入管法や国境管理において、「国籍の壁」が国籍（や市民権）をもたない人の基本的人権を制約する時だ。

近代国民国家が存続する以上、「国籍の壁」をなくすことは極めて難しい。しかしそれが「レイシズムの壁」と一致する場合は、それはレイシズムとして違法化される。それがグローバルスタンダードな人権水準なのである。たとえば、米国ではレイシズムを禁止した六四年公民権法（本書第4章参照）を受けて、翌六五年に移民国籍法が改正され、同法の移民数の国籍別割り当てが撤廃されている。

またフランスでは、旧植民地のセネガル出身である旧フランス軍人が、軍人年金の支給において国籍を理由に差別あつかいを受けていた事例で、八九年に国連人権委員会が自由権規約第二六条違反との見解を示し、後に国内法が制定され、二〇一一年には差別が撤廃された（光信一宏「フランスにおける元植民地出身兵に対する軍人年金に係る国籍差別と平等原則」、『愛媛法学会雑誌』vol.38、参照）。

同様のモノサシを日本に適用した場合、基本的人権を侵害しているたいていの国籍条項・要件はレイシズムとなる。日本における「国籍の壁」と「レイシズムの壁」の一致については第3章一一六頁の「一九五二年体制の成立」の項で詳述する。

レイシズム行為のピラミッド

レイシズムは、何かのきっかけがありさえすれば、暴力へとレベルアップする。そしてもっともひどいレイシズム現象であるジェノサイドにいたる場合さえある。そのときレイシズムは、人びとの生死を分ける恐るべき分断線として機能する。

さまざまな形態をとるレイシズム行為と、差別・暴力との関連をわかりやすく図示したものが、図3「レイシズム行為のピラミッド1」である。

このピラミッドは、さまざまなかたちであらわれるレイシズム行為を、下から上にゆくにつれ害

図３　レイシズム行為のピラミッド１（欧米）

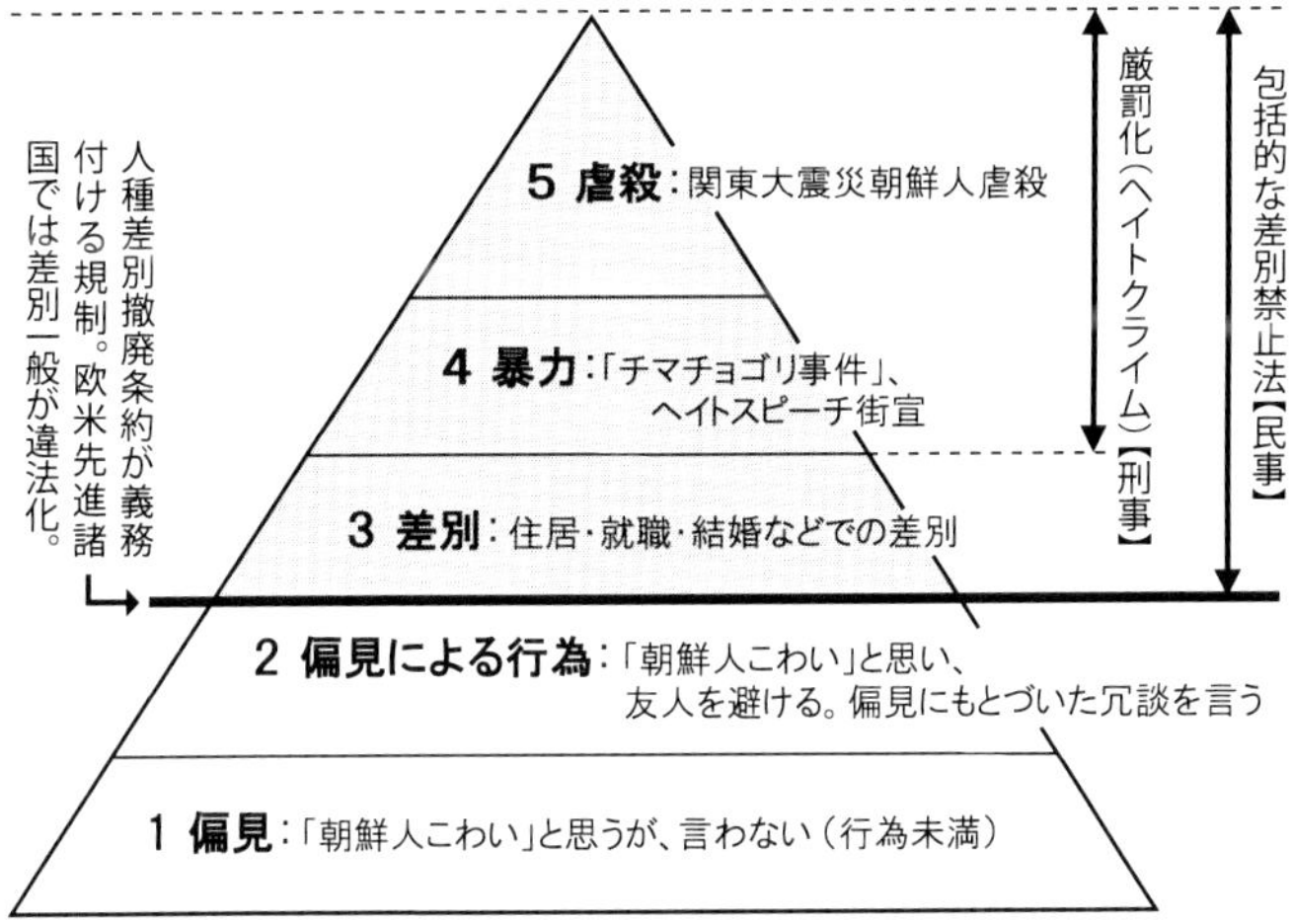

〔前田朗編『なぜ、いまヘイト・スピーチなのか』などを参考に著者作成。差別禁止法制のある欧米を想定したが、例はわかりやすさを考え日本での事例にしてある〕

悪のレベルが増す順に積み重ねている。もっとも軽微な「偏見」から、もっともひどい「ジェノサイド」まで、便宜的に五つのレベルに分けている。下から、偏見・偏見による行為・差別・暴力・ジェノサイド、だ。

前述のとおりレイシズムは出自（血・ルーツ）にまつわる集団に対する不平等だ。そうである以上、その不平等を正当化するイデオロギー・思想・世界観が必ず生まれてくる。これがレベル１「偏見」である。たとえば、ニュースで「容疑者は韓国籍の××で……」というナレーションが流れたとしよう（そもそも「容疑者」の段階で犯人あつかいされてしまうことじたいが人権侵害なのだが）。恐らく犯罪が「韓国籍」と結びつけられるだけで、少なくない人が「韓国人って怖い」等と思うだろう。だが、日本国籍者が容疑者の場合、「日本人って怖い」と考える人は少ないにちがいない。ここには犯罪の有無という

「差異」を「韓国人」という「出自にまつわる集団」(「他人種」)に結びつけて考える世界観がある。

レベル2「偏見による行為」とは、確定的な人権侵害にはならないかもしれないが、偏見にもとづいた行為だ(たとえば「朝鮮人ってこわい」と思いこんで人を避ける)。

レベル3「差別」とは、グループに対する平等な権利の侵害に達するレイシズムのことで、人種差別撤廃条約が違法化しているレベルのことだ(本書でのレイシズムの定義は基本的にレベル3以上である)。

レベル4「暴力」とは、ヘイトスピーチやチマチョゴリ事件など暴力段階のレイシズムである。

次章で見る関東大震災時の朝鮮人虐殺はレベル5「虐殺(ジェノサイド)」だ。

ジェノサイドとは、「国民的、民族的、人種的または宗教的な集団の全部または一部をそれ自体として破壊する意図をもって行われる殺害などの行為」(一九四八年国連採択ジェノサイド禁止条約)のことだ。ポイントは、たんに大量に殺すということではなく、ある民族・人種・宗教的グループを根絶やしに、抹消しようとする行為、という点にある。

ちなみに日本では、この図は法規制の是非を論じる際に用いられる場合が多いが(世界的にはレベル3以上は法規制の対象)、ここでは法律論はいったん脇におく(法規制については後述)。

さて、「レイシズム行為のピラミッド」は、各レベルの相互関係について、大きく二つのことを視覚的に表現している。

第一に、レイシズム行為は、多くの人の黙認・許容・支持によって支えられているということだ。上段は下段に支えられている。つまり差別は、差別しない人びとの黙認・許容・支持があってこそ起きる。たとえば、ヘイトスピーチは周囲が止めないから起きている。カウンターが大勢かけつければ根性のないレイシストほど参加できなくなるし、現場での暴力や暴言には一定の歯止めがかかる。

第二に、レイシズム行為が差別や暴力・ジェノサイドに発展する潜在的可能性を表現している。下段にいる者でも、何らかの社会的条件がそろえば、容易に上段に移行するということだ。

その社会的条件が何であるかは次節の「差別煽動とは何か」で考える。その前に、レイシズムがもつ他の重要な特徴をおさえておきたい。

レイシズムは常に具体的な利害関係のなかにある

「人種差別とはある差異の、自分の利益のための利用である」（A・メンミ『人種差別』四頁）。これはフランスの植民地チュニジア出身のユダヤ人アルベール・メンミがまとめ、広まった有名な定義だ。レイシズムが常に具体的な利害関係のなかで利用される特徴をもつということは強調しておきたい。

たとえば近現代史において、現在の先進諸国が第三世界に対して行った奴隷貿易・労働や植民地支配はレイシズムのシステムだと言えるが、それらは労働力や天然資源を過酷に搾取し超過利潤を獲得するという露骨な目的のために「利用」されていた。そして現代のレイシズム（米国の黒人差別、フランスのアルジェリア出身者やアラブ人差別、日本の在日コリアン差別など）も、そうした近現代史に起源をもっている。レイシズムは世界各国・地域によってまったく異なる形態をとるが、それは、レイシズムが具体的な利害関係のなかで起きているためだ。

つまりレイシズムを理解するには、一般論・抽象論に終わらせずに、特定のレイシズムがどのような特定の利害関係と、どのような具体的なからみ方をしているのかを明らかにする必要がある。それには、レイシズムを支える特定の利害関係がつくられた歴史的・社会的条件を知ることが欠かせない。差別をなくすために日本で歴史教育の充実が必要なのはこのためだ。

では日本のレイシズムはどのような利害関係に支えられているのか。ヘイトスピーチを例に見てみる。自民党や維新の会から民進党までをふくむ極右政治家は、日本軍「慰安婦」制度に関する歴史否定をことあるごとにくりかえしてきた。中山成彬や橋下徹、桜内文城など枚挙にいとまがない。彼らはヘイトスピーチをくりかえし、「愛国」的保守層の支持をとりつけることができ、メディアへの露出が増え、党内での政治上の優位性を確保し、そして歴史否定を志向する安倍政権ほか極右政党に対し「連帯」のメッセージを送ることができる、などの利益を得ている。

あるいは街頭でのヘイトスピーチに参加する人びとは、レイシズムを実行することで、ゆがんだ「満足感」や「ストレス発散」や「仲間との出会い」という利益を得る。在特会などレイシスト団体の中核にいる「活動家」は、それでカンパが増えたり、インターネット上での「支持」拡大をみこむ。

さらに、『マンガ大嫌韓流』（山野車輪、晋遊舎）や『そうだ難民しよう！』（はすみとしこ、青林堂）から『呆韓論』（室谷克実、産経新聞出版）まで、書店にあふれている無数の嫌韓・嫌中本の存在は、たんなるヘイトスピーチを超えて、もはや差別と歴史否定の市場化・産業化現象が起きていることを示す。商品・市場によるレイシズムをなくすのが難しいのは、これらが市場・資本の利益という強固な経済的利害関係に規定されているからだ。かつて独創的なマンガ雑誌『ガロ』を出していた青林堂が、分離騒動を経ていまや『そうだ難民しよう！』や雑誌『ジャパニズム』を出す「ヘイト出版社」に堕落してしまい多くの批判を浴びているが、社長は苦しい経営状況で会社を維持するためにやっている、と露骨にレイシズムを正当化しているという。

レイシズムは、常に特定の利益を引きだすための、特定の「差異の利用」である。だから、反レイシズムの闘争は、たんに個別の差別をなくすだけではなく、レイシズムによる特定の「差異の利用」

を不可能にするか、あるいはそこから旨味がでるほどの利益を引きだせないような状況をつくる、という闘い方ができるし、すべきである。たとえば、政治家が差別発言をすると、処罰され・支持率が下がり・国際的に大問題になる、ヘイトスピーチに参加すると、逮捕され社会から総スカンを食らう、出版業界が差別だけは商品にしないという業界ルール（市場規制）を設けてヘイト本が出せない、などの状況をどうつくるかが重要だ、ということだ。

そして、まさにこのような差別の社会的規制を求めているのが人種差別撤廃条約であり、欧米の反レイシズムなのである（第4章）。反レイシズムは、「差異の利用」が生み出す利益を減らして、不利益を増やし、レイシストが「利用」できる「差異」の領域を縮小していくための戦略でもある。反レイシズム法・規範といったルールづくりが重要な意義をもつのはそのためだ。

ただし、この戦略が一定の功を奏している欧米先進諸国でも、レイシズムは後を絶たない。その理由はさまざまだが、注意すべきは、レイシストは条件さえ整えば、「差異」を「利用」せずとも差別できる、ということだ。たとえば入居差別をするとき、業者は「外国人はダメ」とは言わず、「保証人の審査で落ちました」とだけ言えばよい。「差異」（外国人か否か）を利用せず、入居希望者に平等に課される審査の結果にすれば、形式上差別せずに事実上差別できるのだ（事実上「差異」を利用）。

つまりレイシズムは、「差異の利用」だけでなく、あくまで具体的な利害関係のなかで利用されるし、状況次第では、「差異」以外の、利用しうるあらゆる手段を用いて行われる。

だから、レイシズムは時に人権さえも利用する。米国での奴隷制や南アフリカのアパルトヘイトを擁護する際には、表現の自由、私的所有・商業の自由が正当化の根拠として用いられてきた。日本では、これに加え、プライバシー保護や、日本国憲法や教育基本法（たとえばその「国民」という用語）

まで、在日コリアンのレイシズムを正当化するために用いられてきた。

第4章で見るが、欧米では反レイシズム規範・法律によって、差別する側は訴訟リスクや処罰のコストを負うようになったため、極右グループらレイシストは、法律に引っかからないように「クリーンに」差別する高等戦術を身につけるようになった（「政策論」や「文化論」を装ってムスリムを差別するなど）。それはそれで問題だが、一方でそれは、反レイシズム規範が形式的差別による「差異の利用」を（建前では）禁じるまでに、レイシストらを追いこむことに成功した結果でもある。

だが、日本にはそれさえない。政治家の露骨なヘイトスピーチや歴史否定本は、欧米では訴訟リスク・処罰コストなしには「利用」できない「差異」の領域だ。しかも、日本では右にあげたような入居物件の「審査」を口実とする事実上の差別も横行している（京都市の例を第6章で紹介する）。だから、「差異」それじたいが問題ではないことを強調しておきたい。在日コリアンなどマイノリティが、マジョリティと異なるアイデンティティや権利（差異への権利）を求めるのは、正当な主張だ。逆に、戦前・戦後の日本政府は、在日コリアンを差別するときに「異化」だけでなく差異への権利を否定する「同化」も重要な手段として「利用」してきた。後に見るとおり日本政府は、在日コリアンへのレイシズムで「差異」と「平等」（戸籍と国籍）をたくみに使い分けた（詳しくは遠藤正敬『戸籍と国籍の近現代史』明石書店、参照）。差異への権利を否定しておきながら日本人と同じあつかいをすることは、平等ではなく差別である。

レイシズムは反レイシズムというモノサシがあってはじめて「見える」

さらにレイシズムは、反レイシズム規範というモノサシが成立してはじめて「見える」ようになる、という特徴をもつ。あらゆる人権侵害が、「人権侵害だ」と訴える人びとの働きかけによってはじめて「見える」ようになるのと同じである。

たとえば、セクシャル・ハラスメントの相談件数は、一九九四年の八五〇件から九九年には九四五一件と五年で一〇倍以上に激増した。「これは、以前少なかったセクハラ事件が増えたのではなく、以前は犯罪と認識されていなかったものが犯罪として認識され、表面化していなかったものが表面化し、統計がとられていなかったものが統計化されたことが主原因と言えよう」（岡本雅享『日本の民族差別』三五一頁）。つまり反セクハラという社会的規範（モノサシ）の定着が、以前から横行してきた性差別を「見える」化し、それが統計としてあらわれたのだ。

児童虐待についてもこれと同じことが言える。図4を見てほしい。児童虐待の相談対応件数は、一九九〇年には一一〇一件だったのが一〇年で一六倍以上となり、二〇一四年には八万八九三一件とじつに八〇倍以上にも増加している。にわかに信じられないほどの急増だ。

もちろん、この統計は急増する児童虐待の実態を反映しているだろうし、統計に示された数字は氷山の一角と見るべきだ。しかし他方では、むしろ社会問題としての認知がすすみ、以前から放置されてきた児童虐待を犯罪視する「反児童虐待」という社会的規範（モノサシ）が社会に定着していった過程も反映していると言える。二〇〇〇年に児童虐待防止法が制定されたことで、児童虐待の定義というモノサシも公的なものとなったのだ。

反人権侵害という規範（モノサシ）の定着化は、「見える」化する人権侵害の「数」を増やすだけでなく、見える被害の「質」も変化させる。児童虐待の例で言えば、二〇〇四年施行の児童虐待防止法の改正で、直接に虐待を受けなくても、児童虐待を目撃させられることも間接的な児童虐待として

図4　児童虐待相談の対応件数の推移

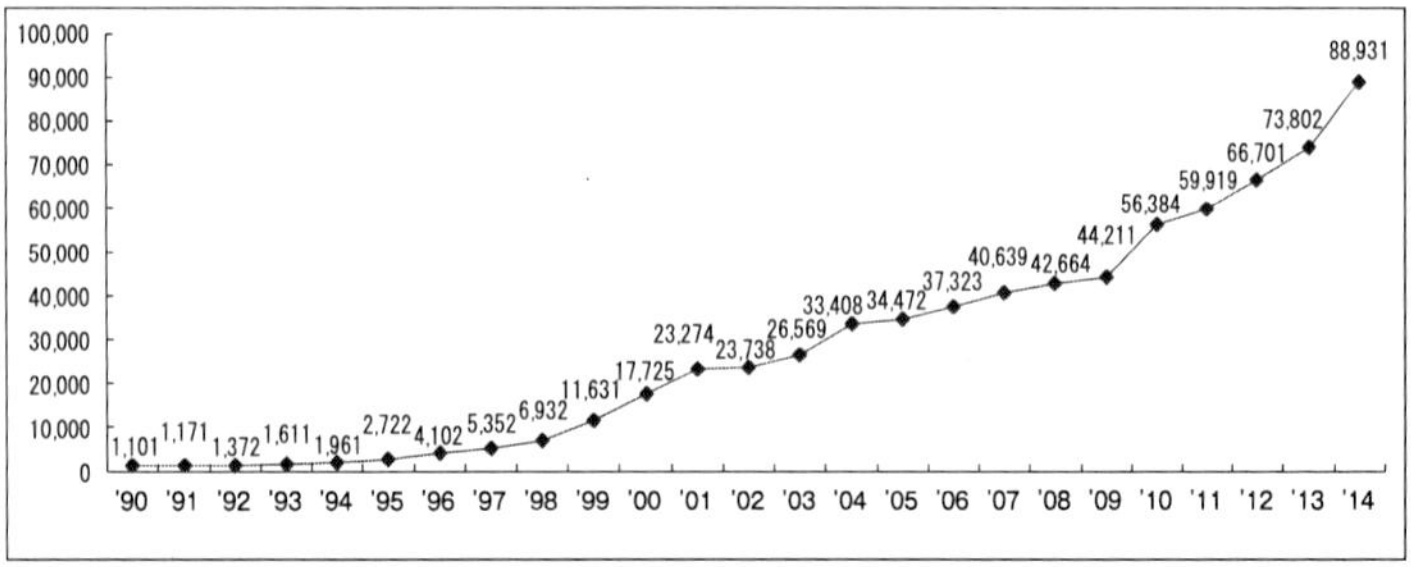

※ 2010年度は、東日本大震災の影響により、福島県を除いて集計した数値
〔出典:「児童虐待相談の対応件数及び虐待による死亡事例件数の推移」厚労省ホームページより〕

概念にふくまれるようになった。

レイシズムも同じだ。ただレイシズムの場合は、いまだセクハラ・児童虐待の統計が取られる以前の段階にある。国・自治体によって統計がとられる以前には、セクハラ・児童虐待も、深刻な被害であっても「スキンシップ」や「しつけ」というかたちで「見える」にすぎず、人権侵害であることが広く認識されてこなかった。レイシズムは、まさにどれほど深刻な差別が起きていようとも、「ヘイトスピーチ」を除けば、先に定義した、出自（血・ルーツ）にまつわるグループに対する社会がなくすべき不平等という意味での差別としては、「見えない」まま だ。反レイシズムというモノサシが定着しないかぎり、レイシズムは決して「見える」ようにはならないのである。

日本を代表する辞典である広辞苑には、かつて「鮮人」という差別語が掲載されていたが、一九七〇年に朝鮮史研究者の故梶村秀樹ら日本朝鮮研究所による抗議によって削除された経緯がある。いまだに「北鮮」という差別語がそのまま掲載されていることは問題だが、当時の反差別運動の一つの成果だった。私たちの時代には、差別語をなくしてゆくと同時に、差別の定義（モノサシ）そのものを塗りかえ、それを定着させる取りくみが求められている。

なお、反レイシズム規範がなければ、(レイシズム被害を受ける) マイノリティも「いないこと」にされることは言うまでもない。反レイシズムはマイノリティを理解する必要条件でもある。

生物学的発想に支えられるレイシズム

植民地支配に根をもつ近代以降のレイシズムは、生物学的発想に支えられて、他の人種・民族を劣ったものとみなし、ひいては社会を破壊する敵とまでみなす極めて危険な論理をもつ。

レイシズムは、第一に「人口」を「人種」よって (「自人種」と「他人種」等に) 切り分ける。フランスの哲学者フーコーは一九世紀以降のレイシズムは、「生きるべき者と死ぬべき者を分ける」機能を果たす (『社会は防衛しなければならない』二五三頁) と指摘した。注意すべきは、レイシズムは必要に応じて、日本人などマジョリティをも「他人種」＝「殺すべきもの」の側に分類するということである (三一頁の三鷹事件や徳島事件、三六頁の新宿駅南口での老人襲撃や川崎駅での模造刀斬りつけ事件の例など)。

第二に、レイシズムは「他人種」と「自人種」の間に、「他人種」を殺せば殺すほど「自人種」がよりよく生きるようになる、という生物学的な関係をつくりだす。それは敵を殺さなければ自分が殺されるという戦時の敵味方関係よりもはるかに恐ろしい。人口を危機にさらす「他人種」を一人でも多く殺せ、そうすれば社会は守られ、繁栄するだろう――このような論理が暴力行為やジェノサイドでは発揮される。いまのヘイトスピーチが在日 (という「他人種」のシンボル) の流血を願うのは、社会を「退化」させる「他人種」の絶滅を願うからだ。それこそが彼らの正義である。そして出自 (血・ルーツ) にまつわる不平等は、彼らにとっての平等である。

レイシズムは、「自人種」を劣った「他人種」による「退化」から守り、「自人種」を純化すればするほど社会が強化すると考える。ナチ・ドイツが一方では産めよ増やせよと（「アーリア人種」化された）国民に語りつつ、他方では障がい者の産児制限や断種、虐殺をおしすすめた事例には、レイシズムの右のような本質がよくあらわれている（以上、フーコー『知への意志』新潮社、他参照）。

このような考えが、性差別や障がい者差別など他の差別を正当化し、桁ちがいに強化することは言うまでもない。

レイシズムはセクシズムと深い関連をもつ

そのためレイシズムは、セクシズムと極めて深い関連がある（本書ではレイプを指す性暴力をふくめた性差別・性差別主義をセクシズムと表現する）。

国連人種差別撤廃委員会が二〇〇〇年に出した一般的勧告25「人種差別のジェンダーに関連する側面に関する一般的な性格を有する勧告」では、はっきりと「人種差別が、女性にのみに若しくは主として女性に影響を及ぼし、又は男性とは異なる態様で若しくは異なる程度で女性に影響を及ぼすという状況が存在する」と指摘している。具体例として、拘禁時や戦時の性暴力・「先住民女性の強制的不妊措置」・家事労働者への虐待などがあげられている。

ヘイトスピーチ・レイシズムが、同時にセクシズムをともなうケースには枚挙にいとまがない。実際米国では、黒人がリンチで殺害される際に用いられた口実は、「白人女を犯した」という言いがかりだった。日本でも、たとえばSNSでのヘイトスピーチは、男性より女性（に見える）アカウントに対してより一層醜悪・執拗・暴力的に行われる。また第3章で取りあげるとおり、朝高生襲撃事件やチマチョゴリ事件でも、レイシズム暴力は、被害者のジェンダー（社会的な性のありよう）によって異なる形態で行使された。日本軍「慰安婦」制度はその最たる例の一つだ。

以上をまとめると、レイシズムはまず、出自（血・ルーツ）にまつわるグループへの不平等であり、そしてそれは常に具体的な利害関係のなかにあり、反レイシズムという社会的なモノサシがなければ見えないままである。さらにレイシズムは生物学的な発想に支えられ、同じ人間を「自人種」と「他人種」に分け、社会を防衛するために「他人種」を根絶やしにすべきという生物学的関係をつくりだす危険な論理をもつ。また、レイシズムはセクシズムと極めて深い関連がある。

では、このようなレイシズムが実際に暴力やジェノサイドにまで行きつくのは、どのような条件下であろうか。それを「見える」ようにするのが差別煽動という概念である。

2　差別煽動とは何か――レイシズムの発展を見えるようにする

レイシズムの定義を確認したところで、ヘイトスピーチという定義の核心にある差別煽動を「見える」ようにしたい。

何がレイシズムのレベルアップを引きおこすのか

「レイシズム行為のピラミッド」の下から上への移行は、どのような社会的条件下で起こるのか。

図５　レイシズム行為のピラミッド２（日本）

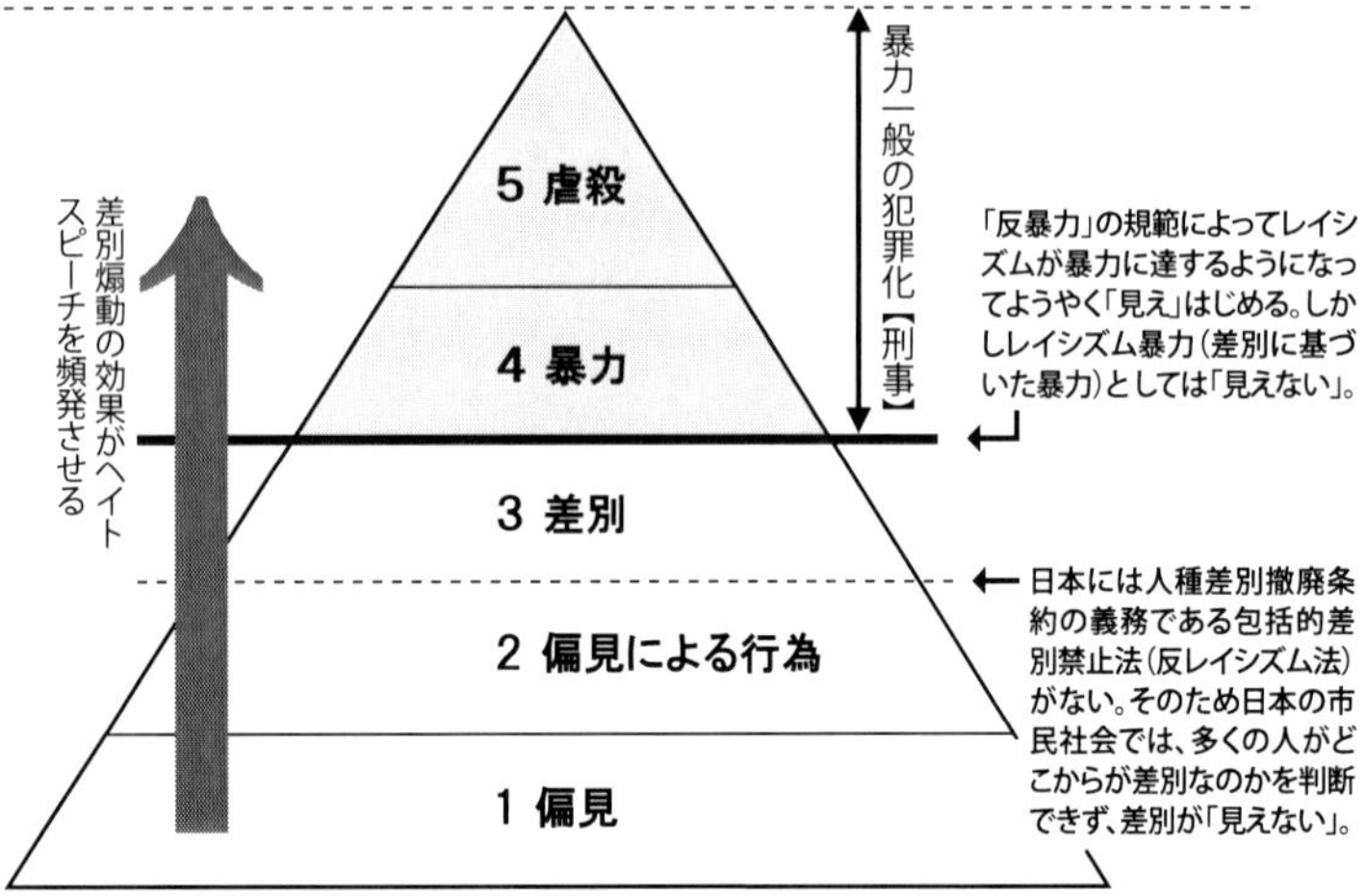

〔著者作成〕

大まかに、ぬきさしならない「利害関係」に迫られる場合と、差別煽動による場合の二つに分けてみよう。

たとえば、「レベル２：偏見による行為」から「レベル３：差別」に移行する人。「在日って怖いよね」という冗談（いまやもう冗談レベルではすまなくなっているが）を親しい知人のあいだで交わしている人が、何かのきっかけで、たとえば在日コリアンと口論になった時などに、「朝鮮人は帰れ」と口走ったりする。在日コリアンとつきあっていた日本人が、結婚の段になり親族の反対にあったとき、恋人の側を「切る」ということもよくある話だ。

普段はレベル２にいる人が、ケンカや親族の反対など、ぬきさしならない「利害関係」（結婚・就職・商取引・労働・住居など）に迫られて、「レベル３：差別」を引きおこしてしまう、ということは多い。これらは、たとえ差別してはいけないと自覚していたとしても起きてしまうものだ。だから昔から差別は恐ろしいと言われてきた。

しかし、差別煽動による下から上への移行は、これとは区別できるものだ。いまのヘイトスピーチや組織的に行われる集団リンチ、器物損壊、ジェノサイドなど、意識的・意図的・計画的あるいは組織的に上段へ移行するレイシズム現象を考えてみてほしい。つまり、差別煽動は多くの場合、それじたい意識的に下から上へと移行するレイシズムである。

それだけではない。第二に、差別を煽りたてる行為である差別煽動は、他者のレイシズム行為をピラミッドの下から上へと引き上げる効果をもつ。第二・第三の新たな差別（たとえばトイレの差別落書きや、インターネットや職場・家庭内での差別、ヘイトスピーチ街宣の増加、はては放火や殺人にいたるまで）が差別煽動によって引きおこされるのである。

したがって差別煽動はたんなる差別ではなく増殖する差別であり、放置すれば差別を暴力・ジェノサイドに結びつける社会的回路をつくらずにはおかない差別なのである（図５では上へのベクトル・矢印で表現）。

もちろん、ピラミッドの下から上への移行条件を、「利害関係」か差別煽動かの二つに分ける手法は概念的なもので、現実には重なりあってもいる。しかしここでは後者の危険性をクリアにするために、両者を分けて考えてみる。差別煽動が強力に作用する場合、たいした「利害」がからまなくとも、差別が容易に暴力や虐殺に結びつくからだ。

◆差別煽動とは何か——人種差別撤廃条約第4条で規制がうたわれているもの

この危険な差別煽動について特別に違法化すべきことを求めているのが、人種差別撤廃条約第４条だ。

「締約国は、一の人種の優越性若しくは一の皮膚の色若しくは種族的出身の人の集団の優越性の思想若しくは理論に基づくあらゆる宣伝及び団体又は人種的憎悪及び人種差別（形態のいかんを問わない）を正当化し若しくは助長することを企てるあらゆる宣伝及び団体を非難し、また、このような差別のあらゆる煽動又は行為を根絶することを目的とする迅速かつ積極的な措置をとることを約束する」

読みにくいが、第４条では、レイシズムを正当化・助長する「あらゆる宣伝及び団体」を「非難し」、そして「このような差別のあらゆる煽動又は行為」を「根絶することを目的とする」「積極的な措置」をとることを締約国に義務づけている。「宣伝」「団体」「差別のあらゆる煽動又は行為」を放置することは、差別煽動効果を発揮するものとしてとくに警戒されている。

日本で頻発するヘイトスピーチが、右の行為に該当するのは明白だ。日本でのヘイトスピーチとは、「スピーチ」という語感とは対極にある差別煽動活動であり、組織化されたレイシズム団体活動にほかならない。

そして第４条は以下のようにつづき、とくに次の三項目を締約国に義務づけた。

「このため、締約国は、世界人権宣言に具現された原則及び次条に明示的に定める権利に十分な考慮を払って、とくに次のことを行う。

（a）人種的優越又は憎悪に基づく思想のあらゆる流布、人種差別の煽動、いかなる人種若しくは皮膚の色若しくは種族的出身を異にする人の集団に対するものであるかを問わずすべての暴力行為又はその行為の煽動及び人種主義に基づく活動に対する資金援助をふくむいかなる援助の提供も、法律で処罰すべき犯罪であることを宣言すること。

（b）人種差別を助長し及び煽動する団体及び組織的宣伝活動その他のすべての宣伝活動を違法であるとして禁止するものとし、このような団体又は活動への参加が法律で処罰すべき犯罪であることを認めること。

（c）国又は地方の公の当局又は機関が人種差別を助長し又は煽動することを認めないこと」

日本は人種差別撤廃条約を批准する際に、この第４条（a）（b）については条件つき（憲法と両立する限りという）留保を宣言した。だが留保付きながら、第４条もふくめて条約を批准しているため、レイシズム煽動とレイシズム団体を法規制する義務を負いつづけている。日本政府はレイシズムとレイシズム煽動を禁止する基本法をつくらないことで、条約違反をつづけており、国連から何度も勧告を受けると同時に、第４条（a）（b）の留保撤回も求められている。

そして第４条（c）で、あえて国・自治体・公的機関（政治家をふくむ）によるレイシズム煽動を認めないことを義務づけている。後述するとおり、そのような「上からの差別煽動」こそが、市民社会のレイシズムを決定的に増大させてしまう。じつは、日本でヘイトスピーチの頻発を引きおこしたものは、この第４条（c）が「認めない」よう義務づけている「上からの差別煽動」にほかならない。

また国連人種差別撤廃員会の一般的勧告35「ヘイトスピーチと闘う」でも、この第４条（c）に関連して、「公の当局または機関から発せられる」レイシズム発言に「特に懸念すべき」と明記したうえで、「特に上級の公人によるものとされる発言」に警戒すべきとされている。

人種差別撤廃条約が禁じる差別煽動には、市民社会での差別煽動（a）（b）と、「上からの差別煽動」（c）の二つがあり、影響力や効果から見れば、後者こそが決定的なのだ。

◆レイシズム暴力と国家の行動①――レイシズム暴力を規制する最大の責任主体

レイシズム行為のうちもっとも深刻なのは、言うまでもなく「レベル4：暴力」以上（「レベル5：虐殺」ふくむ）だ。それはもはや人を「傷つける」だけではすまない。レイシズムは文字どおり人間の生死を分けるからだ。

フランスのレイシズム研究者であるミシェル・ヴィヴィオルカは、レイシズムが暴力と結びつく条件について次のように指摘した。

「バラバラに起きているように見える個人の暴力も社会学・政治学的に分析すると、社会・政治・制度と関係ないところで発生するのではなく、その暴力を可能にし、時に加害者の目には暴力が正当だと映るような条件の下で起きる」（ヴィヴィオルカ『レイシズムの変貌』八四頁）

彼はまた、レイシズム暴力の増大に、国家の行動が決定的な意味をもつことを次のように強調した。

「より広い視点から言えば、暴力が増大するかどうかは、偏見や差別といった形態とは異なり、社会全体の条件に左右される。なぜなら水面下で影響を及ぼし、労働や住宅市場において当局に許容される制度的レイシズムとは異なり、暴力は一般社会からの強い批判や、政府や国家の弾圧の対象とされるためである。よって、その暴力が増えるかどうかは、政治制度に強く規定される。したがってマックス・ウェーバーの有名な表現を借りれば、レイシズムの暴力はなによりもまず、正当な暴力行使を独占する国家に規定されるのである。それゆえ国家は暴力の発生に必然的に関与するし、また国家が暴力にどう対応するかによって、レイシズムの暴力の増大や減少が決まる以上、それに責任を負っている」（同前、八四～八五頁）

ウェーバーによれば、国家は、国家以外の主体が行使する暴力を非合法なものとして実効的に取りしまることによって、自らの領土のなかで、ただ国家のみが正当な暴力行使を独占する。それが国家に可能なのは、領土内で最高・最大の暴力装置（警察・軍隊）をもっているからだ。

第一に、「レベル２：偏見」による行為や、「レベル３：差別」とは異なり、「レベル４：暴力」に発展すると（反レイシズム政策がゼロであっても）、それだけで国家による取りしまりの対象となる。

さらに、国家がレイシズム暴力を実効的に取りしまることによって、レイシズム暴力の非合法性・不当性が強く規定されるようになる。また取りしまりの度合いによって、社会におけるレイシズム暴力の評価は変わる。レイシズム暴力を一般の暴力以上に厳しく取りしまれば、国家は反レイシズムのメッセージを市民社会に送ることができる。逆に、レイシズム暴力を国家が放置したり、あるいは暴力一般よりもあからさまに寛容に対処すれば（たとえば京都事件で実際に見られたように、現行犯で逮捕しない、警察の目の前で暴力がふるわれる、被害届を受理しない、捜査を遅らせる、刑事事件の判決でも差別を考慮した量刑加重がなされない場合など）、国家はレイシズム暴力とレイシズムじたいに、ある種の正当性を与えることになる。

たとえば、国が在日コリアンへのレイシズムや差別政策を行う場合（朝鮮高校無償化除外〔二一四九九頁参照〕など）、それは「その暴力を可能にし、時に加害者の目には暴力が正当だと映るような」〔同前〕もっとも強力な条件となり、市民社会におけるレイシズム、とくに暴力と結びついたレイシズム暴力（ヘイトスピーチほか）に一定の合法性・正当性を与えてしまう。

つまり国による反レイシズム政策は、市民社会の反レイシズム規範形成にとって大変に有益であり、レイシズムが「レベル４：暴力」以上に転化するのを抑制する効果がある。しかし逆に、国がレイシズムに寛容であったり、それを煽動する場合は、市民社会でもレイシズムが煽動され増大してしまう。レイシズム行為のうち、とくにレイシズム暴力（レベル４以上）の発生と、それに対する国家の行動には、特別の注意を払わなければならないことがわかる。そのため本書では以後、レイシズム行為としては基本的に、「レベル３：差別」以上、とくに「レベル４：暴力」をあつかう。

◆レイシズム暴力と国家の行動②――市民社会に最大の差別煽動効果を発揮する「上からの差別煽動」

「上からの差別煽動」に関連してヴィヴィオルカは、「政治空間に組みこまれると、レイシズムへの動員に新たな展望が開けるという意味で、レイシズムの政治・制度レベルへの到達は決定的となる」と言い、レイシズムの類型では、「レイシズム発生」と「レイシズムの制度化」のちがいを本質的区分としている〔前掲書一〇二頁。図６参照〕。

つまり、公的な政治空間にレイシズムが浸透すると、社会にレイシズムが広がり強化される条件が整う、という。ヘイトスピーチがジェノサイドに結びつく際には、「上からの差別煽動」が決定的な役割を果たす。ナチスのホロコースト、ルワンダのツチ族虐殺、関東大震災時の朝鮮人虐殺は、いず

図6　レイシズムの政治空間への浸透

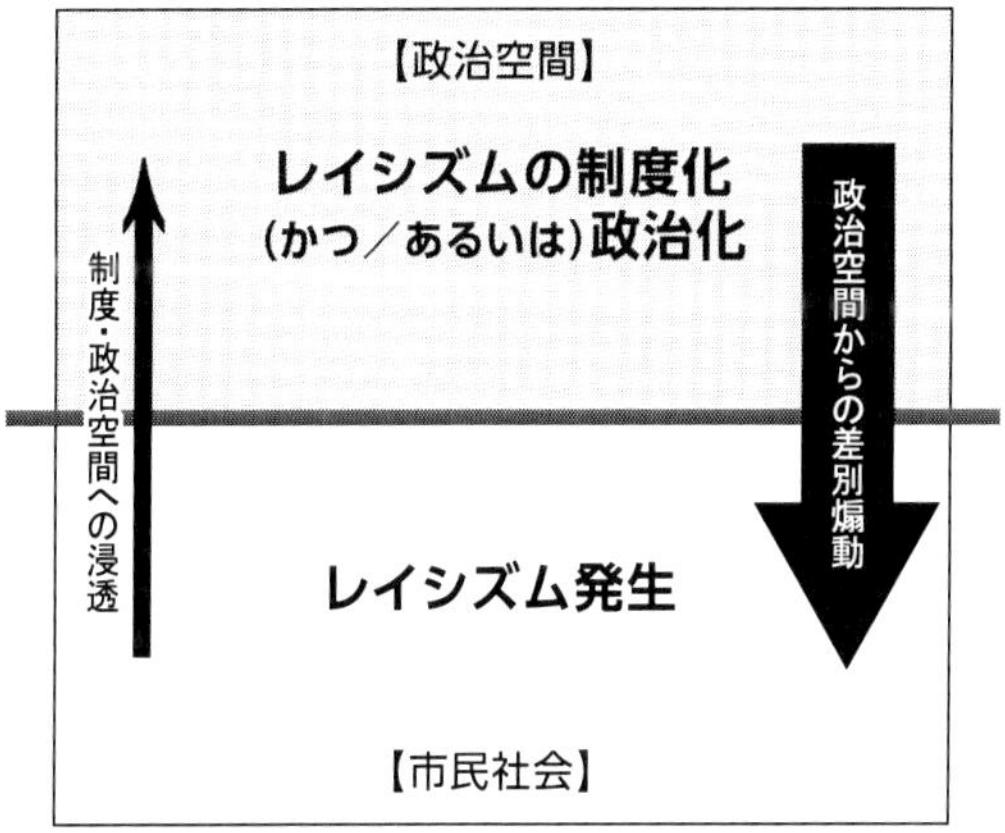

〔ミシェル・ヴィヴィオルカ『レイシズムの変貌』100-103頁のレイシズムの４つのレベルを参考に著者作成〕

「ここで示した類型をより簡略化し、レイシズム発生とレイシズムの制度化・政治化の間に線を引き、本質的な区分に限定することも可能である。この政治ライン以下なら、レイシズム現象に強固な統一性や一貫性が生まれることもない。このラインを越えると、レイシズムの諸形態や多様な意味が組み合わされ、実践、統一されていく。」
（ヴィヴィオルカ『レイシズムの変貌』、一〇二頁より）

れもヘイトスピーチがジェノサイドにつながった事例だが、これらは国家（軍隊・警察）が直接虐殺にかかわり、ヘイトスピーチを流布させた点で共通している。それが市民を煽動し、レイシズム暴力（レベル4）やジェノサイドに参加させたことは否定できない。

戦後の日本においても、かつて外国人登録法によって強制された指紋押捺（特別永住者へは九三年廃止）を拒否した在日コリアンに対して、国・警察が弾圧とヘイトスピーチを行った直後に、市民からの無数の脅迫・無言電話・ヘイトスピーチと歴史否定にまみれた手紙が急増した例がある（民族差別と闘う関東交流集会実行委員会編『指紋押捺拒否者への「脅迫状」を読む』明石書店）。また、日本政府は、二〇一〇年から朝鮮高校への高校無償化法の適用を不当に除外する差別を行い、自治体が朝鮮学校に支給している補助金を見直すよう通達を送った。これらは国が日本社会に向けて「「朝鮮人は差別して

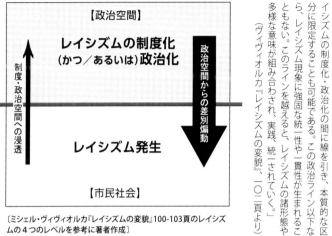

もいいんだ」と煽動し、「差別のライセンス」を発行している」(前田朗「ヘイト・スピーチを理解するために」、前田朗編『なぜ、いまヘイト・スピーチなのか』二一頁)と言える。

「上からの差別煽動」が危険なのは、私人による差別煽動よりもはるかに強力だからだ。

ヴィヴィオルカの警告からすると、はじめから政治空間にレイシズムが入りこんでいる日本の状況は、とても危険だ。日本のヘイトスピーチ頻発状況を理解するには、政治空間のレイシズムと市民社会のレイシズムとの関連性を分析することが重要な課題となる。これについては第5章で考えたい。この論点は、レイシズムと暴力との関係という問題と、レイシズムとファシズムとの関係という問題に私たちを直面させる。

◆差別煽動メカニズムからわかるレイシズム抑止の方向性

ここまでを簡単にまとめておきたい。理念・道徳レベルの「啓蒙」にとどまらず、レイシズム抑制のための実践課題として何が必要なのか。

第一に、欧米のように、「レイシズム行為のピラミッド」のレベル2とレベル3のあいだに明確な社会的な線引きを行い、少なくともレベル3以上を法律・政策で対処する必要性がある。

日本は反レイシズム法がないので、レベル2とレベル3の境があいまいなままだ。言い方を変えれば、日本は、「区別」と「差別」を分別するためのモノサシ(社会的規範)をもたない社会だ。たとえ善意で差別に抗議したい人でも、何が差別で何がそうでないかを自信をもって判断することが難しい。

第二に、喫緊の課題として、レイシズムのレベルアップを招く差別煽動をくいとめること、とくにレベル４以上に移行する社会的回路を断ち切ることが必要だ。日本のヘイトスピーチ頻発は、「上からの差別煽動」によって引きおこされている。こういったレイシズムのレベルアップをもたらす社会的要因を具体的に分析し、それを変えさせるという闘い方を導くことができる。

日本でより基本となる課題は、第一の反レイシズム規範（モノサシ）の形成だ。「レベル２：偏見による行為」と「レベル３：差別」とのあいだに一線を引く基準をつくりだし、それを社会に定着させ、レベル３以上を社会がなくすべき悪として規制する、という課題である。欧米ではここは不十分ながら勝ちとられてきているが、これが不在の日本のレイシズムはついに、レベル４のヘイトスピーチ頻発状況を招いてしまった。

第三の課題として反レイシズム教育（レイシズムの発展の源であるレベル２やレベル１へのアプローチ）があげられる。しかしこれは第一・第二の課題と結びつけて行われないかぎり、実践的効果はあまり望めないと思われる。あくまでも具体的な行為としてあらわれる差別（レベル３）や暴力（レベル４）と具体的に関連させるかたちで思想・偏見・世界観（レベル１）を問題にしないかぎり、日本では一般的な道徳・倫理レベルでの啓蒙に終わってしまうだろう。

3　マイノリティとしての在日コリアン——レイシズムと差別煽動の不可視化がもたらすもの

反レイシズム規範のない日本では、民族的マイノリティを理解することが極めて困難だ。のちの議論を理解するうえで必要最低限のことに絞り、マイノリティとしての在日コリアンについて確認しておく。

在日コリアンとは、日本にいる朝鮮民族（コリアン）のことである。朝鮮籍・韓国籍（四九万一七一一名、うち韓国籍四五万七七七二名、朝鮮籍三万三九三九名）だけでなく、国籍も日本や中国・米国などさまざまにまたがっており、在留資格も特別永住（三四万八六二六名）にかぎらず、永住・定住などさまざまだ（統計は二〇一五年一二月法務省集計）。日本国籍を取得した人も数十万人いると考えられ、全体で一〇〇万人ほどいると言われる。

なぜ、〝ほど〟なのか。それは、日本政府が人種差別撤廃条約の義務に反して、レイシズム実態を把握するための民族的マイノリティ別統計をとらないためだ*。日本政府は国籍・法的地位別の、それも在留管理のための情報しか集めない。レイシズム被害実態調査を政治が怠っていることは、マイノリティとしての在日コリアンが不可視化されている基本要因となっている。

在日コリアンとはどのような人びとか。本書の課題に沿って三つのポイントをあげたい。

第一に、在日コリアンは在日外国人の一員である。在日外国人とは、ルーツが外国・日本以外の地域にあり、日本に居住している人、という意味だ。

在日外国人は、さまざまなかたちで日本の政府からも社会からも、深刻なレイシズム被害にあっている。それと同時に、レイシズムから身を守るための法的保護を日本国内でまったく受けることができない日本のマイノリティだ。

これは、日本政府が差別禁止法などの反レイシズム政策を一つもつくらないために、さらには、日本国籍をもたない在日外国人を入管法で全面管理するのみで、外国籍のまま定住・永住するためのシステムをつくらないために、そうなっている（たとえば、最低限必要な日本在住年数は、帰化の場合は五年だが、永住は一〇年となっており、国籍政策〔帰化〕と入管政策〔永住〕との関連はない）。

日本政府は在日外国人を、日本国籍をもたないという口実によって、基本的には法的権利から体系的に隔離してきた。帰化しないかぎり、参政権や公務就任権、再入国の権利が保障された永住権、義務教育はじめ公教育一般、はては、社会福祉を十全に受ける権利まで、いまもなお排除されたままである。そして仮に帰化を望んだとしても、それは権利としては認められていない。法務大臣の裁量（恩恵）で行われ、膨大な時間と申請書類の用意、そして金がかかる極めてハードルの高いものだ。

そういう意味では、在日コリアンは、日本企業のグローバル化が進んだ八〇年代後半以降に急増した、ブラジル・ペルー他南米やフィリピンや中国などからやってきた、ほかの一般の在日外国人と変わらない（非日本国籍外国人は一九三カ国・地域の二一二万一八三一人、二〇一四年末法務省発表、無国籍を除く）。

ほかの在日外国人と変わらないと言っても、フィリピン・ブラジル・中国とでは偏見や差別のあらわれ方はちがってくる。その理由にはさまざまな要素があるが、重要なのは、フィリピン・ブラジル・中国という出身国・地域への偏見・ステレオタイプであり、それに強く影響する居住国日本と出

＊　戦後日本政府が政策上「民族」というカテゴリをかたくなにつくろうとしない理由に関連して、岡本雅享は「「日本のマジョリティは何民族か」という、戦後あいまいにしてきた日本人自身のアイデンティティを、はっきりさせなければならなくなるから」という極めて重要な指摘をした（岡本前掲書、七頁）。本書では触れることができないが、「大和」中心の国民形成が日本人「内」の民族的マイノリティをいかに隠蔽してきたかについては、岡本の『民族の創出——まつろわぬ人々、隠された多様性』（岩波書店）を参照されたい。

身国・地域との関係性（歴史や経済・政治に条件づけられた）の影響だ。

では、在日コリアンへのレイシズムにはどのような特徴があるだろうか。ヘイトスピーチでは必ずと言っていいほど、「強制連行はなかった」「在日は密航者」「慰安婦は売春婦」などの朝鮮植民地支配の歴史を歪曲する歴史否定がセットになる。それは日本による朝鮮植民地支配の歴史とも、また戦後日本政府が朝鮮植民地支配責任や独立後の朝鮮半島とどう向き合ってきたのかという歴史とも、切りはなすことはできない。

在日コリアンは、出身が朝鮮半島という日本の旧植民地であり、住んでいる国が日本という旧宗主国であるという意味で、一般の在日外国人と明確に区別された特徴をもつ。これが第二のポイントである。

在日コリアンの多くは、朝鮮植民地支配の時期（一九一〇年～四五年）に日本にやってきて、戦後も日本に住むことを余儀なくされた朝鮮人とその子孫である。そして在日コリアンは、日本敗戦後もさまざまな理由から故郷に「帰る」どころではなかった。故郷に安定した生活基盤をもつ人は少なかっただけでなく、GHQ占領下の日本では朝鮮半島との移動は急激に困難になり、しかも一旦朝鮮半島に戻ると、日本に帰還する権利がGHQと日本政府によって否定された。だから「戻ってくる」在日コリアンは「密入国者」としてあつかわれたのだった。こうして在日コリアンは日本に取りのこされるかたちになった。

それだけではない。戦後日本政府は取りのこされた植民地出身者である在日コリアンを、戦前と同じく戦後もレイシズム政策の対象にしつづけた。後述するとおり、戦後日本政府は一九五二年にGHQの占領から独立すると同時に、旧植民地出身者から日本国籍をはく奪したうえで、国籍がないことを根拠としてあらゆる法的権利から体系的に隔離してきた。この国籍はく奪措置以後、日本政府は、植民地時代の戸籍を活用した露骨なレイシズム政策から、レイシズムを国籍「区別」に偽装する制度（外国人登録法と出入国管理法）へと転換させた。

以後、日本政府は今日にいたるまで、公的な外国人政策らしきものを明示的につくらず、在日外国人を入管法一本で、原則自由裁量のもとで「管理」してきた。このやり方は、何代たとうが国籍によって外国人をしめだすことを可能にし、レイシズム政策を国籍区別に偽装できる点で極めて日本政府に好都合だった（前述の五四頁「国籍とレイシズム」の項、および第3章一一六頁以下の「一九五二年体制の成立」の項参照）。

在日コリアンを特徴づける第三のポイントは、居住国日本が、ルーツの国である南北朝鮮と激しく対立し、かつそのルーツの国の南北分断状況から生じる国際関係に翻弄されざるをえない存在であるということだ。そのため在日コリアンは、自らのアイデンティティが複数に分裂せざるをえない（徐京植『在日朝鮮人ってどんなひと？』平凡社、二〇一二年／『分断を生きる』影書房、一九九七年、参照）。

まとめると、在日コリアンとは、第一に外国にルーツをもつ在日外国人であり、第二に旧宗主国に住む植民地出身者であり、第三にルーツである朝鮮半島の南北分断と、南北それぞれの国と日本との関係性に影響を受けざるをえない人びと、ということになる。

ただし、右のような意味での在日コリアンに当てはまる人であっても、本人が自身を「在日コリアン」と認識しているかどうかは別の問題である。私の友人は二五歳になるまでルーツを知らされることがなかった。

ただ、ヘイトスピーチを生み出した日本のレイシズムの深刻さと、反レイシズム規範が日本社会に欠如してきたことの影響の大きさを理解することは、当事者が自身を「在日コリアン」としてアイデンティファイすることの困難さを理解する一助にはなるはずだ。

第3章

実際に起きた在日コリアンへのレイシズム暴力事例

本章では在日コリアンに実際に行使されたレイシズム暴力を見る。取りあげるのは、①一九二三年の関東大震災時の朝鮮人虐殺、②GHQ占領期の朝鮮人弾圧事件、③一九六〇年～七〇年代の朝高生襲撃事件、④八〇年代後半から頻発したチマチョゴリ事件、そして、⑤二〇〇七年以降頻発する「在特会型」のヘイトスピーチ、である。すでにのべたとおり、本章で紹介するレイシズム事例は、レイシズム暴力（五七頁図３「レイシズム行為のピラミッド」のレベル４）以上に限定している。

1　関東大震災時の朝鮮人虐殺（一九二三年九月～）

関東大震災時の朝鮮人虐殺がどのようなものであったかを具体的に知ってもらうため、いくつか資料を紹介したい。

◆ジェノサイドのリアリティ――庶民の犯行

横浜――「地獄の刑場」

「二日朝から、朝鮮人が火を放《つ》けて回っているという流言がとぶと、ただちに、朝鮮人狩りが始まった。／根岸橋のたもとに、通称〝根岸の別荘〟と呼ばれる横浜刑務所があって、そこのコンクリート壁が全壊したため、囚人がいちじ解放されていたが、この囚人たち七、八百人も加わって、捜索隊ができた。彼らは町中をくまなく探し回り、夜を徹して山狩りをつづけたのである。／見つけてきた朝鮮人は、警察が年齢、氏名、住所を確かめて保護する間もなく、町の捜索隊にとっ捕《つか》まってしまう。〔中略〕そうしてグルリと朝鮮人をとり囲むと、何ひとつついいわけを聞くでもなく、問答無用とばかり、手に手に握った竹ヤリやサーベルで朝鮮人のからだをこづきまわす。それも、ひと思いにバッサリというのでなく、皆がそれぞれおっかなびっくりやるので、よけいに残酷だ。頭をこずくもの、眼に竹ヤリを突き立てるもの、耳をそぎ落とすもの、背中をたたくもの、足の甲を切り裂くもの……朝鮮人のうめきと、口々にののしり声をあげる日本人の怒号が入りまじり、この世のものとは思われない、凄惨な場面が展開した。／こうしてなぶり殺しにした朝鮮人の死体を、倉木橋の土手っぷちに並んで立っている桜並み木の、川のほうにつきだした小枝に、つりさげる。しかも、一本や二本じゃない。三好橋から中村橋にかけて、載天記念に植樹された二百以上の木のすべての幹に、血まみれの死体をつるす。それでもまだ息のあるものは、ぶらさげたまま、さらにリンチを加える……人間のすることとも思えない地獄の刑場だった。完全に死んだ人間は、つるされたツナを切られ、川の中に落とされる。川の中が何百という死体で埋まり、昨日までの清流は真っ赤な血の濁流となってしまった」（『潮』一九七一年九月特大号、九九～一〇〇頁。姜徳相『関東大震災・虐殺の記憶』一五九頁に引用）

右は神奈川県横浜市の事例だ。次は東京の事例である。本所・深川の火災で焼け出された人びとが逃げてきた隅田川近辺での虐殺がひどかった。

隅田川周辺での目撃証言

「二日の朝〔中略〕八時頃〔中略〕白髭橋へ行ってみた。両側のランカンには向こう鉢巻に日本刀、竹槍、猟銃など持った人びとが避難者へスルドイ目を向け、「帽子を取れ!!」と怒鳴っている。／「彼奴が怪しい」〔中略〕「なるほど奴の後頭部は絶壁だ!!」〔中略〕「ガギグゲゴをいってみろ」〔中略〕「問答無益だ。殺って仕舞え」／「ヤレヤレ」、一同騒然とした。／白服をよごし半焼けの帽子にあごひもをかけ、左手に崩帯〔ママ〕をしている巡査が来た。白サヤの日本刀を持った四〇年輩の遊人風の男がこの巡査に近づき、／「旦那、こ奴、朝鮮の太い野郎です。殺ってもいいでしょう?」／巡査はやれともやるなともいわず、疲れ切った顔で避難民と一緒に行き過ぎた。／号泣する例の男にとって返した遊人風が、「それやって仕舞え」というと、三、四人の与太公が竹槍でこの男の腹を突いたが、手がすべって与太公は橋のらんかんにいやというほど顔をぶっつけた。白サヤの日本刀氏がヘッピリ腰で男のみけんに切りつけた。〔中略〕半殺しのこの男を二、三人の若者が隅田川へ投げ込んだ。／付近の自警団員が声をそろえて「万歳、万歳」と叫んでいる。／夜半からの不思議な万歳、万歳という声の正体がやっと判った。万歳の声から推して二、三〇人の人びとがぎゃく殺されてたのだろう」（和智正孝の証言。日朝協会豊島支部発行『民族の棘』三八〜三九頁）

このように虐殺の相当数が、残念ながら一般庶民と在郷軍人によってつくられた自警団の手で行われていた。庶民が難儀しながらも、集団の力を借りて人を殺す光景がなまなましく描かれている。朝鮮人として素人のなぶり殺しにあった「号泣する例の男」の恐怖はどれほどのものだったろう。

東京・横浜はもっとも震災の被害がひどかった地域だが、それに比べれば被害は僅少だったと言える埼玉県・千葉県はじめ地方でも、残念ながら庶民が加担した朝鮮人虐殺事件は起きている。
千葉県での一例をあげるにとどめるが、次の資料は自警団に加わったある個人の日記である。

千葉県八千代市高津地区住民の日記

「七日〔中略〕皆労れて居るので一寝入りづゝやる午后四時頃バラックから鮮人を呉れるから取りに来いと知せが有ったとて急に集合させ主望者に受取り〔に〕行って貰ふことにした。東京へ送るべく米二俵本家の牛で桝次に正伯に搗きにやらせる事にして牛を借りにやると大和田からとりに来ると云ふので荷車で付けてやる。夜中に鮮人十五人貰ひ各区に配当し高津は新木戸と共同して三人引受お寺の庭に置き番をして居る。

八日〔中略〕又鮮人を貰ひに行く九時頃に至り二人貰ってくる都合五人（ナギノ原山番ノ墓場の有場所）へ穴を掘り座せて首を切る事に決定。第一番邦光スパリと見事に首が切れた。第二番啓次ボクリと是は中バしか切れぬ。第三番高治首の皮が少し残った。第四番光雄、邦光の切った刀で見事コロリと行った。第五番　吉之助力足らず中バしか切れぬ二太刀切。穴の中に入れて埋め仕舞ふ皆労れたらしく皆其処此処に寝て居る夜になるとまた各持場の警戒線に付く。

九日〔中略〕夜又全部出動十二時過き又鮮人貰って来たと知らせ有る之れは直に前側に穴を掘って有るので連れて行って提灯の明りて梅松切る皮が少し残る是れで首を切るには刀の善悪により刀が良ければ誰でも切れる事に決定した随分刀も害《そこな》ったが新木戸中嶋光雄君の刀以外スパリと切れる刀はない」（姜徳相『関東大震災・虐殺の記憶』二一一～二一二頁）

村の入会地に朝鮮人を連れて行って、穴を掘って、座らせて、首が穴の中に落ちるようにして、日本刀で一人ずつ斬っていった。この日記にはそれらの様子が、被災地東京にコメを送ることや、そのための牛を借りることといっしょに、だれに見せるわけでもなく書き留められている。どんな報告書よりも庶民が朝鮮人殺害に手を染めたことのリアリティを、読み手にこれ以上なく突きつけてくる。

個人蔵の日記がこのように日の目を見ることになったきっかけは、関東大震災五五周年を記念して千葉県の学校で生徒が行った郷土史の聞きとりだったという。

このような庶民が直接朝鮮人を殺害した事件は、当時枚挙にいとまがないほど頻発していた。関東大震災時の朝鮮人虐殺は、自警団に組織された庶民が直接加担したという、私たちにとって無視できない特徴をもっている。

ここで当時自警団がどれほど組織されていたかを確認しておこう（表1）。非常に多く、基本的には町村制が施行されたのちには一町村単位で組織されたという。自警団には当時、「在郷軍人や青年団員をはじめ男という男は老幼を問わず参加した」（姜前掲書、一四三頁）。

自警団による虐殺は、一般的には、政府が庶民による虐殺を厳禁するよう諭告した九月六日まで行われたと言われる。

朝鮮人総検束――生存者へのレイシズム

ジェノサイドに達したレイシズムは、辛くも生きのびた朝鮮人に対しても襲いかかった。当時生きのびた朝鮮人は、全員が官憲によって検束（身柄拘束）の対象になった。当時の目撃者は次のような証言を残している。「あんときゃ朝鮮の人はもう大人はほとんどくびられてまるっきり荷物を積むように、こんなに積まれて縄がないから針金でしばって、どこかへひっぱられていきましたね」（玉井

【表1】関東地方自警団数

府　県	自警団数
東京府	1,593
埼玉県	300
神奈川県	603
千葉県	366
茨城県	336
群馬県	469
栃木県	19
合計	3,689

〔吉河光貞『関東大震災の治安回顧』（法務府特別審査局、1949年）43頁、山田昭次『関東大震災時の朝鮮人虐殺とその後』138頁より重引。同書には「計算が合わないが、そのままにした」と註釈がある〕

ハマの証言。前掲『民族の棘』一四頁）。

「検束とは幸運にもうち殺されなかった戦時捕虜の別称」（姜前掲書、一七七頁）という指摘があるほど、検束された朝鮮人は非常に過酷な待遇を受けた。軍営や警察署などに収容されたが、後ろ手にしばられて転がされたり、留置所・演武場につめこまれたりした。検束過程で官憲や自警団から受けた暴力で半死半生の者もおり、検束過程や収容後に命を落とす場合もあった。「無事」収容された者も飢えと渇きと困憊が襲い、死に瀕した。トイレに行くにも空腹のために伝い歩きをしなければならなかったという証言もある。

だが以上の資料はジェノサイドの深刻さを示す一端にすぎない。

事件の概要

あらためて事件の概要を見てみる。一九二三年九月一日午前一一時五八分、マグニチュード七・九、最大震度七という巨大地震が関東一円を襲った。死者・行方不明者一〇万人以上、避難者は一〇〇万人を超すと言われる。死者・行方不明者のうち九万人以上は火災で亡くなったという。そのため九月一日は「防災の日」として記憶されているが、しかしこの震災直後から、関東で凄惨な朝鮮人虐殺事件が引きおこされた。

一体どれだけの朝鮮人が殺されたのか。虐殺された者の総数は六〇〇〇人あまりだと言われている。だが、正確な数はいまなお不明だ。最大の理由は、日本政府が虐殺事実の隠蔽工作と資料の改ざん、民間人調査の妨害工作にいたるまで、真相究明の阻止に終始したためである。そして日本政府は、事件直後から戦後七一年が経とうとする今日まで、ジェノサイドの真相究明を目的とした公的な調査を一度たりとも行っていない。

右の被害数は、日本の官憲の目をかいくぐるため「慰問」名目で朝鮮人留学生らが敢行した調査結果を、上海の『独立新聞』が掲載したものだが、この研究の第一人者である姜徳相は、「六〇〇〇名の被害者数の算定はかなり実数に近いものと思わざるをえない」（前掲書、二三八頁）としている。関東一円の朝鮮人人口は、当時二万人ほどと言われているため、この概数が正しければ単純計算で四人に一人以上が殺されていることになる（樋口雄一の「実数は若干少ないと考えられる」〔樋口雄一『日本の朝鮮・韓国人』一二四頁〕との見解もある）。また、虐殺を免れた生存者も虐待を受ける「総検束」状態にあり、思想チェックの末にいつ殺されるかもわからない瀬戸際にあった。

なぜこのようなジェノサイドが起きたのか。それは地震パニックによるものではなく（なぜなら一〇月まで虐殺がつづいたことを説明できない）、戦争中に起きたものでもない（第一次世界大戦後から柳条湖事件〔「満州」事件〕までの「平和」な時代に起きた）。

虐殺を理解するカギは、いまで言うヘイトスピーチと戒厳令である。震災直後から軍部には、朝鮮人が「井戸に毒を投げた」「爆弾をもっている」「放火」「暴動を起こす」などの流言（デマ）が流布しているとの情報が寄せられた。九月二日の夕方には、軍部はこれらがいずれも虚偽であることを確認ずみだった。にもかかわらず、日本政府はドサクサにまぎれて少なくとも九月二日には戒厳令（通常の憲法体制を停止し軍部に実権をゆだねる命令）を出し、その日から、朝鮮人が「投毒」「放火」を行ない「暴動」を起こそうとしているから警戒せよとのヘイトスピーチを、組織的に全国へ伝播させた。同時に、軍隊と警察が朝鮮人殺害に出動し、各地に自警団をつくらせ、庶民に朝鮮人を殺害させたのだった。これを民衆のレイシズムと、国家・政治空間のレイシズムの二つの角度から考えてみたい。

◆朝鮮人虐殺の原因①　植民地支配によってつくられた民衆のレイシズム

このジェノサイドが起きた第一の理由は、その当時の日本（内地）の「平和」が朝鮮・台湾という植民地支配（当然専制的な暴力支配である）のうえに成立していた点にある。作家の中西伊之助は当時、朝鮮人虐殺に自警団が積極的に加担した理由に関連して次のように語っている。

「私は寡聞にして、未だ朝鮮国土の秀麗、芸術の善美、民情の優雅を紹介報道した記事を見たことは、殆んどないと云っていいのであります。そして爆弾、短銃、襲撃、殺傷、――あらゆる戦慄すべき文字を羅列して、所謂不逞鮮人――近頃は不平鮮人と云ふ名称にとりかへられた新聞もあります――の不逞行動を報道しています。それも、新聞記者の事あれかしの誇張的な筆法をもって」「この日常の記事を読んだならば、朝鮮とは山賊の住む国であって、朝鮮人とは、猛虎のたぐいの如く考へられる」（『婦人公論』一九二三年、一一・一二月合併号、五四一頁。姜前掲書、四頁より重引）

中西は、当時の煽られた庶民のレイシズムがジェノサイドの要因になったことを適切に指摘している。庶民のレイシズムは決して「自然に」培われたものではない。朝鮮植民地支配という暴力的他民族抑圧を通じて煽られ、それを容認・支持・正当化するほどまでに高められたのである。

植民地支配における朝鮮人支配の方法

植民地支配とは何だろうか。それは他国の主権を奪い、自国の領土内にくりいれ、経済的・政治的に支配下におくことだ。一九世紀以降の欧米列強や日本の帝国主義にとって、植民地支配の目的は、土地・資源・労働力や超過利潤獲得など経済的な収奪にあった。植民地支配とは、経済的・政治的利益を得るためにつくられたレイシズムのシステムだと言える。

ここでのポイントは、植民地支配の遂行には暴力が、それも大量の殺人にいたる巨大な暴力が必要不可欠であるということだ。侵略や市場経済の浸透に抵抗する、共同体に強く結びついた被抑圧民族を支配に服させるためには、暴力以外に手段がないためだ。たとえば英国やフランスやドイツは、インドやアルジェリアやナミビアなどの、アジア・アフリカ地域を次々と植民地化していったが、そこには他民族の大量死をともなう暴力による支配という共通点がある。

朝鮮も例外ではない。日本は一八七六年に江華島条約という不平等条約を押しつけて開国を迫り、絹・綿製品の市場を開拓し、安く朝鮮米と労働力を内地（日本）に輸入した。たとえば一八九四年、日清戦争時に起きた甲午農民戦争を日本は軍事力で弾圧し、三万人以上もの人びとを殺害したが、これは東アジア最初のジェノサイドだと言われている（中塚明『これだけは知っておきたい　日本と韓国・朝鮮の歴史』九五頁）。また二〇世紀に入ってからは植民地化に反対する義兵闘争を弾圧し、万単位の人びとを殺した。

このような暴力による弾圧の末に、一九一〇年、韓国併合による植民地支配がはじまった。初代総督寺内正毅が、「朝鮮人は死か服従かいずれかを選ばねばならぬ」と言いはなったとおり、朝鮮植民地支配は、天皇に直隷する三権と軍事統帥権を一手にする朝鮮総督による、軍事支配であった。大日本帝国憲法さえおよばない「異法地域」の朝鮮には、議会はなく、総督の命令がそのまま法令となった。憲兵隊が各地に配備され、彼らは即決裁判権を行使し、教員はサーベルを吊りながら教壇に立った。また悪名高い治安維持法も、朝鮮では日本内地よりはるかに厳しく適用された。朝鮮独立をさけぶことが「領土」の「僭窃《せんせつ》」にあたるという口実で治安維持法違反とされたため、同法は朝鮮人弾圧に猛威をふるった。

三・一独立運動とその後のレイシズム

関東大震災が起きた一九二三年当時の日本人の朝鮮人へのレイシズムは、三・一独立運動とその後の弾圧をぬきに語れない。

右のような暴力による植民地支配を朝鮮民衆は座視してはいなかった。一九一九年三月一日、ソウルで三三名の著名人によって発せられた独立宣言を機に、朝鮮人民は街頭でデモを行い、それはソウルから全国各地に広まった。のちに「三・一独立運動」とよばれる歴史的事件である。不意をうたれた日本人治安当局者は驚愕し、最初は取りしまることもできずなすすべもなかったが、その後、軍事力で徹底的に弾圧することを決定し、実行した。殺された人の数は七〇〇〇人以上、逮捕者は万単位にのぼった。

この事件は、朝鮮植民地支配のあり方を大きく変化させる契機となった。従来の、教員までサーベルを下げた暴力支配としての「武断統治」から「文化政治」への移行をうたったが、実際には警察を大幅に増員するなど、むしろ暴力を増強させ、支配を強化させた。

本章はじめの中西伊之助の発言のとおり、当時マスコミは「不逞鮮人」などのヘイトスピーチを盛んに書きたてるようになった。それらのレイシズム煽動によって、四年後の関東大震災時の朝鮮人虐殺に結びつく民衆のレイシズムが強化されていったと言える。

なお、関東大震災時の朝鮮人虐殺時に治安維持の最高責任者であった水野錬太郎（内務大臣）・赤池濃（警視総監）は、その四年前の三・一独立運動後の朝鮮の治安責任者であった。戒厳令を出した内相の水野錬太郎にいたっては、三・一後の新総督としての朝鮮赴任時に、朝鮮人独立運動家に爆弾を投げられ、負傷した経験をもっていた。治安当局者がレイシズムにまみれ、朝鮮人を敵と認識していたことが、のちの戒厳令発布や軍・警察による朝鮮人虐殺につながったのである。

在日朝鮮人の監視

このように治安弾圧はますます激しくなったが、これは当時内地にいた在日朝鮮人に対しても同じだった。植民地支配を通じて日本政府は、在日朝鮮人を常に治安を乱す対象と見て警察の管理下に置いた。そのため、朝鮮人は生活を行ううえで役場との接点さえもたなかったのである。ある側面では朝鮮半島よりも管理が徹底していたと言える（樋口雄一『日本の朝鮮・韓国人』一〇三頁）。

警察が内地で在日朝鮮人をどう管理したかは、「重要人物」には常時最大五人もの尾行がつき、逐次報告するようになっていたことからもうかがえる。先に見た朝鮮人総検束は、普段から官憲が常時監視していた朝鮮人を片っぱしから捕縛していったものでもあった。

このように普段から朝鮮人を日本人から区別する必要に迫られていた警察は、その識別法を考えだした。「朝鮮人識別ニ関スル件」（一九一二年）である。二つだけ抜粋しておく。

「一、顔貌亦内地人と異ならざるも、毛髪軟にして且少なく髪は下向に生ずるもの多し、顔面に毛少なく俗に「ノッペリ」顔多し、髭鬚髯は一体に薄し」

「一、発音に濁音（ガギグゲゴ）は最も困難とす」

（朴慶植編『在日朝鮮人関係資料集成』第一巻、二八頁。原文はカタカナ）

前に紹介した資料（隅田川周辺住民の証言）で自警団が朝鮮人であるか否か「怪しい」者を判別するときに、「奴の後頭部は絶壁だ」「ガギグゲゴをいってみろ」と言っていたのを思い出してほしい。「十五円五十五銭」と発音させることもよく用いられた。この判別法こそがじつは、当時警察が普及させていた「科学的」レイシズムによる識別法だった。まさに災害時に庶民が「生かすべき人間」と「殺すべき人間」を判別する際のモノサシとして威力を発揮した。

マスコミによるレイシズムの煽動

日本の新聞は、当局が発表した朝鮮人「犯罪」や治安弾圧に関する報道をたれ流し、「不逞鮮人」なる差別語を多用し、朝鮮人の正当な独立運動を「暴動」あつかいし、日本でレイシズムを煽っていた。たとえば、『横浜貿易新報』の震災前の「朝鮮人を警戒する」記事について樋口雄一は次のように指摘している（樋口雄一前掲書、一二三頁より）。

「一九二二年四月一日付　「小田原町の電柱へ不穏文書を貼る火事頻発人身動揺の折柄不逞鮮人が入り込んだ噂」。これは社会主義者と火事、朝鮮人を結びつけた根拠のない記事である。

一九二三年七月十一日付　「不逞鮮人大破獄」など朝鮮での事件を報じる。

一九二三年七月十一日付　横須賀地方田浦では「内鮮人土工の乱闘」あり、自警団を組織せんとしている、と報道される」

樋口は「このほかにもさまざまな報道がある」としている。

先に紹介した中西伊之助の「この日常の記事を読んだならば、朝鮮とは山賊の住む国であって、朝鮮人とは、猛虎のたぐいの如く考へられる」という言葉の意味がよく理解できるだろう。

当時の日本人と在日朝鮮人の生活空間の分断

このような状況下、一般の日本人庶民は朝鮮人をどのように見ていたのか。

重要な点は、朝鮮人と日本人との生活空間がほとんど断絶していた、ということだ。

一九二三年当時の在日朝鮮人八万人のうち、その大部分はかつて「東洋のマンチェスター」とよばれ繊維などの工業が盛んだった大阪に集中し、関東一円の朝鮮人は二万人ほどだった。彼らは留学生を除き、朝鮮植民地支配による土地収奪などで生活を破壊され、疲弊した農村から日本の土木工事現場や工場などに出稼ぎにきた、来日一、二年未満の肉体労働者だったと言われている。

そのため、多くは日本語にも不自由していた。それに定住歴が浅いだけでなく、住宅差別で家を借りることが難しいうえ、出稼ぎ労働者だったがゆえに、住むところは工事現場や工場の飯場を転々としていた。

つまり当時は、「在日」と言っても、地域社会に定住し、日本人住民と隣人どうしの関係を築きあげるケースは珍しかったという。だから、当時の日本人のもつ朝鮮人イメージは、身近で具体的な知人といった人間関係ではなく、もっぱらメディアを通じて形成されたものだったと言える。

じつは、少数だが虐殺から朝鮮人を守った日本人もいた。多くの場合、それら日本人は、朝鮮人と普段から隣人どうしのつきあいがあったことが知られている（山田昭次『関東大震災時の朝鮮人虐殺とその後』一六七〜一七一頁参照）。もちろん隣人どうしであるからと言って偏見がないわけではあるまい（自身の偏見を朝鮮人との接触を通じて確信に変える場合もあるだろう）が、しかし虐殺が煽動されるなかで、隣人どうしのつきあいや具体的な人間関係が虐殺を抑止する効果を発揮した事実はあった。

庶民のレイシズムだけで虐殺を説明できるのか

以上、朝鮮植民地支配を通じて形成された庶民レベルの、「国民」の言わば草の根のレイシズムの高まりを見た。だからこそあのような凄惨なジェノサイドに庶民が加わることができた、と言えるだろう。事実、関東大震災以前にも、小規模ながら朝鮮人虐殺や暴力事件は起きていた。一九二二年の信濃川事件では、建設現場で朝鮮人が虐殺されている。

だが、そうだとしても、関東大震災時の朝鮮人虐殺を庶民のレイシズムだけで説明することはできない。考えるべきは、庶民のレイシズムがどのような条件下でジェノサイドという最悪の暴力に結びついたのか、だ。

◆朝鮮人虐殺の原因② 国家の行動——ジェノサイドへと結びつけた上からの差別煽動

レイシズムがジェノサイドに結びつくほどの強力な差別煽動効果は、何によって発揮されたのか。問いを解くカギは国家の行動であり、とくにジェノサイドと、流言（＝ヘイトスピーチ）と戒厳令の関係である。国家は当時、①ヘイトスピーチを利用して戒厳令を発布して全国に流布させ、②軍隊・警察自らが朝鮮人を虐殺して見せて、③庶民の虐殺を防止せず、④ジェノサイドの証拠を隠蔽し真相究明を怠った。これら四つについて説明したい。

①国家によるヘイトスピーチの公認と戒厳令への利用、拡散

まず国家はヘイトスピーチを公認し、それを口実に戒厳令を発布（九月二日夕に公告）し、ヘイトスピーチを組織的に積極的に伝播させた。次の資料を見てほしい。

内務省警保局長後藤文夫が呉鎮守府経由各地方長官宛打電を依頼した電文（一九二三年九月三日午前）

「東京付近の震災を利用し、朝鮮人は各地に放火し、不逞の目的を遂行せんとし、現に東京市内に於て爆弾を所持し、石油を注ぎて放火するものあり。既に東京府下には一部戒厳令を施行したるが故に、各地に於て充分周密なる視察を加へ、鮮人の行動に対しては厳密なる取締を加へられたし」（『現代史資料』第六巻、一八頁。原文はカタカナだが引用文献では平仮名。以下、引用文献に従った）

この資料からわかるのは、朝鮮人が「爆弾を所持」「放火するものあり」などのデマにすぎないへ

イトスピーチを国が事実と公認しているということだ。そのうえで、ヘイトスピーチ（デマ）と戒厳令施行の「因果関係をわかちがたく公認した文脈」（姜前掲書、九四頁）で電文を発していることがわかる。ここで国家は、朝鮮人という民族そのものが、震災に乗じて社会を破壊しようとしている「敵」であると公認し、全国に宣言した。

戒厳令とは、安倍内閣が昨今、憲法に書きこもうとしている国家緊急権を具現化させたもので、軍隊が国家の一部または全部の権限を掌握することを許す非常法のことである。ゆえに、発布には一般的に強い制約が課されるが、当時の戒厳令も、「臨戦か内乱」が起きた場合にのみ発布可能だった。だが、自然災害である震災はそのどちらでもない。

したがって、「違法の戒厳令を強行するため」には別の理由が必要だった。そのため右のヘイトスピーチが、「少しでも名分をそえるためのまったくの口実として利用」された（姜前掲書、四四頁）。

戒厳令は「「このままでは治安維持に責任がもてない」という治安当局の強い要求」によって強行された（同前、三五頁）。赤池濃警視総監は次のような率直な回想を残している。「斯《かか》る微弱なる警察力を以て非常時の警戒に任じ帝都の治安を完全に保持する事の困難なるや明なり況んや窮乏困憊の極に達したる民衆を煽動して事端を惹起せんと企る者なきに非ざるに於ておや」（警視庁編『大正大震災火災誌』二一〇頁、姜前掲書、二三～二四頁より重引）。治安当局者の「恐怖の底にはいずる民衆、飢餓に追われる民衆がなにをしでかすかわからないとの不信感」がよくあらわれている（同前、一四頁）。

一九一八年の米騒動を経験し、翌一九年の三・一独立運動やシベリア出兵そして一九二〇年の間島虐殺などで朝鮮人との戦闘を経験した治安当局は、都市機能が麻痺した首都の治安維持のため、超法規的に戒厳令を強行しようとした。そのために好都合だったのが朝鮮人へのヘイトスピーチだった。

それは最悪のかたちで公認され、全国に官憲を通じて瞬く間に伝播されることとなった。

②軍・警察・憲兵による虐殺・総検束と煽動

国家は軍隊・警察・憲兵を出動させて自ら朝鮮人を虐殺し、生存者を総検束し、強制収容した。また国家は、庶民に自警団を結成させて組織し、さらに武器貸与や虐殺の現場での自警団への指示などを行った（姜前掲書、一四三〜一四七頁）。先の表1（八九頁）のように、三六〇〇以上もの自警団が組織されたのはそのためである。

庶民の手による虐殺に比べて強調されないきらいがあるが、これらは決定的な重要性をもっている。なぜなら国家の行動は、それじたいが強力な「上からの差別煽動」となるためだ（第2章）。虐殺にいたらなくとも、官憲が朝鮮人を片っぱしから強制収容すれば、「民衆はそれを見ただけでなにかあると考えただろう。民衆を朝鮮人狩りの補助員として利用するのであれば、その理由を説明したはず」であり、そのような行動によって「官憲は民衆のまえに流言を事実として描き出した」と姜は指摘している（姜前掲書、九一頁）。

これまでに紹介した事例は庶民の虐殺に限られたため、以下、国が虐殺した事例を紹介する。

習志野騎兵第十五連隊隊員の証言

「ぼくがいた習志野騎兵連隊が出動したのは九月二日の時刻にして正午少し前頃であったろうか。とにかく恐ろしく急であった。人馬の戦時武装を整えて営門に整列するまでに所要時間僅かに三十分しか与えられなかった。／二日分の糧食および馬糧、予蹄鉄まで携行、実弾は六十発。将校は自宅から取り寄せた真刀で指揮号令をしたのであるからさながら戦争気分！。そして何が何やら分からぬままに疾風のように兵営を後にして、千葉街道を一路砂塵をあげてぶっ続けに飛ばしたのである。亀戸に到着したのが午後の二時頃だったが、罹災民でハンランする洪水のようであった。連隊は行動の手始めとして先ず、列車改め、というのをやった。将校は抜剣して列車の内外を調べ回った。どの列車も超満員で、機関車に積まれてある石炭の上まで蠅のように群がりたかっていたが、その中にまじっている朝鮮人はみなひきずり下ろされた。そして直ちに白刃と銃剣下に次々と倒れていった。日本人避難民の中からは嵐のように湧きおこる万歳歓呼の声！　国賊！　朝鮮人はみな殺しにしろ！／ぼくたちの連隊は、これを劈頭《へきとう》の血祭りにして、その日の夕方から夜にかけて本格的な朝鮮人狩りをやりだした」

（『越中谷利一著作集』七七二～七七三頁。姜前掲書、一一一～一一二頁より重引）

右の千葉県の習志野騎兵第十五連隊は東京市の亀戸に出動し、朝鮮人虐殺を行った。

野重砲第一連隊「久保野日記」

「望月上等兵と岩波少尉は震災地に警備の任を以てゆき、小松川にて無抵抗の温順に服してくる鮮人労働者二百名も兵を指揮して漸《(ママ)》ぎゃくした。婦人は足を引張りまたを引裂き、あるいは針金を首に縛り池になげ込、苦しめて殺したり、数限りのぎゃく殺したことについて、あまり非常識すぎやしまひかと、他の者の高評《(ママ)》も悪い」（『久保野茂次日記』。姜前掲書、一〇四頁より重引）

千葉県の野重砲第一連隊も東京市の小松川へ出動し、二〇〇名を殺害したと言われる。

当時の虐殺を語る資料はただでさえ稀少であるが、特に軍隊・警察・憲兵など国家が主体となって行われた虐殺を示す証拠は極めて少ない。特に国の資料はそうである。後述するとおり、徹底的な虐殺の証拠隠蔽と情報統制・資料改ざんが行われたからだ。山田昭次はそれでも国の資料によって記録されている虐殺について次のように語っている。

「九月一日から十日までに戒厳司令官の管轄下に入った軍隊の兵員数は約五万二千人に達した（略）。軍隊によって殺害された者の人数は（略）中国人二〇〇名、朝鮮人五七～六〇名、日本人二三～二五名、合計二八〇～二八五名であり、その期間は九月一日から五日にわたった」

（山田前掲書、七三頁）

国が否定しきれなかった数でもこれだけあるということを強調しておきたい。

これら国家による虐殺は、強力な「上からの差別煽動」ともなり、庶民の虐殺を引きおこした。先に引用した「久保野日記」には次のような記述がある。

「軍隊が到着するや在郷軍人等非常《ママ》（非情か）なものだ。鮮人と見るや者《ママ》（物）も云わず、大道であろうが何処であろうが斬殺してしまふた。そして川に投げこみてしまう。余等見たの許りで二十人一かたまり、四人、八人、皆地方人に斬殺されてしまふていた」

これは、九月三日に東京の大島に「東京に不逞鮮人がこの機に際して非常なる悪い行動をしつつあるので（井戸に毒薬投入、火災の《ママ》先だって爆弾投下、及強姦）等やるので、それを制動せしめる」「三八騎銃携行、拳銃等も実弾携行し」て出動した時のことだ（以上、姜前掲書、一一〇頁より重引）。軍隊の到着がまるで「GOサイン」となったように、自警団のジェノサイドが引きおこされたことが記録されている。

姜徳相は、当時「戒厳兵士の交戦実況を目撃して、一般市民が朝鮮人は帝国の敵であると「確信」

したことは想像に余りある」（姜前掲書、一〇九頁）とし、また震災当日の夕方から、「青年団、在郷軍人会、消防団を中心とする武装した一般市民がおし出し、半鐘を乱打し朝鮮人を監視・検束しようとした」事例が見られたが、これも戒厳令前に先行して戒厳体制をとって出動していた官憲「特高内鮮係など一部権力による朝鮮人敵視の実態をみて助勢したと考える方が自然」だとしている（同前、八八頁）。

一般に軍隊が出動した地域では、とくに虐殺がひどくなったと言われる。戒厳令が九月三日に新たに適用された横浜市では、昼ごろに軍隊が到着し、一〇〇〇人ほど警備についたが、軍隊は警察・自警団の虐殺を取りしまらず、むしろ虐殺に加担した。その結果「朝鮮人や中国人に対する虐殺やデマは発生したころよりも、戒厳令による軍政がひかれてからの方が公然と全面的になった」（『神奈川区史』一九八七年一〇月、姜前掲書、一六一頁より重引）。

「みな戒厳令下だから、朝鮮人を捕えれば金鵄勲章を貰えると思い込んでいた」（関東大震災六十周年朝鮮人犠牲者調査追悼事業実行委員会編『かくされていた歴史　増補保存版』六一頁）という証言が少なくないのは、このように国家自らが大々的に虐殺していたためであろう。八七頁に引用した八千代市住民の日記も、習志野収容所に強制収容されていた朝鮮人を軍隊が自警団に「払下げ」て殺させた事例だった。震災後一週間が経過した九月八日の時点で、「又鮮人を貰ひに行く」ことができたのは、官憲が朝鮮人を戒厳令下で強制収容しており、思想調査などによって収容者を「良鮮人」と「不逞鮮人」に選別し、後者を自らの手を汚さずに、自警団に殺害させたためであった（姜前掲書、第七章参照）。

③流言・虐殺の国による放置

国はヘイトスピーチが流言であったことがわかっても訂正せず、虐殺も止めず、朝鮮人への差別を禁止しようとしなかった。「暴動説」が事実無根であることは、斥候隊によって九月二日夕には判明していたが、政府や官憲はヘイトスピーチをしばらく公的に否定せず、目前の虐殺を放置した。戒厳令も撤回されず一一月一五日まで継続された。

政府は庶民の虐殺に積極的にストップをかけることをしなかったわけではないが、それは九月六日からであった。それも朝鮮人保護が第一の目的でないことは総検束から明らかだ。じつは震災が比較的軽微だった埼玉・千葉県などではとくに、自警団による朝鮮人へのレイシズム暴力に歯止めがかからず、朝鮮人を保護していた警察署を襲撃する事件まで発生していた（姜前掲書、一五二〜一五五頁）。有名な本庄警察署の襲撃では、東京に向かっていた金沢師団が途中下車して「警察の方を向いて立ち撃ちの構えをしたところ群衆は静まった」（「本庄市長高橋福松の談」、『かくされていた歴史　増補保存版』一〇八頁。姜前掲書、一五五頁より重引）という。「生きるべき」人間と「殺すべき」人間とを分けるレイシズムが、ここでは「殺すべき」朝鮮人をかばったり、あるいは殺さない日本人や警察に対してまで向けられ、暴走するまでに激化していた。ここまできてようやく国家は、虐殺を禁じた。

④国による証拠隠滅、真相究明の拒否・妨害

国家は虐殺の責任者を処罰せず、むしろ虐殺の証拠を隠蔽し、歴史を改ざんし、真相究明を一切拒否しつづけている。これは国家ぐるみの歴史否定と言えた。

まず警察・軍人によるジェノサイドでは、だれも裁かれていない。庶民による殺害のみ一部裁かれたが、裁判はおざなりになった。しかも、裁かれて有罪になったケースの多くは、日本人が誤殺されるか、先に触れた国に逆らった自警団の場合だった。合法／違法の線引きでは、国家に刃向かったか否かというモノサシが重視されたのである。

そして、国家あげての虐殺実態の隠蔽である。まず当時の軍隊・警察は、虐殺された朝鮮人の遺体を証拠が残らないように火災で焼け死んだ日本人の遺体と混ぜあわせて焼却したり、あるいは一度埋葬した遺体を掘りかえしてもち去ったり、遺骨を粉砕するなどの隠蔽工作を行っている。さらに実態調査の妨害・資料改ざんを行った（姜前掲書、第八章参照）。

関東大震災・朝鮮人虐殺の教訓

以上、誤解を恐れずに言えば、この朝鮮人虐殺は、国家がヘイトスピーチを組織して虐殺を煽動したがゆえに起きたジェノサイドだった。つまり、国家が差別・暴力・虐殺を煽動する場合には、本当に「ヘイトスピーチはジェノサイドにつながる」ってしまう、その実例なのだ。

この教訓は、今日の日本社会にとってこの上なく重要だ。のちにあらためて取りあげるが、ここで引きだせる教訓をまとめておきたい。

第一に、国家による差別煽動は絶対に許してはならないということだ。九〇年前、国は朝鮮人を敵と宣言した。いまも朝鮮人を公然と差別することで、国が市民社会に向けてレイシズムを煽動していることは、第5章でもあらためて見る。

第二に、国家が市民社会のレイシズム暴力を放置することが、差別・暴力を助長することになるということだ。隅田川の事例（八六頁）では、巡査が「やるな」と言わず黙認した後で集団殺害が起きている。現在のヘイトスピーチを国家が放任している、まして警察の警護によって正当性が与えられている状況が差別の助長となっていることは、第1章で見たとおりだ。

そして第三に、九〇年前の朝鮮人虐殺を、いまこそ公的な歴史的記憶とし、これを裁かねばならないということだ。目下ヘイトスピーチを組織化する新しい排外主義運動が跋扈するなか、朝鮮人虐殺の歴史的記憶を定着させることは、国家による差別・虐殺煽動の危険性をこれ以上なく明瞭にする。だからこそそれは、現在のレイシズムが暴力やジェノサイドに結びつくことを防止するうえで欠かせない。被害者への謝罪・賠償だけでなく、レイシズムが社会を破壊する暴力に発展する社会的回路を断ち切るためにこそ、戦後補償・歴史問題が重要な課題となることを強調する必要がある。

実際、朝鮮人虐殺について、真相究明も責任者処罰も被害救済もされず、歴史の偽造がつづけられたことは、のちにレイシズム暴力がジェノサイドに転化する契機を残しつづけることになった。たとえば一九二六年の北海道の小樽商科高校では、あろうことか、地震が起きた際に「不逞鮮人」が暴動を起こしたという架空の想定のもと、いかに鎮圧するかという軍事教練が堂々と行われていた。

また一九二三年以後、大規模なジェノサイドが起こらなかったのは偶然だったとする指摘がある。第二次大戦末期、「本土決戦」に備えていた軍部は、敗戦直前に次のような「緊急指令」を出した。次の引用は歴史家の姜在彦の文章である。

「日本の敗戦が濃くなるにつれて、在日朝鮮人の身辺には、しだいに危険が迫って来た。一九四五年八月十日、内務省警保局保安課長は各道府県警察部長に宛てた緊急指令で、「朝鮮人並華人労務者の集団稼働の場所に対して警戒を強化し不穏作動の防止に務むること」、翌十一日は「要非常措置者並視察内偵中の容疑者中左翼及内鮮関係者に対してはとくに速なる非常措置の具体的準備を完了しておくこと」を指示している（藤原彰「太平洋戦争と日本帝国主義の崩壊」、『講座日本史』第七巻、三二一～三二二頁）。

「速やかなる非常措置の具体的準備」とは、いったい何を意味するのだろうか。考えただけでも背すじの寒くなる話である。おそらくアメリカ軍の日本本土上陸などがあったとすれば、かの関東大震災のときの朝鮮人虐殺をうわまわるような大禍根を残したであろう」

（姜在彦「十五年戦争期の海外抗日運動」、『季刊三千里』四二号、二四九～二五〇頁）

虐殺のたんなる再来（それでも世界史上の事件だが）が危惧されているのではない。「かの関東大震災のときの朝鮮人虐殺をうわまわるような大禍根」の危険があったというのである。一九四五年八月時点での在日朝鮮人人口は二〇〇万人を下らず、一九二三年時のざっと二五倍であった。しかもアジア・太平洋戦争の全面化がすすみ、国民はすでに「総動員体制」に組織されていた。そのうえ朝鮮人は当時、レイシズム隔離のための協和会という統制機関のもと特高警察下に組織され、逃げられない状況にあった。そこでももし何らかのきっかけでジェノサイドのスイッチが入ったとしたら、即席で組織された自警団によるレイシズム暴力どころではすまなかっただろうことは想像に難くない。

いま関東大震災の朝鮮人虐殺の記憶が多少なりとも参照されはじめている。しかしこのような危機感から歴史は果たして眼差されているだろうか。

2　GHQ占領期の朝鮮人弾圧事件（一九四五年八月〜一九五二年）

一九四五年八月一五日、日本敗戦によって朝鮮植民地支配は終わりを告げた。四五年とは、関東大震災時の朝鮮人虐殺からわずか二二年ほど後の時点である。当時、多くの在日コリアンが「朝鮮への帰還を急いだ背景」には、「関東震災のような虐殺事件が起こるかもしれないという恐怖心」（朝連第三回全国大会議事録）があったとも言われていた（鄭栄桓『朝鮮独立への隘路』二二頁）。

実際に当時、日本各地で朝鮮人へのレイシズム暴力は頻発していた。そして戦争犯罪追及などを恐れた日本政府によって、強制送還に近いかたちで朝鮮人が一〇〇万人規模で帰還させられたが、これも安全とは言いがたく、京都の舞鶴港沖では、強制連行被害者を乗せた浮島丸が謎の爆沈事故を起こしている。当時、生命・財産の安全を確保する必要に迫られていた在日朝鮮人運動の重要な目的の一つは、レイシズム暴力から身を守ることだった。象徴的な事例のみ紹介したい。

◆頻発したレイシズム暴力――埼玉県・寄居事件の例

一九四七年七月三一日、埼玉県大里郡寄居町の集繭《しゅうけん》所で行われていた芝居興業中に、観衆席のすみでケンカが起きた。日本人の一人が日本刀をかざして「朝鮮人おさへよ！」とさけび、桝屋一家の若者約三〇人が、各自日本刀とこん棒をもって朝鮮人を追跡した。桝屋一家とは芝居興業主である寄居町のテキヤである。

「その場に居合わせた金昌根（二七歳）は、逃げる途中、芝居の現場から五十メートルほどの畑の中で、十数人によって滅多切りにされ、頭部、胴体、大腿を切りつけられた上、最後に首を七分切り込まれて即死した。

金聖泰（二三歳）も逃げるところを追いかけられ、頭部など数ケ所を切りつけられ歩行不能となった。このため付近の農家に逃げ込み隠れていたが、桝屋一家の若者は農家を取り囲み「朝鮮人は居ないか、朝鮮人を出せ、出さぬとこの家もばらしてしまう」と脅迫、農家から重傷の金聖泰を連れ出し、芝居現場から百メートル以上離れた畑にて集団で斬りつけ、最後に復員軍人の一人の「一、二、三」の号令のもとに首を刎ね落とし、「万歳」を三唱した。もう一人も逃げるところを桝屋一家の若者に斬りつけられて、重傷を負った」

（鄭栄桓「「解放」後在日朝鮮人史研究序説（1945―1950年）」四七頁〜）

この事件発生の原因について、のちに加害者側の桝屋一家は、朝鮮人が木戸銭を払わず入場し、木戸の隣にあった自転車を倒したことを「理由」にあげている。だが当時いあわせた朝鮮人によると、入場が芝居終了三〇分前だったため代金は「要らぬ」と言われた。さらに自転車を倒したというのも因縁であり、「知らん」と答えた朝鮮人が殴られ、これを見かねてやり返したら、やられた若者が「角笛を吹き鳴らして一派の者三〇数人を集め、場内は修羅場と化した」という。

このような殺傷にいたるほどのひどいレイシズム暴力が当時頻発していたと言われるが、まとまった統計はない。当局によって在日コリアンへのレイシズム暴力はほとんど取りしまられず、捜査もされなかったからだ。極右やレイシズムを規制するのとは反対に、むしろ日本政府や警察は危機に瀕していた在日コリアンを弾圧し、人権を侵害した。

寄居事件の加害者約三〇人のうち、自首した二人ほか一五人がのちに起訴された。裁判で加害者らにアジア侵略を経験して引き揚げてきた元日本兵が多くふくまれていたことが明らかになった。「敗戦後におけるテキヤ集団が、こうした戦地から引揚げてきたが地域社会の中で安定的な生活を送れない元兵士らを吸収していた」（鄭前掲論文、四九頁）という。

この事件は、集団リンチによる殺害事件としても、レイシズム暴力としても、旧軍人による戦争犯罪の反復という意味でも、深刻であった。しかし一番の問題は、官憲の対応だ。警察は殺人事件にもかかわらず、捜査を行おうとせず、犯人らは殺害翌日になっても事件現場で大の字で寝ていた。警察がサボタージュすると考えて朝連（在日本朝鮮人連盟、以下同）の活動家が独自に調査を開始し、関連する者らを朝連事務所で取り調べたところ、警察は朝連側を公務執行妨害で逮捕、これを「拉致」「不法監禁」などとみなし弾圧した。朝連深谷支部委員長ほか一五人が逮捕・起訴された。裁判では「私が朝鮮で長い間検事をした経験から考えて明に（朝鮮人は）うそつきだからだ」などと語る検事が論告をし、結果、朝鮮人側の敗訴が確定した。

事件のあった埼玉県の寄居は、当時からわずか二〇数年前に起きた関東大震災時に、朝鮮人虐殺が起きた現場でもあった。朝連側の弁護を引きうけた布施辰治は、「戦争捕虜の虐殺同様、土下座をさせておいて打ち首にし、僅かに首の皮を〔残し〕切り落とした打首の手際を誇る残忍」さは、「あの戦争中軍閥によって行われた捕虜の虐殺、南京における虐殺そのままを偲ばせる」ものであり、「保守反動分子或は地下に潜そむ軍閥と復讐の念に燃える復員者引揚者の或る人達が抱く偏見が現れた」と指摘していた（鄭前掲論文、五二頁）。

また驚くべきことに、当時「警察が暴力団と組んで朝鮮人を襲撃するケースが頻発」していたという（鄭前掲書、三五頁）。警察による殺害事件もあった。「射殺権」をＧＨＱから限定的に認められる「正当防衛」など四条件をはずれた射殺だけでも、四六年四月から一二月まで、少なくとも四件が報告されている（朝鮮人生活権擁護委員会の調査による。鄭前掲書、三四頁）。

このようなレイシズム暴力頻発の背景にあったのは、ＧＨＱ占領時代に吹き荒れた、日本政府とＧＨＱ当局による在日コリアン弾圧である。この時期の歴史を詳しく知ることは、戦後日本社会を理解するうえで決定的に重要だが、本書の範囲を超える（詳しくは巻末の参考文献にあげた『梶村秀樹著作集第六巻　在日朝鮮人論』所収の「解放後の在日朝鮮人」や鄭栄桓『朝鮮独立への隘路』を参照してほしい）。そのためここでは、①民族教育の弾圧と、②朝連の強制解散、そして③一九五二年体制の成立、の三点に絞って紹介する。これらは日本政府・ＧＨＱによるレイシズム政策であり国による暴力であった。

◆民族教育の弾圧

いまの朝鮮学校の直接の起源は、戦後直後に在日朝鮮人の手で自然発生的につくられた『国語講習所』である。解放後、二度と植民地支配されないような人間を育てるため、まずは奪われた朝鮮語を子どもたちに教える必要からつくられた寺子屋のようなものだと言われる。

それら講習所が「種」となり、幅広い在日朝鮮人を結集させた在日本朝鮮人連盟（朝連）によってまたたくまに体系化され、学校形態をとるようになった。一九四六年六月時点で初等教育施設が二〇六校、一万六六五〇二人の学生を数え、最盛期には全国で五三七校、児童生徒が四万二九〇六人、教員一〇八六人という記録が残っている（以下、月刊『イオ』編集部『高校無償化裁判――249人の朝鮮高校生たたかいの記録』〔樹花舎〕ほかを参考にした）。

それら朝鮮学校をGHQと日本政府は暴力を使って強制閉鎖しようとした。一九四八年と四九年にかけて出された学校閉鎖令がそれである。

解放当時、朝鮮では建国をめぐる民族内部の路線対立に加え、米ソ両大国による南北分割占領がなされた。戦後東アジア冷戦構造の形成である。米国は東アジアで自由市場を防衛し、政治的軍事的ヘゲモニーを握るため、日本を反共の防波堤と位置づけた。そして南朝鮮（朝鮮半島南部）を軍事占領した米軍にとっては、武力による抵抗も辞さない朝鮮民族は「共産主義者」とみなされた。

朝鮮を分断し、南朝鮮で親米政権をつくるために実施された一九四八年五月の南朝鮮単独選挙に反対して武装蜂起した済州島《チェジュド》の人びとを、米軍は「アカ」（共産主義〔者〕の蔑称）と位置づけ、ジェノサイドを実行した。いわゆる「四・三事件」である。殺された島民は数万とも言われている。米軍からすれば、日本にいる在日朝鮮人も本国と同じ「アカ」と位置づけられる存在だった。また日本政府も、このようなGHQの反共主義を利用して、朝鮮学校つぶしに乗り出した。当時の日本政府の在日朝鮮人への姿勢は「単なる少数者の排除にとどまらず、朝鮮人への支配を国内でだけは継続させようとする」ものであった（鄭前掲書、二一～二三頁）。

一九四七年、GHQ民間情報教育局は、「朝鮮人諸学校は、正規教科の追加科目として朝鮮語を教えることを許されるとの例外を認められるほかは、日本のすべての指令に従わしめるよう、日本政府に指令」した。日本政府はこれを利用し、四八年一月二四日「朝鮮人設立学校の取り扱いについて」

と題する文部省学校教育局長名義の通達を各都道府県に送付した。内容は、学齢期の朝鮮人子弟も日本人同様、市町村立または私立の小学校、中学校に就学させなければならない、私立小学校の設置は都道府県知事の認可を受けなければならない、学齢児童・生徒の教育については各種学校の設置は認められない、という方針を示し、従わない場合は学校を閉鎖するよう命じたのである。

これに在日朝鮮人は猛然と反発し、広範かつ激しい反対運動が各地で起こった。もっとも激烈だったのが、「四・二四」とよばれる阪神教育闘争である。四月二四日、兵庫県庁には一万五〇〇〇人が結集し、学校閉鎖令を撤回させるために抗議、知事室を占拠した。それほど朝鮮学校を守ることは朝鮮人にとって大事なことだった。

米軍はこれに危機感を抱き、激怒したアイケルバーガー将軍が兵庫に急行、同県に非常事態宣言を出し、軍警察が放水と実弾射撃を行い、参加者を暴行・逮捕して武力で運動を鎮圧した。大阪府庁前で抗議していた金太一という名の一六歳の少年がこの時銃撃され死亡した。タバコ売りで家の生計を助けていた貧しい少年だったという。

重傷者が二七人、逮捕者は二〇〇〇人近くにのぼった。体調不良にもかかわらず投獄され、獄死した活動家が一人いるほか、逮捕者のうち数人が南朝鮮へ強制送還されている。これは、「日本国籍の壁」に閉じこめつつ外国人登録令の対象者として弾圧対象としたからこそ可能な措置だった（これについては一一六頁以下「一九五二年体制の成立」で詳述する）。

これら激しい抗議活動の結果、五月五日に朝鮮学校側の朝鮮人教育対策委員会と文部省のあいだである覚書が交わされた。朝鮮人の教育に関しては、教育基本法および学校教育法に従うこと、私立学校として自主性が認められる範囲内で独自の教育を行うことを前提として私立学校としての認可を申請すること、などである。なお、東京では交渉の末、都立朝鮮人学校として存続が図られた。朝鮮学校側の辛勝だった。

◆朝連の強制解散――極右団体解散規定を悪用した団体等規正令

しかし翌四九年九月八日には朝連そのものが強制解散させられた。そこで適用されたのが、団体等規正令だった。この前身は、ポツダム命令の勅令第101号という、民主化と非軍事化を目的とした、ファシスト・極右勢力団体を規制するためのものであった（鄭栄桓『朝鮮独立への隘路』二五七頁）。第1条1項各号を見ると「①占領軍への反抗、②侵略正当化、③アジア指導者僭称、④貿易・商業・職業従事からの外国人排除、⑤国際的文化・学術交流反対、⑥軍事的・準軍事訓練実施、旧軍人への恩恵・特権付与、⑦暗殺などによる政策変更助長・正当化などを目的とするか、行為をなす団体の結成禁止が定められ」、実際に東亜連盟など計一一八団体が解散指定されている（同前、二五六頁）。

①「占領軍への反抗」など左翼弾圧を可能にする規定のみならず、②③④に「侵略正当化」、「アジア指導者僭称」、「外国人排除」の規制が明記されるなど、反レイシズム・反歴史否定・反極右の規定をふくんでいることに注目してほしい。

しかし、GHQと日本政府によって天皇をはじめとする国の指導者のアジア侵略・植民地支配責任があいまいにされるなかで、この規正令は、レイシズム・歴史否定・極右を規制するのではなく、逆に朝鮮人運動を弾圧するレイシズムに利用された。ちなみに同令は、現在の破壊活動防止法として引きつがれており、その主要監視対象は朝鮮総連（在日本朝鮮人総聯合会）である。また先の朝鮮学校への弾圧に際しても、教員適格審査が用いられたのだが、これも本来は軍国主義者を教員から排除するためのものだった。

朝連の強制解散手続きはたいへん厳しいものだった。団体の有する財産・施設は軒並み強制没収され、資料も差し押さえられた。幹部は公職追放（会社・協会・労働組合の役員もふくめて）されただけでなく、元構成員どうしで別団体をつくることも事実上禁じられ、ほとんど何の活動もできないような状況に追いこまれた（詳しくは鄭前掲書、第八章を参照）。

朝連解散をふまえ日本政府は、朝連が設置した学校を廃校に追いこみ、朝鮮学校の在学生徒を公立校に収容すること、教科書は国定教科書か検定教科書を使うこと、朝連関係者を学校から排除し、教育内容や名称において朝連を想起させる一切のものを払しょくすることを命じた。

朝連解散のダメージは大きかった。強制解散時に没収された資料類（その中には日本の戦争責任を追及するうえで重要な証拠となりうるものも相当数ふくまれていただろう）や土地・建物・資産などは、いまもなお未返却のままだ。そして、朝連強制解散に対していまだに「まちがっていた」という判断が下されておらず、名誉回復もなされていない。

これは、今日までの日本社会での在日コリアンをはじめとするマイノリティの民族団体の「公認」に、ネガティブな影響を与えている。総連や民団（在日本大韓民国民団）などの民族団体は、いまだ任意団体であり法人格をもたず、その存在は日本政府や自治体、そして日本社会においても公認されたとは言えないままだ。

日本では、民族的マイノリティが自分たちだけで結社をつくり、コミュニティや社会運動を行う「結社の自由」が、否定されたままなのだ。

◇一九五二年体制の成立――「レイシズムの壁」を「国籍の壁」によって継続し「偽装」する体制の成立

一九五二年四月二八日、サンフランシスコ講和条約が発効し、日本は独立した。同じ日、「出入国管理令〔のちの入管法〕、外国人登録法〔外登法〕、法律第一二六号〔法一二六〕を柱とする入管法制」が出そろった。これを「一九五二年体制」とよぶ（大沼保昭『単一民族社会の神話を超えて』東信堂、九二、九四頁）。

第一の柱である入管法は、国境における出入国を管理する法律であり、第二の外登法は国外から入国した外国人を出国するまで管理する法律である。

日本政府は、一九五二年体制の成立時に、旧植民地出身者である朝鮮人・台湾人の日本国籍を、即日はく奪した。在日は、一夜にして「無国籍」者あつかいにされ、入管法・外登法で全面的に管理されることで、治安弾圧の対象とされるようになった。

第三の柱である「法一二六」とは、国籍をはく奪された旧植民地出身者を、入管法制上の特別あつかいにし、条件つきながら当分の間は日本に在留してもよいとする法律のことである。

この一九五二年体制によって、植民地時代のレイシズム法制が戦後も継続可能となった。このことは、戦後日本のレイシズム政策を理解するうえで極めて大きな意味をもつ（図7参照）。その前提として、まず戦前からの在日コリアンへの露骨なレイシズム政策を最低限おさえる必要があるだろう。

朝鮮植民地支配における国籍とレイシズム

鄭栄桓は、植民地支配時代の日本の朝鮮人支配の法的枠組みを次のように整理する。

「朝鮮人の地位は、①「韓国併合ニ関スル条約」を根拠に朝鮮人を帝国臣民として一律日本の統治権に包含する、②朝鮮人の日本国籍離脱を防止するため朝鮮に国籍法を施行しない*、③臣民内の支配民族と被支配民族の差異を維持するために戸籍で朝鮮人・日本人を峻別しつづける、という三本の柱でできていた」（鄭栄桓『朝鮮独立への隘路』五頁）

つまり、一九一〇年の韓国併合条約によって朝鮮を植民地化し、①「日本国籍の壁」によって朝鮮人を囲いこみ、②その壁から出られないようにカギをかけ、③「国籍の壁」の内側にも「戸籍」という「レイシズムの壁」を設けた。なお、朝鮮人へのレイシズム法制は、このような属人法を中心としたものだけではない。九三頁でも触れたが、朝鮮では治安維持法は施行し、普通選挙法や国籍法は施行せず、という「異法地域」とされていた。

日本のレイシズム政策を理解するには、植民地支配時代に、この「国籍の壁」と「戸籍の壁」（レイシズムの壁）という二重の壁が、いかに巧妙に利用されたかを見る必要がある（以下、梶村秀樹「在日朝鮮人にとっての国籍・戸籍・家族」上・下、『梶村秀樹著作集第六巻　在日朝鮮人論』を参考にした）。

日本の植民地支配時代、「国籍の壁」は、朝鮮民族全員を大日本帝国臣民として囲いこみ、日本の法律上の支配対象とする基礎として利用された。植民地支配のあらゆる法令に朝鮮人一人ひとりが違

＊　一八九九年制定の旧国籍法には国籍離脱手続きが定められていた。そのため内地の日本人には認められていた国籍離脱を不可能にするため、韓国併合後も朝鮮には国籍法を施行させなかった。もし②がなければ、①韓国併合条約による日本国籍強制付与の後、朝鮮人は法的には日本国籍の「壁」の外へ脱出することが可能だった。

図７　1952年体制の成立（レイシズムの壁の連続性）

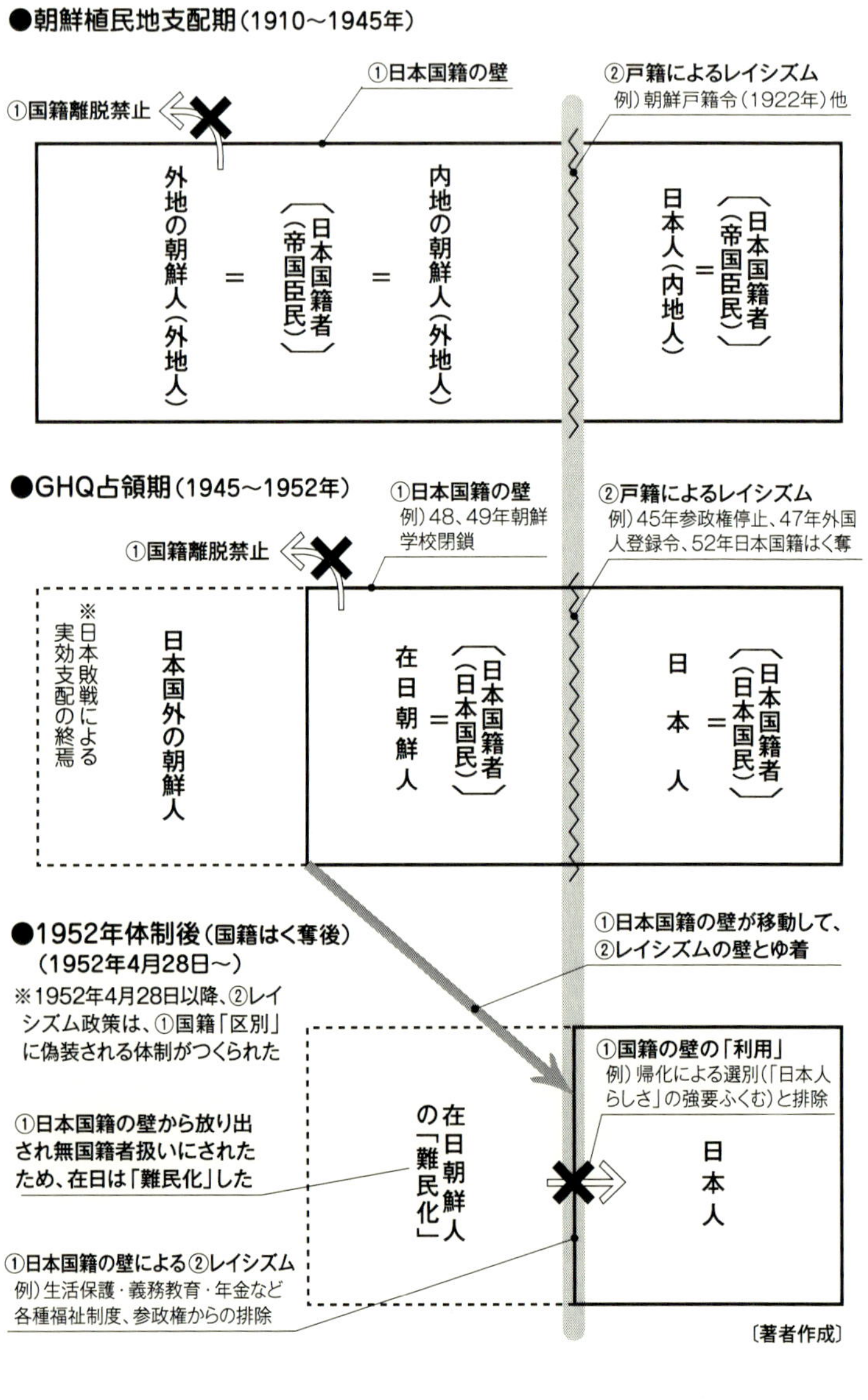

〔著者作成〕

反した際に、暴力をふくめ容赦なく制裁することがこれにより合法化された。

それは中国侵略にも用いられた。在日コリアンが生み出されたのと同様に、日本の敗戦時までに、四〇〇万とも六〇〇万とも言われる朝鮮人が世界中に離散したが、中国東北地方にも、二〇〇万の在中朝鮮人が生み出された。日本はそれら在中朝鮮人を、一方では日本国籍者として、「邦人」保護を名目に侵略の口実に「利用」し、他方で、朝鮮独立運動を行う彼らの一部を「討伐」するために日本軍を派遣した。朝鮮人の国籍離脱（中国国籍取得）が禁じられていたことがここで役に立つのである。

しかし国籍の壁だけでは、朝鮮人と日本人とのあいだに法的な区別がなくなる恐れがある。そのため戸籍というレイシズムの壁を設けて（一九〇九年民籍法、一九二二年朝鮮戸籍令）内地戸籍と外地戸籍を分け、同時に移動を禁止し、法的に両者をあくまでも峻別する体制をつくった。

つまり植民地支配は、日本国籍の壁によって大日本帝国臣民としての義務を押しつけると同時に、戸籍というレイシズムの壁によって植民地出身者の権利を制限するレイシズム法制によって成り立っていた。これら植民地支配時代の朝鮮人支配法制は、戦後も在日コリアンを対象に引きつがれていくことになる。

ＧＨＱ占領期の国籍とレイシズム

日本敗戦／朝鮮解放の後、在日コリアンは自らを解放民族（つまり連合国側の国民）と公認するよう、日本政府とＧＨＱに求めた。だが、日本政府はこれを否定し、あくまで日本国籍の壁に閉じこめようとした。解放民族であることが公認された場合、在日による植民地支配責任の追及や民族教育権の要求に対し、これらを否定し、裁判管轄権に服させることが難しくなるためだった。ＧＨＱは、国籍問題にはあいまいな態度をとり、共産主義の封じこめのために日本を「反共の砦《とりで》」にする米国の東アジア戦略の推進を優先させ、結局は日本政府の主張を追認した。

簡単に推移を見ると、まず一九四五年一一月の有名なGHQの「初期の基本指令」（日本占領及び管理のための連合国最高司令官に対する降伏後における初期の基本指令、一九四五年一一月一日）には、「台湾系中国人及び朝鮮人を、軍事上安全の許す限り解放民族として取り扱う。彼らは本指令に使用されている「日本人」という語にはふくまれないが、彼らは、日本臣民であったのであって、必要の場合には、貴官は、敵国民として処遇してよい」と明記されていた。

つまり、GHQにとって在日コリアンは、基本的には「解放民族」であって日本臣民ではない。しかし、それはあくまでも「軍事上安全の許す限り」のことであって、「必要の場合には」「敵国民」＝日本臣民＝日本国籍者としてあつかってよい、という内容だ。GHQはその後、在日コリアンを戦前と変わらないレイシズム政策の専制的な支配下におきたい日本政府の強い要望に対して、これを事実上追認していった。前述の朝鮮学校閉鎖・朝連解散がその例だが、朝鮮学校閉鎖時の口実の一つが、教育基本法にもとづく日本人同様の、つまり「国民」の「義務教育」だったことは強調しておきたい。

この時期在日コリアンは、戦前と変わらず「国籍の壁」の内部に閉じこめられ、また同様に、それを利用したレイシズム政策によって弾圧された。

たとえば、一九四五年一二月の参政権停止と、五二年体制の原形となった一九四七年五月二日の外国人登録令（外登令）がそれだ。敗戦直後の一九四五年一二月、改正された選挙法の附則「戸籍法の適用を受けざる者の選挙権及び被選挙権は、当分の内これを停止す」という表現によって、在日コリアンの参政権は停止された（「戸籍法」は「内地戸籍」に属する者、つまり日本人にのみ適用されるため、朝鮮戸籍に属する朝鮮人の選挙権は停止された）。これは天皇制廃絶をさけぶであろう在日コリアンを排除するのが目的だったと言われている。

改正選挙法では、女性の参政権が初めて認められ、この選挙で選出された議員によって日本国憲法が成立した。つまり日本の戦後民主主義を支える新憲法の誕生時から、在日コリアンは植民地期と同じ戸籍というレイシズムの壁によって排除されたのだ。

四七年の外国人登録令（外登令）においても、在日コリアンは日本国籍を押しつけられたまま、レイシズムの壁（戸籍）を用いて適用対象とされた。

外登令は、のちの外登法（五二年四月二八日）と入管法を兼ねるものだったが、外国人（非日本国籍者）の入国を原則禁止していた。GHQ占領期に新規入国する外国人を規制するためだ。そして国内にすでに入国している外国人一般に対しては、登録をはじめさまざまな義務を課し、違反者には刑罰を科し、最終的には退去強制（強制送還）を可能にするものだった（大沼保昭『在日韓国・朝鮮人の国籍と人権』二二九頁）。ただ、これだけなら国籍の壁にもとづいた一般的入管法に見える。

問題は、外登令の第11条で「……朝鮮人は、この勅令（外登令）の適用については、当分の間、これを外国人とみなす」としたことだ（この時点で在日コリアンは日本国籍保持者である）。このたった一条の挿入によって、外国人一般を管理する入管法制が、朝鮮人弾圧法というべきレイシズム法に一変された。重要なポイントは、実態はレイシズム法であったにもかかわらず、形式としては、どんな外国人をも国籍の壁によって〝平等〟にあつかうことを建前とした一般的入管法に偽装されていた点だ。このレイシズム政策の〝平等な〟入管法制による偽装は、一九五二年体制で完成することになる。

日本国籍の壁に閉じこめつつ「外国人登録」を強いた日本政府は、在日コリアンの国籍欄に一律に

「朝鮮」と記入した。「朝鮮籍」はこのようにして当時の日本政府によってつくられた、植民地支配時代の朝鮮戸籍登録者を意味する記号だった。一九四七年当時は分断された南北朝鮮政府の成立前である。「朝鮮籍」という表示を「北朝鮮の国籍」とかんちがいする人が後を絶たないのは、こうしたレイシズムの戦後史が隠されているためでもある（だが日本に北朝鮮国籍保持者がいないわけではない）。

このように問題のある外登令が、五月二日という憲法発布の前日に制定されたのには理由がある。新憲法発布以後であれば、法律はすべて議会での審議を必要とするが、そこで露骨な朝鮮人弾圧法規である外登令を審議すれば反対にあい、成立に困難があると予想された。そのため、議会を通さずに発令が可能な昭和天皇最後の勅令として、前日に発布されたのであった。

また外登令は、レイシズムの壁に沿って、在日コリアンを一律潜在的「犯罪者」に仕立てあげた。警察は、全員が「潜在的密入国者」との前提に立って在日コリアンを捜査し、微罪逮捕で社会運動と民族団体を弾圧し、望むなら韓国への強制送還も外登令を使ってできるようになった。

なお一九五一年に制定された入管令についても、日本政府は外登令と同じく、「日本人で戸籍法の適用を受けないもの」は「外国人とみなす」という条項を附則に入れようとした。だがこの時は、GHQの強硬な反対にあった。あくまでも国内に在留する外国人の登録を主とした外登令に対して、五一年入管令は、日本への主権の返還を見こし、一般的な外国人の出入国管理を規律するために、米国の移民国籍法（移民帰化法という訳もある）をモデルにしてつくられたものだった。外国からの移民のコントロールを目的とした詳細な退去強制手続きをもつ一般的な五一年入管令を、パスポートもビザも持ちようがなく、すでに居住している在日コリアン・台湾人に適用するには、あまりにも無理があった（大沼前掲書、二三四頁）。

レイシズム法をできるだけ継続させたい日本と、反共主義を貫ければよい米国の立場は必ずしも一致せず、この時は衝突し、結局入管令の「みなし」規定は挫折した。

だが、このわずか半年後、日本政府は念願の入管令の在日コリアンへの全面適用に成功した。五二年四月二八日の日本国籍喪失措置が、これと同じ役割を果たしたためである。

一九五二年四月二八日の日本国籍喪失措置

サンフランシスコ講和条約（サ条約）の発効日は、戦後史の一つの起点となった。日本は、西側諸国とのあいだでのみ平和条約（片面講和）を発効、同時に、旧日米安保条約が発効し、軍政下にあった沖縄は日本国から切りはなされた。そして、この日は旧植民地出身者の日本国籍がはく奪された日であり、今日までの外国人管理法制の根幹をなす「一九五二年体制」が成立した日でもある。

国籍喪失措置は、一九五二年四月一九日付で出された一片の通達（法務府民事局長通達第四三八号）にもとづく。通達は「朝鮮及び台湾は、条約の発効の日から日本国の領土から分離することとなるので、これにともない、朝鮮人及び台湾人は、内地に在住している者をふくめてすべて日本の国籍を喪失する」とし、そして国籍「喪失」後に日本国籍を取得するには、「一般の外国人と同様、もっぱら国籍法の規定による帰化の手続によることを要す」とした。サ条約が朝鮮の独立を認めている、だから原状復帰が必要で、そのため国籍も「喪失した」のだと日本政府は言うのである。

しかしこの措置は、下記のとおり幾重にも問題だった。

①そもそもサ条約本文には、なんら在日コリアンの国籍について規定がない。②サ条約を結んだサンフランシスコ講和会議には一人の朝鮮人も出席しておらず、その意思も反映されていない。③国籍

選択権が一切認められない（他の旧宗主国／植民地の事例では認められた）。④憲法違反である（憲法10条「日本国民たる要件は、法律でこれを定める」）。

そして前述のとおり、国籍はく奪によって約六〇万と言われる旧植民地出身者は日本国籍の壁の内から外へ放り出され、その結果、GHQが強く反対して挫折した、日本政府悲願の入管令の全面適用が晴れて可能になったのである。

法一二六

だが約六〇万の「外国人」はそもそも「入国」していないので、このままでは当然に入管令上のどの在留資格ももたない。そのため日本政府は、「ポツダム宣言の受諾に伴い発する命令に関する件に基く外務省関係諸命令の措置に関する法律（昭和二七年、法律第一二六号）」という法律を制定し、旧植民地出身者は、当面は（正確には「別に法律で定めるところにより、その者の在留資格及び在留期間が決定されるまでの間」）在留資格なしで在留してよい、という措置をとった。同法は名前が長いので「法一二六」とよばれる。

この法一二六は、在日コリアンの歴史と実情をふまえ、その存在を公認して生活を保障しようという差別禁止法やマイノリティ権利保障法とはまったく異質の法律だった。反対に、無理やり国籍を失わせた在日に対し、当面は日本にいてよいとする、極めて場あたり的で差別的な措置だった。法一二六の内容については後述する。

一九五二年体制の成立がもつ意味——国籍の壁とレイシズムの壁とのゆ着

①歴史と存在の抹消

国籍はく奪と一九五二年体制の成立に関し、田中宏は次のように指摘している。

「在日朝鮮人の国籍問題は、第一次世界大戦後のベルサイユ条約にある国籍選択方式を念頭におきながら、やがては国籍のいっせい喪失へ、そして、それ以降の日本国籍取得は「帰化」によって対処する、その際も、「日本国民であった者」とも「日本国籍を失った者」とも扱わない、ことによって完結した。

それは、かつて「帝国臣民」たることを強制した者を、一般外国人とまったく同じ条件で帰化審査に付すことを意味し、みごとに〝歴史の抹消〟がなされたと言えよう。

そもそも、帰化というのは、日本国家がまったく自己の好みによって相手を自由に〝選択〟できる制度なのである。前に見た西ドイツにおける国籍選択は、オーストリア人の選択に西ドイツが従う制度であり、日本とはまるで正反対である。

かくして、いったん「外国人」にしてしまえば、あとは日本国民でないことを理由に国外追放も可能なら、さまざまな〝排除〟や〝差別〟も、ことごとく国籍をもち出すことによって〝正当化〟され、それが基本的には今日まで維持されているのである。」

（田中宏『在日外国人　第三版』岩波新書、七一～七二頁）

在日コリアンの歴史と存在そのものが、「なきもの」にされたことに注意してほしい。

②日本国籍の壁とレイシズムの壁とのゆ着

一九五二年体制の成立によって、日本国籍の壁が在日コリアンの頭ごしに移動して、レイシズムの壁とゆ着することになった。これによって日本政府は、もはや朝鮮戸籍などのアパルトヘイトのような公的なレイシズム法・政策をつくる必要から解放された。どの国民国家にも当たり前に見られる入管法制と国境管理が利用する「国籍の壁」を利用すれば、レイシズム政策と同じ効果が得られるからだ。

「レイシズムの壁」が国籍の壁とゆ着し、あたかもレイシズムを〝国籍区別〟であるかのように偽装するこの五二年体制こそが、日本のレイシズム政策を先進国のあいだでもっとも見えにくくしているしくみの一つである（一一八頁図7）。

③「法の下の平等」を徹底すればするほどレイシズムが強化されるメカニズムの成立

五二年体制の柱である五一年入管令は、レイシズム法であると強く批判され大統領が一度は署名を拒否した米国の移民国籍法をモデルとし、朝鮮戦争下でつくられた（テッサ・モーリス‐スズキ「冷戦と戦後入管体制の形成」、『季刊前夜』第Ⅰ期第三号）。この五一年入管令は、パスポート・ビザをもって入国し、在留資格が認められた外国人を想定しており、そうでない違反者を厳格に強制送還することに力点がおかれている。

この入管令が、法令上「想定外」であるはずの、パスポート・ビザ・在留資格をもちようもなく、すでに日本に居住している六〇万の在日コリアンに対して、ほかの外国人と〝平等〟に原則適用されるとどうなるか。

日本国籍のはく奪は、一九五二年体制と組みあわさることで、在日コリアンの「難民化」に帰結することになった（徐京植『在日朝鮮人ってどんな人?』参照）。正式な在留資格もなく、生存権のもっとも基本をなす居住・在留権が退去強制によって脅かされるだけでない。自分たちが「密入国者」でないことを常に立証できなければ、日本で生きることさえできなくなった。「なぜ植民地支配責任をとらないのか？」との問いに耳を傾けない日本政府から、逆に「なぜお前たちは日本にいるのか？」と問われねばならなくなったのだ。それは、たとえば戦後ドイツでユダヤ人が、「なぜイスラエルに帰らない？」と詰問されるのと同じぐらい理不尽なことだ。

つまり「外国人としての平等」を徹底すればするほど、在日へのレイシズム政策が強化されることになったのである。

このように、国籍の壁に沿って「法の下の平等」を徹底するだけでレイシズム政策を可能にした国籍はく奪と一九五二年体制こそが、特別永住資格等を攻撃する「在日特権」デマに強い力を与える法的基礎になっている。

一九五二年体制がその後におよぼした影響

一九五二年体制は今日まで、在日外国人政策の柱でありつづけている。それはその後の反差別運動にも大きな影響をもたらした。在日コリアンへのレイシズム政策は以後、入管法など国籍の壁を利用するかたちをとった。岡本雅享が指摘するとおり「日本の場合、一九八〇年代半ばまで在日外国人≒在日旧植民地出身者の朝鮮民族と漢民族であり、政府による旧植民地出身者に対する民族政策が国籍剝奪とその後の国籍条項、同化を要求する帰化制度によって行われ、民族差別が「国籍区別」によってカモフラージュされ、民間でも外国人差別≒民族差別として行われてきた」（岡本前掲書、三八頁）。

したがって反差別運動の側も、レイシズムをなくそうにも、レイシズムとゆ着した国籍の壁をどうやって崩せるかというかたちで問いを立てざるをえなかった。その結果、七〇年代以降に登場することになる多くの市民運動型の差別撤廃運動は、就職・福祉・住宅・教育・参政権など各種権利の〝国籍条項の撤廃〟に当面の獲得目標をおかざるをえず、一般的なレイシズムを規制するためのルールづくりや、そのための社会的回路を切り拓くことまでは難しかった。またこのゆ着の問題は、思想的にもレイシズムとナショナリズムを混同させ、多くの理論的な混乱やすれちがいを生む要因ともなった。

一九五二年体制の下での在日コリアンの無権利性

一九五二年体制の問題は次の三点が加わることで一層深刻化した。

第一に、日本の国籍法が血統主義である点だ（八五年以降に父母両系血統主義になるまで父系のみの血統主義だった）。入管令のモデルは前述のとおり、出生地主義国籍法と一体の移民の受け入れを想定した米国の移民国籍法だが、その厳しい出入国管理部分だけが切り取られ、血統主義国籍法をもつ日本に移植された。そのため定住外国人は、二世以降、代を下るほどに法的地位が一層不安定になった。

第二に、戦後日本には反レイシズム法（差別禁止法）がつくられなかった（本書第5章参照）点。

そして第三に、マイノリティの権利を保障する政策・法律もまったくつくられてこなかったという点である。

したがって戦後日本は、差別禁止法も定住外国人の人権を保障する外国人政策もゼロのまま、入国管理のための一九五二年体制がそのまま外国人政策を代用することになった。

一九五二年体制からすれば、日本国籍をもたない者はだれもが無権利であることが大原則である。このことをモノサシにしてしまうと、日本で定住する外国人が一定の権利を認められて生きることじたいが、「特権」ということになってしまう。そのために、本来は差別と言えるはずの在日コリアンへの各種「制度」が、いま「特権」として猛攻撃にさらされているのである。その原型とも言えるのが一九五二年体制の第三の柱である「法一二六」だった。

特別永住資格の源流となった法一二六

前述のとおり一九五二年体制の柱をなす入管令・外登法は、そのままではパスポート・ビザのない在日コリアン全員を「不法滞在」にしてしまう。そのために法一二六がつくられたが、これも権利保障とはまったく言えないものだった。

その対象は、①一九四五年九月二日から五二年四月二八日まで引きつづき日本に在住した旧植民地出身者（国籍喪失者）と、②その人が五二年四月二八日までに出生した子に限るという、極めて限定的なものだった。まず、この期間内に一度でも朝鮮半島と行き来した者はふくまれない。また、朝鮮戦争で難民化して家族を頼って日本に逃れてきた者も外れる。植民地支配を通じ、朝鮮半島と日本とのあいだに国境を越えた生活圏（梶村秀樹）がつくられ、頻繁に行き来してきた植民地出身者にとっては、あまりにも実情にあわない、無理のあるカテゴリだった。

さらに、法一二六によって在留資格なしで滞在できた在日が、五二年四月二九日以降に産んだ子どもについては、何の規定もなかった。その子に対しても、国籍の壁にしたがって〝平等〟に入管法を適用すれば、「不法滞在」になってしまう。

そこで政府は、その子に対しては「特定在留」という三年に一度許可を更新しなければならない不安定な法的地位に追いやった。さらにその子（つまり孫）は、許可更新が三年あるいは一年と短くなる「特別在留」とした（朴鐘鳴編『在日朝鮮人の歴史と文化』明石書店、一五八頁）。

つまり法一二六は、法律上の「離散家族」をつくりだす機能を果たした。家族・親族内部で法的地位がばらばらになるように、しかも子・孫と代が下るごとに、法的地位はより不安定になるようにしくまれていたのである。

実際、法一二六に該当しないとの口実で強制送還された在日コリアンは数多くいる。『在日朝鮮人の基本的人権』（在日朝鮮人の人権を守る会編、二月社、二七頁以下）には一九三八年大阪生まれの在日女性Ｐの事例が掲載されている。

彼女は父を残して四六年秋に家族と帰国したが、先に日本に戻った兄を頼って五四年に「不法入国」、六〇年に在日男性（法一二六対象者）と結婚し、二児をもうけた。子が学齢に達したため東京入管に「不法入国」を申告したところ、子ども二人ともども退去強制令書が発付されている。

この退去強制令書発付を争う行政訴訟で、当時の法務省入国管理局増山登入国管理審査課長は、「私の理解する入管令は、日本に居住する外国人の生活を安定させないようにできています。きわめて不安定に置いておくようにできています。安定させる場合は永住権をとった場合だけ」（一九六九年九月一八日、東京地裁民事二部）と公言していた。

この法一二六対象者（とその子孫）の法的地位がようやく「安定」するのが、九一年の入管特例法による特別永住資格である（一八七頁で後述）。だがそれも、原則として再入国許可なしに一度でも出国すれば在留資格を失い、強制送還のリスクもゼロではない。「永住権」とは言いがたい脆弱な権利だった。しかし、それでも特別永住が「特権」に見えるのはなぜか。

注意してほしいのは「法一二六」が一九五二年体制のなかで占める位置だ。「国籍の壁」を用いる入管法・外登法は原則としてすべての外国人を無権利の者としてあつかう。ところが「法一二六」（や一五一頁一五行目以下であつかう協定永住や特別永住をふくむ）は、形式的には旧植民地出身者だけを入管法制の例外として、言わば特別待遇するための法律となっている。

実質的には、一九五二年体制は、あくまでもレイシズムの壁を国籍の壁に偽装した入管法制（入管法・外登法）を柱にした、在日コリアンへのレイシズム法制である。ところがその形式だけを見れば、一九五二年体制は在日コリアンなど旧植民地出身者にだけ他の外国人には無い入管法制上の特別待遇を講じているようにさえ見える構造をもつ。

一九五二年体制が今日の「在日特権」デマに力を与えつづけている理由がここにある。入管法がモノサシとなり、その例外・特別あつかいにすることでしか「待遇改善」がなされえないような法的構造が、在日コリアンの法的地位を、実際にはレイシズム政策の産物であるにもかかわらず、形式上は特権であるかのように偽装するのだ。

朝鮮学校補助金削減と一九五二年体制

戦後日本政府が反レイシズムやマイノリティ権利保障にもとづいた公的な外国人政策をつくらなかった結果、出入国管理以外の各分野においても事実上の外国人政策となってきたものが、右で見た一九五二年体制であった。本書では以後、権利保障政策がゼロのまま、入管法制（国籍の壁）のもつ広範な裁量性に依拠した政府のレイシズム政策一般を、広い意味での一九五二年体制にふくめるものとする。

教育分野において一九五二年体制がどのように機能したかを、最後に取りあげる。

一九五二年体制のもとで日本政府は、在日コリアンの教育権を日本の公教育でも認めず、民族教育の権利も認めなかった。

東京で朝鮮学校は、公立校（都立朝鮮人学校）として存続がはかられていた。ところが五二年の国籍はく奪以後、日本政府は手のひらを返したように、「外国人」には学校への就学義務はなく就学はあくまで「恩恵」であるという立場に変わり、五三年二月一一日、その旨の通知を出した。

そして一九五五年、東京都は、「外国人」のための教育に税金を使うべきでないとのロジックで、都立朝鮮人学校を廃校に追いこんだ。

結果、朝鮮学校と朝鮮人（外国人）の教育政策上のあつかいは、次のようになった。

第一に、教育の義務と権利は、あくまで日本国籍保持者にのみ認められ、外国人が学校に通うのは「恩恵」となり、だから、いつでも入学や就学を拒否できた。「騒がない」などの誓約書を書かなければ入学が認められないケースも多かった。

第二に、朝鮮人学校・外国人学校は、日本の教育体系から排除された。

つまり朝鮮人は（日本国籍でない限り）恩恵としてしか日本学校にも通う資格をもたず、民族教育をと願えば、教育体系・保障の外で自主的な教育を行う以外にない。これは事実上、レイシズムによる「隔離政策」と言って差しつかえあるまい。これが現在まで基本的に継続しているのである。

在日コリアンはその状況下で、かつての革新自治体に働きかけて、朝鮮学校の権利を向上させる闘いを行ってきた。それが一定の成果を収めたのは六〇年代以後のことであり、各種学校としての認可と補助金もその獲得物の一つだった。

だが朝鮮学校への補助金は要綱レベルにとどまっており、名目も金額もバラバラで、平均金額は二〇〇九年時点でも公立校の一〇分の一、私立校の三分の一から四分の一にすぎないという（金東鶴「「高校無償化」制度からの排除――朝鮮学校に対する差別政策」、前田朗編『なぜ、いまヘイト・スピーチなのか』五九頁）。

国が法律・政策で定めた権利ではなく、自治体の裁量によってつくられた朝鮮学校の補助金は、あまりにも脆弱な「権利」だった。あるべき権利から見れば、当然差別政策である。だからこそ、これらが在特会らレイシストの攻撃目標になると、容易に廃止・減額されつづけてきた。

くりかえしになるが、その「攻撃」の際に基準となっているモノサシは、現政権も大前提とする一九五二年体制である。ヘイトスピーチ頻発状況下のレイシズムは、在日の「権利性」を一九五二年体制にあわせて、本当に「ゼロ」にしようとしている点に特徴がある。

3　朝高生襲撃事件（一九六〇年代～七〇年代）

これまでに見てきたレイシズム暴力（関東大震災時の朝鮮人虐殺や寄居事件）の加害者は、いずれも戦前に生まれ、軍国主義教育をたたきこまれた世代の日本人だった。

だがこれから見る朝高生襲撃事件は、戦後生まれで戦後民主主義のなかで教育を受けた、若い世代の生徒・学生によって引きおこされている。そういう意味で、一九六二年以降頻発することになるこの事件は、「戦後的特質」（小沢有作）をもった新しいレイシズム暴力現象であった。

◆朝高生襲撃事件の事例

読者は井筒和幸監督の映画『パッチギ！』をご存じだろうか。七〇年代の京都を舞台に、京都朝鮮高校の女子生徒に一目ぼれした京都府立高校に通う青年と女子生徒の恋愛を軸に、当時の朝鮮高校と日本学校のあいだでくり広げられていた「抗争」を青春群像として描いた映画だ。

タイトルの「パッチギ」（「頭突き」を意味する朝鮮語で、在日コリアンがケンカをする際に多用されていたという）が意味するとおり、この映画は在日コリアンと日本人の学生間で起きた「抗争」を「ケンカ」として描いている。もちろん当時、両者間でケンカが絶えなかったのは事実だろう（それは日本人同士の間でも盛んだったのと同じように）。だが、それは決して「対等な」立場で行うケンカと言えるようなものではなかった。その実相は、朝鮮人側への非対称的なレイシズム暴力そのものだったのである。

『パッチギ！』には、日本人学生が朝鮮高校にサッカーの親善試合を申しこみにゆくシーンがある。日本人学生に朝高生のバンホは次のように言う。

「神奈川朝高のソンべ（＝先輩）も法政二高に殺されてるしのう」

この事件は、実際に一九六二年に神奈川で起きていた。

法政二高事件

「神奈川朝高一年生の辛〔原文には下の名前もあるが割愛した。以下同〕（一五歳）君は、同級生一名といっしょに法政大学第二高等学校の「二高祭」を参観に行き、同校射撃部の展示室で展示品を見ていたところ、エアライフル銃一挺を逆手につかんだ法政二高二年生Fにより背後から頭部を銃床で一撃、二撃と殴りつけられ、（その衝撃で銃身は折れた）、隣室に逃れた辛君は、追いせまったFによりさらに銃身で頭部を乱打され、頭蓋底骨折脳挫傷により死亡した。Fは凶暴な性格で、射撃部を退部させられていた人物であり、動機についてははっきりしない。その後、国士館高校をへて同大学に入学している」（前掲『在日朝鮮人の基本的人権』三五九頁。なお同書では事件発生が「一九六三年」とされているが、六二年が正しい）

これが一九六二年一一月三日に起きた法政二高事件である。この事件を前後して、朝鮮学校に通う高校生（一部では中学生もふくまれる）をねらった集団暴行・リンチ事件が、一〇年以上にわたって、ことあるごとに続発した。いわゆる朝高生襲撃事件である。

六三年夏までの事例

一九六二年から六三年夏にかけてのほかの実例を見てみる。総連系の出版社である朝鮮新報社が出していた日本語版週刊紙『朝鮮時報』には、「ひんぱつする殺傷・放火事件――朝・日両人民への露骨な離間策動」として次のような記事が掲載されている（以下、一九六三年六月八日『朝鮮時報』記事。この記事は六三年の五月、東京朝鮮中・高級学校生徒被傷事件対策委員会がまとめて発表した「最近発生した在日朝鮮人学生に対する傷害刺殺事件ならびに日本官憲によるスパイ強要事件等に関する資料」の要旨を報道したもの。なお、朝鮮学校の初級・中級・高級学校は、それぞれ日本の小学・中学・高等学校に相当する）。

東京朝鮮中高級学校関係の事件

「①〔一九六三年〕五月十七日午後七時四十分頃、国電〔現ＪＲ・以下同〕中央線むさし小金井駅での拓殖大第一高校生東本三郎他二名と大学生らしき者一名による殺人未遂事件＝朝高生三名がホームで電車を待っていたところ、向いホームにいた拓大一高生ら四名に呼びつけられた。そのうち一名が、もっていたナイフを抜きとりざま「貴様たちは朝高だろう」と不意に権（一六）君を突き刺した。近くの昭和病院に運び診断した結果、刺傷は肝臓にまで達し出血多量で瀕死の重傷。しかも刺し傷は突き刺してひとひねりされているという残虐なものである。同事件に対する小金井警察署の態度は、加害者は四名（証言者多数）であるにもかかわらず高校生一名のみを逮捕、形式的取り調べだけでかえって被害者を犯人扱いにし犯人をかばっている。

②五月二日午後四時五十分ごろ、国電山手線渋谷駅頭での国士舘高校生による集団暴行傷害事件＝渋谷駅をでようとした朝高生四名は、国士舘高校生二十数名に「朝高のものか」と呼びとめられ、取り囲まれたうえ、剣道用のシナイ等で集団暴行にあった。そのうち卞君（一五）は刃物で右ももに深さ八センチ、傷口五センチの重傷をおった。同事件に対する世田谷警察当局の態度は調査に誠意をしめさないだけでなく、数日後、同事件について国士舘高校で今後の善処策を協議しようと、同校を訪問した東京朝高当局代表者が同校生らのピケ隊に包囲されているのを傍観しているだけだった。それだけでなく、帰途をパトカーで執ように尾行し、尋問するというありさまであった。

③その他の不審な事件＝（一）三月七日、東京朝高校舎の一部が白昼原因不明の火災で焼失。その二日後右翼政党員と名のる者から朝高へ怪電話があった。

（二）四月十三日午後八時四十分頃、七、八名の日本青年が自動車を同校正門前に乗りつけ、棒切れやビールビン、石ころを投げつけて逃走した。

（三）五月八日午後五時頃、都下立川市内で東京朝高生一名が日本の学生数名に「朝高だろう」と集団暴行を加えられた。同日、国電中央線電車内で同校生一名が数名の不良グループに取り囲まれ、駅に引きずりおろされて線路の上に突き落とされた。日本市民の協力で事なきをえたが数秒おくれておれば電車にひき殺されるという状態であった。

（四）五月十日午後六時頃、国電赤羽線十条駅前で日大豊山高校生七、八名が朝高を許称して日本人労働者に集団暴行を加えるという事件があった」（『朝鮮時報』一九六二年六月八日より）

記事では、三月一六日から五月二四日までのあいだにこれらに類似したほかの事件が二四件もあったことを列記している。そのなかには、日本警察当局による不当尋問、尾行、脅迫もふくまれていた。また、日本の不良学生が朝高生のバッジを取りあげようとする事件も数件あったともある。

東京朝鮮中高級学校一校だけでこれだけあるが、ほかにも神奈川、茨城、九州、愛知、大阪で、暴行・傷害・殺人・放火・脅迫などの事例が列挙されている。注目すべきは、暴力のレベルである。右の五月一七日に起きた刺傷事件の場合、ナイフを腹に突き刺すだけでなく、これを「ひねる」ことで出血多量を引きおこすという悪質なものである。

殺害にいたったケースは先に見た法政二高事件（神奈川朝高被害）以外にも記録されている。九州小倉市の旧国鉄妙津駅付近を歩いていた一六歳の男子学生が数名に襲われ、「鋭利な刃物で刺され、出血多量のため数分後に絶命」した事件だ。警察は「犯人逮捕に誠意を見せず」、反対に被害者を病院に運んだ級友二名を「本署に連行し深夜まで取り調べ」（同前記事より）たという。

この事件が起きたのは一九六二年七月だ。一般に朝高生襲撃事件は、法政二高事件以降に頻発したと言われているが、同事件の四カ月前にもこのような殺害事件が起きていたことは指摘しておきたい。

七〇年代の事例

朝高生襲撃事件は以降もつづき、表2のとおり日朝・日韓関係がニュースになるなどの契機のたびに一〇年以上も頻発しつづけた。以下は七〇年代の事例である。

「一九七三年六月一一日午後四時三〇分ごろ、下校中の朝高二年生李君ら一六名は、新宿駅八番線ホームの南口階段を登って行った。すると小田急線連絡口付近にいた国士舘大、高生二、三十名ぐらいが、各自木刀、角材の先端にクギを打ちつけた兇器、のんちゃく〔ヌンチャクのこと〕等を持ち、「今だ、やれ」という指令のもと、いっせいに襲撃してきた。逃げ遅れた李君は、国士舘生五、六人につかまり、殴打、足蹴を受け、その場に昏倒した。国士舘生は、さらに足蹴りにするなどの暴行を加え、駅にあった高さ七〇センチ、横四〇センチ、重さ六キロの鉄製ごみ箱で、李君の頭に痛撃を加え、高さ七〇センチぐらいの煙草の灰入れで殴打した。李君が意識不明となり、身動きしなくなると、「逃げろ」の一声で、国士舘生たちは逃げてしまった。李君は頭を一七針も縫う重傷をおっていた。

李君を救急車に乗せた朝高生ら一九名が、同日午後四時四五分ごろ小田急線一階連絡広場まで来ると、五〇名くらいの国士舘生が牛乳ビン、コーラビンなど数十本を投げつけてきた。このときやっと警官隊がかけつけたが、朝高生たちを連行しようとする始末であった」（前掲『在日朝鮮人の基本的人権』三六一～三六二頁より）

【表２】　朝鮮高校生に対する集団暴行事件（1962～73年）

年次	事件数（確認分）	政治的、社会的背景
1962	1	「韓日会談」妥結運動、帰国協定無修正延長運動
1963	37	「韓日会談」妥結運動、祖国への往来自由実現運動
1964	3	「韓日会談」妥結運動
1965	3	「韓日会談」妥結運動
1966	6	「外国人学校制度」創設のための「学校教育法一部改正法案」閣議決定
1967	—	在日朝鮮人の帰国協定の一方的打切り（12月）
1968	14	「外国人学校法案」国会上程、朝鮮大学校認可運動、帰国事業の再開を求める運動
1969	19	「出入国管理法案」国会上程、帰国事業の再開を求める運動
1970	40	帰国事業の再開を求める運動
1971	39	「外国人学校法案」「出入国法案」国会上程
1972	33	「外国人学校法案」「出入国法案」国会上程
1973（9月4日まで）	36	「出入国法案」国会上程、マンスデ芸術団日本公演
合計	228	

〔柳炳夏「朝鮮高校生への集団暴行事件の狙い」（『統一評論』1973年8月号所収）より。一部著者補正〕
※なお各年次の事件数を合計すると「231」となるが、そのままとした。

このような襲撃事件は、国会議事録を見るかぎり、すでに一九六三年には国会で問題になっている。だが、政府は何ら実効的な対策をとらなかった。むしろ、朝鮮人側に問題があるとする差別煽動に終始し、逆に被害者である朝鮮人生徒を逮捕して、朝鮮学校弾圧の口実とするべく狂奔したのである。

◆朝高生襲撃事件の概要

このようなレイシズム暴力はどのぐらい起きていたのか。日本政府・自治体による独自調査はまったくない。あるのは、朝鮮人団体側と、このレイシズム暴力の人権救済に努めた良心的日本市民による調査だけであった。まだしもまとまった表を作成していた柳炳夏によると、一九六二年から七三年までにわかっているだけで二二八件が報告されている（表2）。

しかしこの表には少なからぬ脱漏がある。たとえば一九六二年が「一件」とされているが、先ほどの『朝鮮時報』の記事を読めば、殺人をふくむ暴行・襲撃だけで、九州の殺人事件をふくめて少なくとも「三件」は確認できる。さらに、犯人不明の放火が「一件」と、警察による学校襲撃「二件」を加えれば計六件となる。右翼学生によるレイシズム暴力がよくある「ケンカ」として処理され、記録にも残らない無数の事例があることは想像にかたくない。

また、七三年七月四日衆議院法務委員会の国会議事録を見ると、一九六六年から「国士舘及び帝京商工など二校の朝鮮人高校生に対する暴力事件は、市民をふくめて計五百六十回事件を起こしている」という赤松勇議員の発言が記録されている。朝高生襲撃事件頻発のすさまじさはうかがえるものの、これらは前述の在日朝鮮人の人権を守る会などの調査をもとにしていると考えられる。頻発したはずのこれら事件の全体像は、いまにいたるまで、国・自治体によってもマスコミによっても調べられないままなのである。

事件の特徴

事件の特徴はどのようなものであったか。最初期につくられた報告書である『在日朝鮮中高生に対する人権侵犯事件調査報告書』（在日朝鮮中・高級生に対する人権侵犯事件調査団発行、一九六三年八月）は次のようにまとめている。なおこの調査がきっかけとなって同年結成された「在日朝鮮人の人権を守る会」は、その後、在日コリアンの人権擁護運動に極めて大きな貢献をすることになった（その成果は一九七七年に前掲『在日朝鮮人の基本的人権』としてまとめられた）。

「一、加害者の大部分が日本の私立高校生なかんづく国士舘高校生であること。

二、被害者が全て朝鮮中高級学校生徒であって、犯行はもっぱら被害者が朝高生であることを唯一の動機として行われていること。

三、犯行が集団的組織的に行われていること。

四、犯行が計画的に行われていること。

五、犯行が白昼公然と行われていること。

六、犯行は、兇器を使用した兇悪、執拗な攻撃に始終していること。

七、犯行が連続的・集中的に行われていること。

八、加害者側に反省悔悟の気持がほとんど見当たらないこと。」

まず最大の特徴は、「朝高生であること」が「唯一の動機」（二）のレイシズム暴力であることだ。しかも「犯行は、兇器を使用した兇悪、執拗な攻撃に始終している」（六）。被害者は殴られるぐらいではすまされず、ナイフで刺され出血多量で生死をさまよったり、あるいは電車のホームに落ちて危うく命を落としかねない目にあっていた。殺害も起きたことはすでに見た。「ケンカ」ではすまされない、深刻なレイシズム暴力が頻発していたということは明白だ。

のちの時代のチマチョゴリ事件などのレイシズム暴力と比べて特徴的なのは、直接の暴力をふるわれる被害者はもっぱら男子学生だったという点だろう。これは決して女子学生が被害にあわなかったという意味ではない。女子学生の場合、加害者からレイシズムだけでなくセクシズム発言を投げつけられたりからまれたりするケースが報告されている。一連のレイシズム暴力はこのようなかたちでのセクシズムをともなっていた。

重要なのは、これらレイシズム暴力が偶発的に起こったのではないということだ。それは「犯行が集団的組織的に行われ」、「計画的に」、「白昼公然と」、「連続的・集中的に」行われていることから明らかである。

朝高生襲撃事件は、なにも暴行・傷害などにとどまらない。注目すべきは、加害者らが朝高生のフリをして日本人学生に暴行するという「ニセ朝高生」事件も同時に頻発したことだ。前述のように朝高生の制服からバッヂが奪われ、加害の証拠品として使用されるケースが多発した。

◆戦後新しく生まれたレイシズム

これら朝高生襲撃事件については日本社会で大きな社会問題となったとは言えず、公的な調査や研究もないことはすでにのべた。事件を理解するには、主に当事者・民族団体や運動体の調査記録を手がかりにするしかないのだが、故小沢有作（都立大学名誉教授）が貴重な分析を試みていた。被抑圧民族の教育学を研究する彼は、生前在日コリアンの民族教育権擁護運動にかかわり、『在日朝鮮人教育論』（一九七三年）という労著を残している（以下、小沢有作「民族差別の教育を告発するもの――朝高生暴行事件における政治と教育」〔『朝鮮研究』一九七〇年七月号初出、後に佐藤克己編『在日朝鮮人の諸問題』同成社、一九七四年に収録〕参照）。彼は一九七〇年の分析で、事件について次のように明言していた。

「在日朝鮮人の歴史はそのまま迫害の歴史にほかならないが、その六〇年の歴史のなかでも、「日本人高校生による集団的・計画的な朝高生暴行事件」は、それまでにみられなかった新しい質の迫害行為であることを指摘しておきたい」

戦後二五年目に小沢は、戦前から継続するレイシズムにも見られない「新しい質の迫害行為」が起きつつあることに警鐘を鳴らしていた。そして「戦前と異なる戦後的特徴」として三点を指摘している。

①五〇年代生まれで六〇年代に戦後教育を受けた学生が「迫害の先頭に」立っている。
②在日コリアン一般でなく朝鮮高校の生徒を選び暴行している。
③「警察が学校に情報をながして、朝高生に対する疑惑・不信の念を助長して、間接的なオルガナイザーの役割を演じはじめた」。

②については解説が必要だろう。当時、朝鮮高校は、朝鮮民族が南北在外を問わず一つであるという立場のもと、民族統一を志向すると同時に、在日コリアンの祖国は社会主義である北朝鮮であるという立場を対外的に鮮明にしていた。朝高生襲撃事件が起きていた時代は、ちょうど帰国運動が行われていた時期と重なる。そして、祖国の南北対立がもっとも激烈であった当時の朝鮮高校では、いまでは考えられないほど社会主義祖国の優位性が説かれ、金日成主義による思想教育が強力に推進され、しかも対外的にも積極的な宣伝がなされていた。

つまり朝高生襲撃事件は、たんなる在日コリアンへのレイシズムにとどまらず、反共主義の政治的暴力でもあったのである。

レイシズムが暴力につながる条件

いったい何がレイシズムを暴力に結びつけていたのだろうか。小沢は事件を成立させている日本人側を次の三層に分けている。

①「反共主義と反朝鮮の思想で直接行動にはしる高校生の一部の集団」

②「その核をとりまく「朝高はこわい」という感情をもつ、虚偽の情報にとらわれている高校生多数の層」

③「暴行を傍観する市民のおおく」

朝高生襲撃事件は、①が実行し（五七頁図3「レイシズム行為のピラミッド」のレベル4）、②が支持し、③が黙認する（レベル3以下）、という構造だった。②と③による放置が事件を成立させるという小沢の指摘は、ヘイトスピーチが頻発するいま、傾聴に値する。

そして①に加わる高校生のほとんどが、「私立高校」の生徒だった。東京の場合、国士舘高校を中心に、帝京商工、豊島実業、中野電波学園などの、当時のいわゆる「底辺校」である。そして「そのなかでもいわゆる「非行少年」グループがおもに暴行にはしって」（小沢前掲論文）いた。戦後日本が高度成長を遂げつつあった七〇年当時、偏差値による競争圧力や管理教育は激化する一方だった。「底辺校」に追いやられ、そこでも「問題児」あつかいされるという「二重の教育差別」によって「非行」しやすい学生層が形成され、そこから襲撃事件に加わる学生があらわれた、という。

だが「非行少年」の不満・不安が自然にレイシズム暴力に結びついたのではない。小沢は彼らを「右翼ナショナリズムをうけいれ「政治的」に動いている中核」と「それに組織されて「気分的に」

参加している周辺」とに分け、次の二つの要因から事件を説明した。

①周辺層の「非行少年」らが新しい型のレイシズムを身につける。そのうえで、②「中核」がオルガナイザーとなり、それら学生の行動力に働きかけ、実際にレイシズム暴力を組織する――。

二つの要因のうち、①の周辺層について見てみたい。小沢は従来からの「朝鮮蔑視」にはない、新しい偏見（＝朝鮮偏見）が若者に広まっているとして左の投書を例にあげている。

「学校へ行く途中の駅前で、在日朝鮮人がビラを配っていた。なにげなく受けとって読んでみて驚いた。そこには「在日朝鮮人高校生に対する日本人高校生の暴力」がズラズラ書きならべてあった。この時私は、なんて勝手なことを言うのだろうと思った。

私の住んでいる〔東京都〕荒川区には朝鮮人が多い。この区内の中学校が今どんなことをされているか、知らない人が多いだろう。朝鮮の中学生はひとことにいって野蛮《〔ママ〕》である。これは朝鮮人のことをいっているのではなくて、中学生のことをいっているのである。私の男の友だちも被害をうけている。それも年下の生徒に暴力をふるわれたのである。もちろん腕力では劣らない。しかし手出しをしなかった。理由を聞いてみたら、くやしそうに「高校生が後ろにひかえている」といった。だから今、日本の高校生が朝鮮の高校生に暴力をふるうのは、決して根拠のないことではないのではないだろうか。

そして今、日本の学校に通っている朝鮮の人もたくさんいる。〔中略〕いっしょに勉強し、運動をし、生活をしている私と仲のよかったSさんも朝鮮人である。その人は卒業してから堂々と朝鮮高校に入学した。私の前の家も朝鮮人だが、いつもにこにこしているおだやかな感じのよいおばさんである。私の家でかわいがっている近所の小さな男の子も朝鮮人の子である。〔略〕」（『読売新聞』

一九七〇年六月一二日付投書。一五歳女子高校生）
この投書は、善意からでも人は差別してしまうことを示している。「朝鮮中高生は野蛮でこわい」。これが戦後新たに広まり形成されたレイシズムであった。小沢はこの投書が「〔自分の友人はよい朝鮮人だが、朝高生には乱暴ものがおおい」とみてしまって、あやしげな情報によって貴重な生活事実からの知識を片すみにおいやっている」、「国民全体の朝鮮認識の型を典型的にあらわしているように思える」と指摘している。
「非行少年」は、ではどのようにして「朝鮮偏見」を身につけるのか。彼らが学校外でケンカをくりかえすなかで、偶然、朝高生が相手となる場合もある。「やられたり、やっつけたり」の「個別体験」も積み重なる。そして偏見のもつ「ある個別経験をもってその集団全体の特徴とみなしてしまう特有な変型作用」によって、「朝高生はこわい」「集団でしかえしする」「朝高生にやられるからやっつけかえすのだ」という「伝説」が仲間に広められ、やがて「一般」学生に広がる。その「伝説」は、逆に生徒と「非行少年」の行動をしばり、ほかのことも「朝高生のせいにしたり」その「影におびえる」。小沢はそう分析したうえで、次のように指摘する。
「朝高偏見」をもった「非行少年」たちの行動力に政治的な使命感を注入してこれを組織することは、比較的容易なことであろう。その役目をになっているのが国士舘のリーダーたちである。そのことによって、あったとしても偶発的なものであった日朝高校生間の小部分のもののトラブルが、計画的・政治的な暴行迫害事件に転じさせられ、別の意味合いをこめることになったのである」

レイシズム暴力のオルガナイザー――極右学生組織

朝高生襲撃事件のカギを握るのは、「国士舘のリーダーたち」つまり「中核」の右翼だった。

国士舘高校は国士舘大学が経営している。同大は、第一次世界大戦中の一九一七年に国士舘義塾として発足した。「尊王攘夷」を唱えたアジア侵略のイデオローグであった吉田松陰をまつる松陰神社（東京・世田谷区）の隣に、彼を信奉する右翼勢力がつくった塾であった。創立功労者である頭山満は、一九一〇年の韓国併合に大きな役割を果たした有名な右翼である。同大建学の趣旨は、「大日本国の柱石となる信念の士を養成せむとする」ところにある。ありていに言えば、建学以来、国粋主義や自民族優越・排他主義的な思想教育が行われ、日本のアジア侵略と朝鮮植民地支配を徹頭徹尾肯定する皇国史観教育が実施されてきた。

国士舘は、GHQ占領期にはファシズム組織との嫌疑から逃れるため、「至徳学園」と名を変えて存続をはかったが、一九五八年に元の名前に復帰。その教育は戦後も変わらず、当時までつづいていた。朝高生襲撃事件が最初に報告されてから約八年後に書かれた「朝鮮高校生をやっつけろ」という『週刊読売』の記事（一九七〇年六月一九日号、一七〜一八頁）は、次のように伝えている。

当時国士舘大は、全寮制をとっており、学内では公然と反共右翼教育が実施されてきたという。毎週、学生は「館長訓話」を聞かねばならず、しかも感想文を書かされる。配布されるプリントは一人一部のみで、秘密保持のためか、学校をやめるときに返却義務がある。入学式には軍艦マーチで館長が入場し、軍服調の制服を着た館長・柴田徳次郎が「国士」の自覚を訴え、教育勅語を「奉読」し、「天皇陛下万歳」をさけぶ。

創立から事件当時まで一貫して館長を務めた柴田の「訓話」は、次のようなものだ。

「天皇さまは、世界にたぐい無い菊の大輪の天下の名花でいらせられます。ところが、この名花をねらっている赤毛虫がおります。それは〝共産党〟であります」

「夜も昼も目を血走らせてねらっている赤毛虫が全国にウヨウヨわいてきたことに気がつかねばなりません。気がついたらこれを退治する方法をとらねばなりません」

「米蘭英ソの強大な連合軍を相手とした奴隷解放戦争であった。この戦いのために奴隷にされていた二十億のアジア民族が解放された尊い大戦である」（以上、前掲『週刊読売』記事より）

天皇賛美と反共、そして東京裁判にも反する、アジア侵略を全面肯定する歴史観による教育が行われていた。

問題は、この右翼教育が公的な教育に終わらず、学生の生活や実践にも浸透していたことだ。学内には、右翼組織が当時三〇余り存在し、しかも学内の労務管理や右翼教育に奉仕していた。当時の右翼教育に反対して、ある教員が学内民主化運動を起こし、大学当局から不当解雇と運動の弾圧を受けた際、その教員は、真剣を手にした学内の空手部学生から暴行を加えられたという。

当時の国士舘は大学と高校の食堂が一緒で、「ここで大学生が、高校生を「善導感化」するのは、館長の命令」（同前記事）だった。

「「赤毛虫は不浄なものだ。不浄なものは、われわれ学生が、その身をたきつけにして、大きな覚りの火をともし、その火をもって焼き尽くせ」

と鼓吹されるのは、食堂でが多いという。こうした教育が生徒たちを「朝高狩り」という集団暴行事件にかり立てるのも当然かもしれない」

と、記事は書いている。さらに記事では、匿名を条件に国士舘大の学生が次のように語っている。

「全学あげてこの思想に共鳴しているんだから、共産党―朝鮮高―赤毛虫―退治。あるいは焼き

尽くせ、という図式が成り立つのもわかるでしょう」（A君の証言。以上前掲記事、一八頁）

実際に朝高生襲撃事件に加わった国士舘高の学生は、「俺たちは学校から朝高生をやっていいといわれている」と言いはなったことが複数報告されている。前述の「在日朝鮮人の基本的人権を守る会」を結成する準備会が一九六三年一〇月に出した報告書は、事件の背景について次のように指摘していた（在日朝鮮人の基本的人権を守る会準備会発行『在日朝鮮人は理由なしに殺傷されている』二四頁）。

「このような同校の性格を考え合わせるとき、暴行・殺傷事件にたいする同校のかたくなな態度も偶然的なものではないことがわかる。同校生徒によるこの種の事件の多いことも決して非行少年による偶発的な不祥事件ではなく、むしろ起こるべくして起こったということができよう。国士舘高校生徒が多くの事件の加害者となっている原因として、同校の教育方針ないし学校内のムードが一定の役割を果たしたことは否定できない」

朝高生襲撃事件で、レイシズムが暴力と結びつくメカニズムをまとめてみよう。小沢は次のように言っていた。

「現在では、日本国民にある朝鮮蔑視はそれだけでは政府の朝鮮敵視政策をささえる温床にとどまるにすぎないが、それに反共主義のシンがとおると、朝鮮敵視政策の先払いを意図的につとめる政治集団のはたらきをするようになる。朝鮮蔑視が朝鮮憎悪にふかまる」

（小沢前掲論文初出誌、七頁）

社会的に戦後新しく形成されたレイシズム＝新しい朝鮮蔑視（朝高生は怖い）が形成され、これに「反共主義のシン」が通ることで、暴力に結びつく。小沢は「こうした朝鮮にたいする政治の反動がまず青少年層からはいりこんできたことに、危機のあたらしい深まりがある」（同前）とした。

レイシズムを組織する反共主義運動

反共主義運動と朝高生襲撃事件との関わりをもう少し分析していきたい。

もう一度、表2（一三九頁）を見てほしい。朝高生襲撃事件が頻発するときは、日韓国交正常化に向けた日韓会談の再開・交渉・妥結や、朝鮮総連が大きく主導した帰国・祖国往来実現運動や、さらに出入国管理法案・外国人学校法案などの在日コリアンの治安管理を強化しようとする法案が、大きな政治日程・ニュースとなったときに集中していることがわかる。これらのテーマは、いずれも日本の反共主義者・右翼にとって重要な「闘争課題」だった。これら朝高生襲撃事件は、朝鮮人側への脅迫と同時に、朝鮮学校や朝鮮総連、ひいては北朝鮮のイメージダウンをねらって起こされたと考えられている。

ソ連崩壊から四半世紀がたとうとしている現在ではイメージするのが難しいかもしれないが、六〇年代から七〇年代は、東アジアでは冷戦の対立がもっとも深刻な時期だった。

六〇年代の韓国では、軍部出身の朴正煕がクーデターを起こし、その後、「維新体制」なる独裁政治を行い、民主化運動を血で弾圧した。北朝鮮ではこの時期までに、他の派閥の粛清が行われ、金日成の主体思想を「唯一思想体系」とする党の指導体制が固まり、権威主義化を強めたと言われる。朝鮮戦争は一九五三年に「休戦」したが、いまだ戦争状態がつづく。南北は、対日関係においても相互の優位をめぐる競合関係におかれたため、日韓国交正常化や北朝鮮への帰国事業をめぐっては、南北政府はたがいを非難し、それを阻止しようとした。

そして、在日コリアンはこの南北の「死闘」に巻きこまれ、総連・民団をはじめ、激しく引き裂かれた。一九六五年の日韓基本条約締結はその最たる例だ。日韓基本条約は、①南北分断を固定化し、②朝鮮植民地支配責任をあいまい化させ、③被害者個人の請求権をも放棄させ、④在日コリアンを分断させた、という極めて大きな問題をふくむものだった（徐京植『皇民化政策から指紋押捺まで』岩波ブックレット、五五頁参照）。

②と③について言えば、日韓基本条約第2条は一九一〇年の韓国併合条約はじめ旧条約・協定について「もはや無効である」としているが、韓国側は当初から無効（つまり植民地支配は違法）としているのに対し、日本側は当時有効だったが現時点では無効（植民地支配は合法）という立場をとり、それぞれの自国民に異なる説明を行った。また日本は、韓国へ無償三億・有償二億ドルの経済協力を行ったが、それはあくまでも「独立祝賀金」という名目であり、賠償ではないと強調していた。

ここで重要なのは、④在日コリアンの分断強化である。日本政府は、朝鮮戦争中にGHQから韓国側の働きかけを認めるよう促されるかたちで、「韓国籍」への書き換えを認めてきたが、それは「朝鮮籍」／「韓国籍」ともに「法一二六」系列として「難民以下」あつかいするものだった。ところが日韓条約後には「韓国籍」にかぎり、〝国交樹立国の国民〟としてあつかうことにし、六六年一月から五年以内に本人が申請したものに対しては「協定永住」を認める、としたのである。

居住権・生存権を常に脅かし、協定永住という権利と「韓国籍」のみを国交樹立国の外国籍（外国の国籍の壁の内側で保護された外国国民一般）として認めるということによって、「朝鮮籍」／「韓国籍」に露骨な差別を設け、それを踏み絵にしつつ在日コリアンの分断と相互の対立を激化させるようしむけたのである。日本政府が、在日コリアンのあいだに、独自に三八度線を引いたということになる。*

なお、協定永住が永住権として十全だったわけではまったくない。懲役七年以上などの要件に当てはまれば退去強制がなされえた。また協定永住者の孫の世代の在留資格さえ保障されず、それは二五年以内に協議するとしか決定されなかった。しかも協定永住を取得した後も、韓国への強制送還はむしろ増加しさえした(詳しくは前掲『在日朝鮮人の基本的人権』などを参照)。

朝高生襲撃事件が頻発したのは、こういう時代だった。右翼学生によるレイシズム暴力だけでなく、同時期には、国際勝共連合による朝鮮大学校前での「説伏」街宣も頻発していた。国際勝共連合とは、六〇年代末に統一教会の教祖である文鮮明が韓国で立ちあげた、日韓で活動する反共政治団体だ。名誉会長がかの右翼のドン・笹川良一だったように、日韓関係に深くかかわる議員・財界にも影響力があった。「勝共連合にみられるように、戦後日本の右翼が六〇年代以降朴正熙政権と密着して、日韓支配層の反動的な結合の別働隊として活動、それが民間における朝鮮人学校攻撃の先頭にたつ」と小沢は指摘している(小沢有作『在日朝鮮人教育論』四六〇頁)。

国際勝共連合は、立ちあげの翌六九年から、革新自治体であった美濃部都政が認可した朝鮮大学校の「認可取り消し」を求める運動を展開していた。学校前でビラまきや演説など街宣を行うのだが、その主張は、「朝総連」(韓国保守は総連をそうよぶ)は「暴力革命の前進基地」であり、朝鮮大学校内では「日本共産党と北朝鮮が暴力革命のための下工作を、治外法権のもとに、白昼堂々と行」い「スパイ教育、ゲリラの基礎訓練も行われて」いて、「民族教育の名で反日共産革命教育を行っていること自体、日本国民に対する重大な挑発行為である」というものだった。

だが、右のような民族教育=「反日」「スパイ教育」というレイシズムは、日本社会で一定の影響力と正当性をもった。なぜならそれは、日本政府の公式見解だったからだ。

日本政府の民族教育政策――エスノサイド的レイシズム

朝高生襲撃事件が起こりはじめた一九六三年六月、自民党の安保調査会では、朝鮮学校問題について左記のようなやりとりが行われている。

＊よく「韓国籍」は国籍で「朝鮮籍」は国籍でない、などといった説明をみかけるが、これは正確ではない。なぜなら「韓国籍」「朝鮮籍」は、どちらも等しく日本の旧外国人登録法（現入管法）における「国籍等」欄の記載であり、その意味ではどちらも国籍を意味するものではないからだ（もっといえば米国籍であろうとブラジル籍であろうと、それは同じである）。

ハーグ条約では、その人の国籍を決めるのは当該国籍国の国籍法であるというのが原則だ。南北朝鮮両政府の国籍法からすれば、在日コリアンは潜在的に両国の二重国籍保持者となる（在日本朝鮮人人権協会『在日コリアン　暮らしの法律Q＆A』日本加除出版、参照）。それは日本の外登令（四七年五月）によって一律に「朝鮮籍」と登録されようが、あるいは「韓国籍」に書き換えようが関係はない。実際旧東西ドイツの場合、東西どちらの国籍保持者であっても、日本の旧外登法は「ドイツ」のような統一表記を用いず、

しかし日本政府は南北朝鮮に関してはドイツのような統一表記を用いず、あえて「朝鮮籍」「韓国籍」と登録においても分断をもちこみ、在日コリアン同士の内部分裂を煽った。実際に入管行政の末端では、外登法・入管法を悪用した弾圧時に、「法一二六」対象者に対して退去強制というカードをちらつかせながら「韓国籍」への書き換えを強要する公務員の人権侵害行為が多く報告されている（前掲『在日朝鮮人の基本的人権』参照）。「朝鮮籍」／「韓国籍」は朝鮮半島の分断を背景としつつも、あくまでも日本が独自に引いた三八度線だとしたのはそのためだ。

さらに深刻なのは、この「朝鮮籍」／「韓国籍」の踏絵に加えて、「韓国籍」のみを国籍あつかいするとしたことである。これは、日本政府が（日本国籍をもたないという意味での）外国人のなかに、外国の国籍をもつ国民（だと日本政府が認める者）と、そうでない者との間にさらなる分断をもちこむものであった。これにより「朝鮮籍」は日本政府から、日本国籍をもたないという意味では外国人としてあつかわれると同時に、外国の国籍をもつ者としては「外国人」あつかいされない、という奇妙な立場に追いやられることになった。

「福田初等中等教育局長　（朝鮮人学校は）一切こちらで認めたものでもないし、事実上彼らが自治的にやっているもののようであります。これらについては文部省も都道府県も全然手が及ばないということでございます。

志田義信（前議員）　……それが非常に日本における北鮮《ママ》のスパイ活動の温床になっているような感じがする。

福田　だから昭和二五年ごろそういうものを事実実力をもって閉鎖したのですが、その後にまたできたのです。これは実際問題としては治安上の問題ですから、そういう問題から片づける以外にないと思います」（小沢前掲書、四六三頁より）

　ここで思い出してほしいのは、当時国は既に一九五二年体制のもとで、教育に関しても外国籍者と外国人学校を二重に排除する体系的「隔離」政策を成立させていたということだ（本書一三一頁「朝鮮学校補助金削減と一九五二年体制」の項参照）。

　ところが総連は帰国運動の高揚のなかで、当時全国的な民族教育網を再建していた。右の自民党の見解は反共主義のもと、一九五二年体制によっては統制できない在日コリアンの社会運動と権利を危険視し、これを弾圧しようとするレイシズムであった点に注意されたい。

　この認識は自民党安保調査会のなかで改められるどころか、日韓基本条約締結前後を通じて次のように固まっていった。前年につづいて出された一九六六年六月の同会報告書「わが国の安全保障にかんする中間報告」は、「間接侵略による危険は現状においてもすでに存在している」「厳重な警戒を要するのに、北朝鮮政権からの破壊的、革命的な工作がある。とくにわが国に多数存在している北朝鮮系学校は、わが国において反日教育、革命教育を実施し、このままでは将来わが国に重大な脅威となろう」と明記した。

ここでは、在日朝鮮人＝「北鮮のスパイ」＝「間接侵略」との認識がなされているだけでなく、その一端に朝鮮学校がはっきりと位置づけられている。反共だけでなく、在日コリアンという民族集団を一様に敵視するという発想は、言うまでもなくレイシズムである。

この考えは、日韓基本条約締結直前に内閣調査局が出した「調査月報」一九六五年七月号の次の有名な記述とも深くかかわっている（小沢前掲書、四七〇頁より重引）。

「わが国に永住する異民族が、何時までも異民族としてとどまることは、一種の少数民族問題として将来困難深刻な社会問題となることは明らかである。彼我双方の将来における生活の安定と幸福のために、これらの人達に対する同化政策が強調されるゆえんである。すなわち大いに帰化して貰うことである。……南北のいずれを問わず彼らの行う在日の子弟に対する民族教育に対する対策が早急に確立されなければならないということができる」

ここには、臆面もなくコリアンという民族集団を抹消すべきというエスノサイド（文化的なジェノサイド）を追求するレイシズムが見てとれる。

同年一二月に政府は、朝鮮学校問題について二つの重要な文部省通達を出した。

「日本国に居住する大韓民国国民の法的地位および待遇に関する日本国と大韓民国との間の協定における教育関係事項の実施について」（文初財第四六四号）は、「韓国国民」は日本人学校への就学に便宜をはかる、というものだ。それまで、日本国籍をもたないものは、本来日本の学校へ就学する権利がなかったが、今後は「韓国国民」のみ便宜をはかる、としたのである。

第二の「朝鮮人のみを収容する教育施設の取り扱いについて」（文普振第二一〇号）は、朝鮮学校など民族学校については学校と認めないとして、次のようにのべている。

「朝鮮人としての民族性または国民性を涵養することを目的とする朝鮮人学校は、わが国の社会にとって、各種学校の地位を与える積極的意義を有するものとは認められないので、これを各種学校として認可すべきではない」(以上、小沢前掲書、四八五頁)

つまり、日韓基本条約前後の日本政府の政策は、在日コリアンの自主的な民族教育を一切認めず、むしろ「同化」にみちびく、エスノサイド的なレイシズム政策だったと言える。この政策の実施を試みたものが「外国人学校法案」だったが、当時勢いのあった総連とそれに連帯する市民の反対運動にあい、四度上程されたがすべて廃案となっている。

◇国家の対応とその後

朝鮮学校と警察・マスコミ

日本政府は、これら朝高生襲撃事件に対して何の対処もしなかった。日韓基本条約前後の政治家の発言を見てみる。当時の佐藤栄作首相は民族教育について、

「植民地を解放して独立したのだ、独立した教育をしたいのだ、こういうことであれば、それはその国においてなされることはいい。ここは日本の国でございますから、日本にまでそれを要求されることはいかがかと、かように私は思うのであります」

と発言し(六五年一二月)、露骨に朝鮮学校の民族教育を否定してはばからなかった。また警察は、暴力

の加害者側ではなく、逆に被害者側の朝鮮学校生を逮捕するなどし、朝鮮学校弾圧に活用した。

「このため、朝鮮高校側に於ては被害を受けても学校の内部事情などをうるさくきかれ、事件のことは本気で取りあげてくれない警察の態度に憤慨し、被害届を積極的にしない傾向が助長され、出そうにも出せないのが実情であると報告されている」（一九六三年八月 在日朝鮮中・高校生に対する人権侵犯事件調査団『在日朝鮮中・高生に対する人権侵犯事件調査報告書』七八頁）。

国家、とくに警察じたいが朝鮮人を敵視している状況で、被害者である朝鮮人側は、レイシズム暴力に対して被害を訴えられない状況に追いこまれていた。

さらに警察・教育機関が、在日朝鮮人への偏見・差別を助長・煽動していた。

一九六三年五月ごろ、「東京私立中高学校協会」が都下の私立学校九〇校の関係者を集めた会合では、警視庁池袋署の担当者による「朝鮮学生に対する中傷的講演」のあと、「朝鮮人学生に乱暴されたもの」の調査要請があり、警察が作成したと思われる被害状況調査用紙が配布された。

同年六月には、警視庁が「刃物類所持中学生グループの補導について」といった通牒を同協会に配布したが、そこには、「城南会」なるグループの非行少年らが慣習的に刃物を所持していたので理由を尋ねると、「デパートで五人連れの朝高生に出会い、暴行・脅迫されたので「護身用」に学友間でタライまわし式に所持していた」との事例があげられていた。それを受けて同協会は、「朝鮮高校生五人に殴られたのが動機となり自己防衛の立場からこれを所持していた少年が補導され」たと説明する通達を加盟学校校長宛てに出している。

朝高生側が暴行をふるったという、またそのために「護身用」に刃物を所持していたという「非行少年」らの証言をうのみにして警察が通牒を発する点に、すでに悪質な意図があることは言うまでもない。しかし私立学校側も、その意を受けて通達を出している。このようにして、朝鮮人への差別・偏見は、警察と教育機関によって助長・煽動されていたことがわかる。

七〇年六月五日にも、警視庁は総武線沿線の高校に、「六月六日に朝鮮高校生たちが総武線各駅で日本の学生を襲撃するというから各高校は注意せよ」と通報した。これによって各高では、下校を早める、生徒を早く帰らせろとPTAからクレームがくる、教室がパニックになる、などといったことがあったという。

その後

朝高生襲撃事件は、七〇年代に入り徐々に報告されなくなっていく。

「国士舘生の暴行が一般市民にも及ぶようになった一九七三年、各紙がいっせいに〝国士舘生また暴力〟という記事を出し、大きな世論となったため、さすがの国士舘も、天長節や明治節の式典を廃止するなどの手なおしを余儀なくされた」（前掲『在日朝鮮人の基本的人権』三六四頁）

当時の国会議事録には、国士舘の右翼教育が憲法違反との文脈で、学長が学内の教員を暴行し、さらに訓話で露骨に日本国憲法を否定（「憲法ではなく犬法だ」と公言）していたことを追及する記録がある。だが、朝高生襲撃事件というレイシズム暴力の組織化の問題や、アジア侵略肯定という歴史否定教育の文脈では、強く追及されることはなかった。

レイシズムは暴力に転化し、社会を破壊する。当時の朝高生襲撃事件は、日本人に被害がおよぶ地点にまで発展した。そのかぎりで社会問題となり、ゆえに沈静化せざるをえなくなった。だが、レイシズムがマイノリティのみを破壊している段階では、残念ながら一部の良心的市民しかこの問題にかかわろうとはしなかった。

4　チマチョゴリ事件（一九八〇年代〜二〇〇〇年代前半）

朝高生校襲撃事件の沈静化後も、もちろんレイシズム暴力がなくなったわけではない。八三年一〇月に起こったラングーン事件（北朝鮮工作員による韓国要人への爆弾テロ事件）の直後には、総連への拳銃乱射事件などと並行して、一一月二四日には、登校途中の神奈川朝鮮高校三年の「女生徒を約四〇メートルも尾行し」、「全治二週間の傷を負わせ」るといったレイシズム暴力が起きている。さらに「一二月六日には、同校三年の別の女生徒が、物陰に潜んでいた男に鋭利な刃物で大腿部を刺され、重傷を負わされた」（朝鮮時報取材班『狙われるチマ・チョゴリ』八七頁）。

その後も、八七年大韓航空機爆破事件などの事件が起こるたびに、朝鮮学校生徒へのレイシズム暴力が頻発してきた。これらのなかには、まだ右翼による組織的犯行と理解できる性格のものも多かった。それは、いまも総連や民団への脅迫などのかたちで継続していると言ってよい。

ところが八〇年代後半からは、組織的背景をもたないタイプのレイシズム暴力が目立つようになった。七〇代の老人から下は小学校低学年児童まで、男性も女性もふくめ、いわゆる「普通の人」としか思えないような加害者による、自然発生的性格の強い犯罪が増えていった。

そのうち最も深刻な暴力であるチマチョゴリ事件*を取りあげる。左は一九九四年に起きた事例である。

◇チマチョゴリ事件の事例

「二度も切られたチマ・チョゴリ」被害者：東京朝鮮中高級学校高一

「〔一九九四年〕六月一七日、学校から帰宅途中の午後五時四五分頃のことだった。ＪＲから地下鉄に乗り換えるため、階段を上がっていたとき、男が私の着ていたチマをつかんだ。気がついたら、後ろのほうを二〇センチぐらい切られていた。私は怖くて、振り向くことができなかったので、そのとき男の顔はわからなかった。地下鉄に乗ってから、私は怖いのとチマを切られた悲しさで涙が止まらなかった。そのとき五〇歳ぐらいのおばさんが心配して、私を駅まで送ってくれた。

その事件があってから、しばらくの間は怖くて体操服で通学していたが、よく考えてみると悔しくて、こんなことで負けちゃいけないと思うようになり、また、チマ・チョゴリで通学するようになった。ところが何日かたった日、あのときと同じ場所で、たぶん同じ男に後ろから、「また切るぞ！」と言われた。

それから二週間ほどたった日のことだった。学校に行くため地下鉄の電車に乗り、ドアの近くに立っていた。電車が止まって大勢の人がドッと下りたとき、ドアの反対側に立っていた中年の男が、私のチョゴリの右袖を切りつけた。切られるとき、スゥーッという音がした。茶色のジャンパーに茶色のズボンを履いていたが、この前のとき顔を見なかったので、あのときと同じ男かどうかはわからない。見ると、チョゴリの袖は一五センチほど切られていた。男は切るとそのまま電車を下りて階段を駆け上がって逃げていった。

この前チョゴリを切られてから、友達と一緒に帰るようにしていたが、この日は遅れてしまい一人だった。電車の中も怖いけれど、乗り換えるときに大勢人がいると、この中にまたそういうことをする人がいるんじゃないかと思い怖くなる。

チマ・チョゴリを着ているから狙われるのかもしれないけれど、こんなことで脱ぎたくない」（朝鮮人学生に対する人権侵害調査委員会編『切られたチマ・チョゴリ――再発防止　事件の根絶をめざして』在日朝鮮人・人権セミナーとマスコミ市民発行、一九九四年、一二頁）

◆チマチョゴリ事件の概要

このような事件が八〇年代後半から頻発するようになっている（表3参照）。朝高生襲撃事件と対比すると、チマチョゴリ事件の新しい特徴が見える。大きく三つ指摘しておきたい。

①反共主義による政治的な組織化・計画化という背景をもたない「普通の人」による自然発生的な犯行が中心であること。

②被害者が女子や低学年児童にまで拡大し、とくに女子生徒をねらうセクシズム暴力が激増したこ

＊　チマチョゴリ事件そのものの被害や原因の分析は、レイシズム批判だけでなくセクシズム批判の観点などから複合的に取りくまれるべき課題であるが、それは本書の射程を超える。ここでは後のヘイトスピーチとの対比上重視すべき、自然発生性をともなったレイシズム暴力としての側面に焦点を絞った限定的な分析に留まっていることをおことわりしておく。

と。
③犯行が頻発するのは、朝鮮半島情勢・日朝関係が悪化したり、在日コリアンへのバッシングがマスコミで行われるときに集中していること。
以下、いくつかの時期に起きたレイシズム暴力事件を各時代ごとに見ていく。

◆九〇年代まで――自然発生的レイシズム暴力の散発期

表3を見ると、レイシズム暴力は集中して引きおこされていることがわかる。

一九八九年一〇月「パチンコ疑惑」

一九八九年一〇月には、二〇日間で四八件が報告されている。

直接の引き金となったのは国会での質疑であり、そのマスコミ報道だった。当時、自民党が社会党人気に対抗するために、社会党が朝鮮人からパチンコ献金を受けとっているとする、いわゆる「パチンコ疑惑」バッシングを流した（しかしふたを開けてみると、むしろパチンコ献金は自民党議員のほうが圧倒的に多くもらっていたことが判明）。この疑惑について、自民党の浜田幸一議員が次のような質疑を行った。一九八九年一〇月一七日の衆議院予算委員会でのことだ（以下、前掲『狙われるチマ・チョゴリ』一二一五頁〜）。

「**浜田**　（朝鮮総連は）危険な団体か。

古賀宏之公安調査次長　日本の公安の維持にとって無視できない団体と考えて、監視をつづけている。

【表3】80年代以降の朝鮮学校・学生へのレイシズム暴力（チマチョゴリ事件をふくむ）

時　期	事　件	件　数	期　間
1989年10月	「パチンコ疑惑」	48件	20日間
1994年4月	「核開発疑惑」	約160件	約3カ月間
1998年8月	「テポドン発射実験」	約70件	約半年間
2002年9月	「拉致事件」公認	1000件以上 （関東321件）	翌年3月まで の半年間
2006年7月	「ミサイル発射事件」	122件	約1カ月間
2006年10月	「核実験」	55件	約1カ月間

〔金栄「在日朝鮮人弾圧に見る日本の植民地主義と軍事化」（『歴史と責任』青弓社、2008年）308頁まとめに師岡康子『ヘイト・スピーチとは何か』（岩波新書）のデータ（02年「拉致事件」公認直後の事件）を加えて著者作成〕

浜田　非常に危険な団体ということか。

古賀　おおせの通りと考えている」

この質問が行われた翌日から、各地で朝鮮学校学生へのレイシズム暴力が頻発した。

さらに、一〇月三一日から二日間にわたって「パチンコ問題集中審議」が行われ、浜田議員は、国会で「私たちの国に対する反対闘争」を「教育をする学校があった場合に、これは文部省としてはどういう対応をされますか」等と民族教育へのバッシングをくりかえした（彼は答弁の終わりに「この反日・抗日の思想、感情を育てるようなやり方」「我が国に対して侵略あるいは反日闘争を教育で与えている」とさえ言いはなった）。

それに対して石橋文相は、「委員の考え方、私もよくわかりますので、それを踏まえながら管理者と相談をしたい」とのべて、レイシズムを批判せず、むしろ政府として朝鮮学校の教育内容を問題視する態度をとった。教育への不当な介入を禁ずる教育基本法にも違反したそれらへイトスピーチは、即座に差別煽動効果を発揮し、次のようなレイシズム暴力の頻発を招いた。

東京朝鮮中高級学校二年（一七歳・仮名）

「八九年一〇月二十四日の朝八時ごろ、定期券を買うために千葉県のJR松戸駅で降りたところ、駅東口のベンチに座っていた中年男性から暴行を受け、腰から右膝にかけて、チマをおよそ四〇センチ引き裂かれてしまった。当時の模様を朴さんはこう語っている。

「ベンチのそばを通りすぎようとすると、いきなり男のひとが近寄ってきました。避けようとしたんだけど、肩と肩がぶつかってしまい、私は「すみません」と謝りました。でも、そのひとは私の腕を取り、左足を蹴りつけてきたんです。びっくりして逃げようとしました。すると、今度は私のチマが引き裂かれてしまったんです」

事件後、朴さんはショックで熱を出し、四日間も学校を休んだ。朴さんと会ったのは事件から二週間後だったが、その日のことをまた思い出したのか、ポロポロと大粒の涙をこぼしてしまった」

（姜誠『パチンコと兵器とチマチョゴリ』二一七〜二一八頁）

東京朝鮮第三初級学校一年（七歳・仮名）

「八九年一一月八日の朝八時ごろ、東武東上線の東武練馬駅で池袋行き電車に乗り込もうとした明美ちゃんを、ジャンパー姿の男が背後からどんと突き飛ばした。そのため、明美ちゃんは車内に転がり込むように、うつぶせに倒れてしまった。男はさらに、背中を五回にわたって踏みつけた。幸い、車内に乗り合わせた日本人中年女性が助け起こしてくれたので、それ以上の暴行は受けずに済んだ」（姜誠前掲書、二一八頁）

女子生徒へのレイシズム暴力は当時さすがにニュースとなり、反響もよんだようだ。しかし、日本政府はまたしても何の対処もしなかった。当時首相だった海部俊樹は次のように発言している。

「ボクがいじめをやったわけでもないし、ボクが出ていって（いじめた人を）探し出すわけにもいかない。担当の人が対応するでしょう……（いじめは）在日朝鮮人だけでなく、日本の小中学校の問題だ」（前掲『狙われるチマ・チョゴリ』九九頁）

レイシズム／セクシズムといじめを区別できず、暴力さえ看過している点で人権感覚の欠如がはなはだしい。これが一国の首相の発言であった。当時は、さすがに国際的な批判を浴びたようで、のちの記者会見で、後藤法相は、「もう少し言葉を選んで言ってほしかった」とコメントした。

注目すべきは、法相が事実上「上からの差別煽動」効果（日本が当時批准していないとはいえ人種差別撤廃条約第４条（c）に反する）を認めるコメントを発していたことだ。記者に「国会で公安調査庁が総連を「危険な団体」と認めたことが「いじめ」の原因では？」と質問された法相は、「それはあったでしょうね。もし、いままで起きていなかったことが起きているとすれば、この間の国会での質疑応答の影響があったと言わざるをえない」（前掲『狙われるチマ・チョゴリ』一〇〇頁）と明言していた（ただしその後「いじめと発言に相関関係があったかは全くわからない」と発言を修正し責任を否定した）。

この事件について、イタリア通信社東京支局長ロベルト・マッジは、「日本で植民地支配の問題が四十数年過ぎた今日も何一つ解決されていないことに驚きを覚える」と前置きしたうえで、次のようにのべていた。

「当たり前のことだとは思うが、イタリアでは敗戦と同時に植民地に対する問題が処理された。

たとえばイタリアの国籍をそのまま所有していたい者にはその措置を取り、本来の国籍に戻りたい者には帰国の措置をとった。こうしたことは侵略した者が侵略された者に対して取るべき当然の行為である。ところが日本ではこの問題が未だに白紙の状態であり、それでも奇形と言わざるをえないのに政府当局の音頭取りで在日朝鮮人いじめが行なわれた。これはもうわれわれの理解の限度を超えている。今回の事件で多くの人たちの記憶に刻まれたのは「朝鮮総連は危険な団体、朝鮮人は怖い」という意識だけであり、その意識を助長させた日本政府は謝罪する必要があり、多くの日本人がそうした意識を持たなければならない」(前掲『狙われるチマ・チョゴリ』一六二〜一六三頁)

時代背景

背景について最低限の説明をすると、第一に、いわゆるパチンコ利権の問題がある。当時、すでに一〇兆円産業と言われていたパチンコ産業に、警察とＮＴＴや住友などをはじめ、大資本が参入をはかる足がかりとして、プリペイドカード導入が取りざたされていた。しかしパチンコ産業の過当競争をもたらすと産業側から否定され、導入は見送られるかに見えた。

そこに、前述の「パチンコ疑惑」問題がもちあがった。利権化したい警察と、社会党のネガティブキャンペーンを張りたい自民党の利害が一致し、パチンコ疑惑が国会で集中審議されることになる。献金じたいがむしろ自民党に多かったことでこの疑惑はうやむやになったが、一方で民族教育と朝鮮総連へのバッシングに大いに利用され、そのはずみでプリペイドカード導入に利用されたのだった。その後、プリペイドカードの管理会社が警察の天下り先となったのは周知のとおりである。

とばっちりを食ったのは、朝鮮学校の学生(とくに女性)をはじめとした在日コリアンだった。

第二は、より大きな時代の流れがある。九一年のソ連崩壊後の一時期、世界に平和と軍縮が訪れると楽観した見方もあった。しかし、直後に第一次イラク戦争やユーゴ内戦など、九〇年代以降、世界はむしろ「熱戦」の時代に突入する。

東アジアも例外ではなかった。米国は、ソ連崩壊後もアジアでの米軍の「一〇万人体制」の維持を明言し、日米安保体制をむしろ再編・強化する。九七年の新ガイドラインや九九年の周辺事態法以降、雪崩をうつようにそれは強化されていった。なぜなら、東アジア権益の重要性が、冷戦崩壊後にむしろ増したためだ。

背景には、グローバル経済におけるアジア市場の重要性の高まりがある。ソ連が崩壊し、中国がより一層の「改革開放」に舵を切ることになった結果、アジアは一気に一〇億人規模の「新しい市場」となった。中国は権威主義的な共産党支配体制のもと、莫大な規模の農村人口からの低廉な労働力を背景に、積極的な外資導入にのりだし、「世界の工場」として驚異的な経済成長をとげた。アジアはいまや、世界経済の「成長センター」となり、中国は日本をぬいて米国に次ぐ世界第二位の大国となった。

そのため「超大国」とよばれてきた米国は、冷戦崩壊後も東アジアから手を引くことなく、自らのヘゲモニーを維持し、大国・中国をけん制しつづけることに重要な戦略的意義を見いだしたのである。米軍が冷戦崩壊後、朝鮮半島と沖縄はじめ日本から撤退せず、居すわりつづけているのはそのためだ。そして、人的往来と経済交流が急速に進んだ中台関係ではかつてのような軍事的緊張がありえない以上、米軍・米国が、ソ連なき後の東アジアに介入しつづける上で口実となるのが、北朝鮮問題だ。

北朝鮮からすれば、朝鮮戦争以来、一貫して米国による核の脅威に圧迫されつづけ、他方の分断国家である韓国とは軍事・経済・政治・外交的優位を競わざるをえず、半世紀以上も「戦時体制」を強いられてきた。冷戦崩壊によってソ連という同盟国を失い、中国以外に協力的な周辺国を見出せなくなった北朝鮮政府は、体制存続を賭けて、米国や日本との関係改善を模索する。

だが、米国のアジア戦略からすれば、北朝鮮政府は体制を承認できる相手ではなかった。かと言って、イラクのように打倒することもできない。もし戦争をアジアで引きおこせば、世界経済の「成長センター」が経済的に大混乱におちいる。米国は北朝鮮と「講和も戦争もしない」というスタンスをとりつづけ、韓米・日米による軍事演習をくりかえし、中国に圧力をかけながら、北朝鮮の屈服を促すやり方をとってきた。北朝鮮がこれに応じず、体制維持のカードとして、一定のペースで「成果」を公表しつつミサイルと核開発をおしすすめてきたことは周知のとおりだ。

このような背景のなかで、八〇年代から九〇年代にかけて、日本の仮想敵国はソ連から北朝鮮にシフトした。チマチョゴリ事件は、その流れのなかで起こったレイシズム暴力だった。

一九九四年四月「核開発疑惑」

九四年四月に「核開発疑惑」問題が大きくマスコミで報道されてから、同年七月八日に金日成・カーターによる会談成功までのあいだ、またしてもレイシズム暴力が頻発した（約三カ月間で約一六〇件）。先にあげた以外にも、以下のような例がある。

被害者：東京朝鮮中高級学校高三（一八歳）

「六月九日の朝のことだった。その日は社会科見学だったので、池袋で友達と待ち合わせをしていた。電車に乗っていくつめかの駅で、スーツ姿の二十代の男が二人乗ってきた。車中は出勤時で混雑しているのに、二人はわざわざ車両の繋ぎ目のドア近くに立っていた私のところにやってきた。二人は、私の後ろにはりつくようにして、黙って立った。

乗り換えの駅に着いて下りようとしたときだった。右手が何かに挟まっているのか、引っ張っても取れない。不思議に思って振り返ってみると、さっきの男の一人が私のチョゴリの袖を持ち、もう一人の男がハサミでその袖を切っていた。私が引っ張るのを放さずに、無理やりに切った。怖くて体が固くなったが、へたに声を出すとかえって危ないと思って、何も言うことができなかった。

電車を下りて、そのまま私はトイレに駆け込んだ。チョゴリの袖は、ズタズタに十五センチほど切られていた。鏡に背中を映してみると、背中も裾から肩スレスレまで二〇センチほど切られていた。

私はとにかくこのままでは恥ずかしいと思って、持っていた裁縫道具を取り出して、応急的に切られたところを縫い合わせた。駅員さんに言おうかとも思ったが、電車の中で切られたとき、周りには大勢人がいたのに、誰も声をかけてくれなかったことを思い出すと、それもできなかった。とにかく早く友達に会いたいと思い約束の駅に急いだが、待ち合わせの時間はとうに過ぎていて、友達に会うこともできなかった。どうしていいかわからず、母の仕事先に電話をかけた。母の声を聞いたらホッとして、涙が吹き出してきた。

次の日から、私はポロシャツとジャージ姿で登校するようになった。チョゴリが切られる事件があってから、四日後のことだった。父に駅まで送ってもらい、階段を上がったときだった。後ろから中年の男が追いかけるように上がってきて、私が着ていたジャージの右足部分をはさみで切って逃げていった。

そんなことが続いて、私は一人で歩くのが怖くなっていた。帰りは駅まで両親のどちらかが迎えにきてくれるようになったが、ある日、どうしても都合がつかない日があった。その日、私は駅からタクシーに乗った。しばらくするとタクシーの運転手が、「新聞にジャージの記事が載ったけれど、それ、君のことでしょ？」と聞いてきた。そして、「こんな情勢だから、やられても当然だ！」と言った。運転手の名前を見ようと思ったけれど、フロントに置いてあるはずの名前は隠してあってわからなかった。下りるとき運転手は私に、「この野郎！」と言って走り去って行った。

こういうことがあっても、学校を休みたくはない。でも、安心して電車に乗ったり道を歩くことができなくなってしまった。今の私は、自分を守ることしか考えられない。大勢人がいる中で怖い目にあったけれど、声をかけてくれたり助けてくれた人はいなかった。私は、そのこともショックだ。でも、日本人の中にはいい人もいると信じる気持ちは残っている」


以上は、当時緊急に調査され発刊された前掲書、朝鮮人学生に対する人権侵害調査委員会編『切られたチマ・チョゴリ――再発防止　事件の根絶をめざして』による。

ほかにも、高三女子生徒が、下校中に駅で中年男性にナイフのようなもので脅されて、「二度とそんな服を着るな」と暴言を吐かれる事例や、ＪＲ水戸駅で通学バスを待つ小二女子生徒が、暴行を加えられた事例がある（この事例はタクシー運転手が犯人を捕らえ、警察が逮捕した）。また池袋駅で、男子学生が何者かに殴られ、顎と腕の骨を折る事件なども起きている。

報告書（『切られたチマ・チョゴリ』）は、事件の原因について、「日本政府の政策に由来する朝鮮人差別意識が根強くはびこって」いるとしつつ、「温床として存在する差別意識が具体的な暴力事件として現象した」ことについての三つの理由をあげている。

①一九九四年前半に、日本政府が「北の核疑惑」を取りあげて北朝鮮バッシングを推進し、「有事即応体制」を確立しようとした。

②日本のマスコミが「差別を助長する歪んだ報道」を連日くりかえした。

③民族団体への治安当局による「違法な捜査が連続的に発生」した（九四年四月大阪府警、六月に京都府警が各府の総連本部に大規模捜査を実施）。

つまり、「温床として存在する差別意識」が、①政府の北朝鮮バッシング、②マスコミの差別報道、③国策捜査に「触発されて、日本社会における朝鮮人差別が具体的な暴力事件に発展した」というのである。③の京都府警による国策捜査は、捜査途中に容疑が晴れたにもかかわらず続行された、極めて不当なものだった。

なお同報告書は、「今回の加害者の中に10代～20代の若者が多くふくまれていることに留意すべき」と書き、次のような警告を残していた。

「以上の通り、今日起きている朝鮮人学生に対する人権侵害は単に、偶発的な犯罪ではない。一過性の事件でもない。日本社会において繰り返し発生してきた民族差別であり、根の深い問題である。しかも、それは日本政府の政策によって再生産されてきた差別意識に基盤を置くものである。日本政府自身の永年の政策が、在日朝鮮人に対する差別の原因となってきたし、民族学校に対する差別を許してきた。／従って、今回の事件の犯人が検挙され、事件が鎮静化してもそれだけでは何ら問題解決とは言えない。今後も、同様の事件が繰り返し発生する可能性が極めて高い」

実際、警告のとおりとなった。その後、一九九八年八月「テポドン発射実験」のときには、約七〇件(約半年間)の事件が起きている。以後、二〇〇二年、二〇〇六年も同様だ(一六三頁表3参照)。

九八年に数度目の大きな「チマチョゴリ事件」の波がやってきた後、九九年の新学期以降、朝鮮学校側は、「第二制服」の導入を決定した。従来から女子生徒の制服だったチマチョゴリに加え、登下校時にはブレザータイプの「第二制服」も着用可とすることで、レイシズム暴力・性暴力にあう危険性を少しでも回避しようとする「自衛策」だった(その後、この種のチマチョゴリ事件に関しては上の「自衛策」もあり、在日本朝鮮人人権協会によると、二〇〇三年一月に報告されている事件を最後に確認されていないという。問い合わせに応じて調査してくださった在日本朝鮮人人権協会に感謝申し上げる)。

二〇世紀の終わりの日本社会は、民族衣装をレイシズムとセクシズム暴力にあうことなく自由に着られる社会では、すでになくなっていたのである。

なお学生への暴力とは異なるが、九八年には千葉県の総連事務所に宿直していた活動家が放火のうえ殺害された事件も起きているが、いまだに「未解決」のままであることは付記しておきたい。

◆「拉致事件」以後――常態化する自然発生的レイシズム暴力の時代へ

二〇〇二年九月一七日の小泉首相の訪朝と日朝平壌宣言の発表は、本来であれば良い意味で歴史的なものとなるはずだった。植民地支配責任をめぐって敵対をつづけてきた日朝両国が、初の首脳会談を行い、国交正常化へ向けて「新しいスタート」を切るはずだった。

ところが北朝鮮政府による拉致の公的認定・謝罪がマスコミに流されると、日本社会のレイシズムはかってないほどに高揚した。一〇〇〇件以上のレイシズム暴力が、翌年三月までの半年間で記録されることになったのである。

常態化したレイシズム暴力

この〈九・一七〉（小泉訪朝・日朝ピョンヤン宣言・「拉致事件」公認）後のレイシズム暴力は、九四年・九八年に頻発した暴力よりもひどいものだったこともあり、弁護士による調査が行われた。

大阪では、「在日コリアンの子どもたちへの嫌がらせを許さない大阪弁護士の会」が、府内一二校一七六八人を調査し、四一六人（二三・五％）の被害が報告されている（人種差別撤廃NGOネットワーク〔ERDネット〕『人種差別撤廃委員会「ヘイトスピーチ」に関するテーマ別討論に向けたNGOからの情報』〔二〇一二年八月作成〕より）。

それによると注目すべきは、加害者が男性大人（三七％）、男性学生（一八・四％）、男性児童（一五・一％）である点だ。大人からだけでなく、学童保育や学習塾で同年代から暴言を吐かれるケースも多くあるとの結果だった。さらに、複数で加害におよんだケースは四〇・八％、被害の五四％が単独犯で、半数を占めている。これはレイシズム暴力が単独で行われる場合が多いことを示している。

関東では、「在日コリアンの子どもたちに対する嫌がらせを許さない若手弁護士の会」が、関東地方の朝鮮学校二一校の児童・生徒二七一〇人を対象に調査している[3]。その報告書（『在日コリアンの子どもたちに対する嫌がらせ実態調査報告集』）によると、二〇〇二年九月一七日から二〇〇三年三月までに「被害を受けた」と回答した子どもが五二二名。全体の一九・三％にのぼった（図8参照）。ただしこの調査は、一人一件でカウントされており、一人が複数の暴力にあっても、二件目以降は数に反映されていない。

被害の全体傾向として報告書は「弱い者いじめという実態」が見られるとして、「高学年より低学年、男子生徒より女子生徒という被害傾向が顕著にみられた。弱い者に対して嫌がらせをする反面、高級三年男子に対する嫌がらせ報告はゼロであり、女性による高級男子生徒への嫌がらせもゼロであった」としている（同報告書、二〇頁）。そして高校女子の場合、犯人が単独の場合が七四・六％となっており、突出している。

なおこの報告書によると「チマチョゴリをカッターで切られたという、この種事件で象徴的に語られていたものは、数件にとどまった」としている（二〇頁）。前述のとおり九九年の第二制服による「自衛」以後も右のような傾向が見られるように、頻発するレイシズム暴力の多くがより社会的に弱い立場にいる者をねらう傾向をもつと同時に、それじたいにセクシズムが強く入りまじった犯罪であることを示唆する結果だと言える。

そして被害の八割は言葉による差別＝ヘイトスピーチであった。「ヘイトスピーチ」という言葉が日本で普及する以前からこれほどの被害があったことの一例として記憶すべきである。

また、被害を相談した件数は、父母一一二件、先生七三件、友達一〇一件、警察一一件、相談していない一四八件。多くがだれにも相談しないままであったと同時に、警察にほとんど相談できていないことがわかる。

関東での調査報告書には学生の次のような声が残されている。

「きっと、もっと日本人が朝鮮人に悪い事をしてくると思ってコワイです」（中級二年女子）

「この問題によって日本人が私たちを見る目が180°変わったと思う。／もうこれ以上北朝鮮のニュー

図8　〈9・17〉直後のレイシズム暴力被害

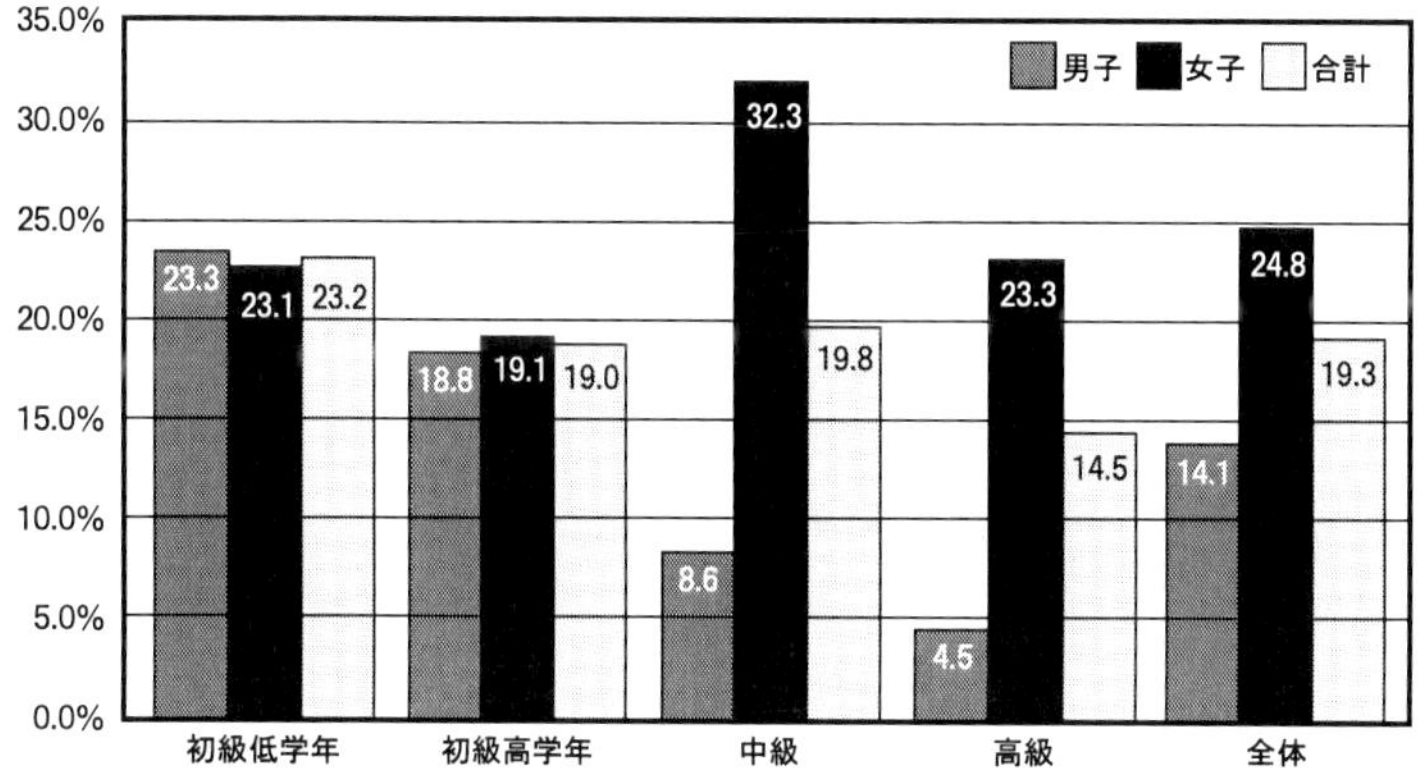

〔在日コリアンの子どもたちに対する嫌がらせを許さない若手弁護士の会『在日コリアンの子どもたちに対する嫌がらせ実態調査報告集』20頁より〕

スをしないでほしい。／北朝鮮についてのニュースは事実かもしれないが、日本のマスコミや日本の人は在日朝鮮人、特に学生の苦しみを知らずほんとに言いたい放題だと思う。／私はこの問題によって日本の人を恐がるようになり、外で遊ぶ時などは／絶対朝鮮人ってバレないように日本人になりすまそうと思う。／もうこれ以上北朝鮮のニュースで傷つきたくない。／在日朝鮮人が近いうちに日本から追い出されそうな気がして、恐くて心配でたまらない。／私は今日本がとても恐く思う」（高級一年女子）

ほかの地方でも、たとえば愛知県名古屋では、「電車に乗っていて駅に降りようとしたところ、五〇歳くらいの男性から「朝鮮人来い！」と言ってチマ（朝鮮のスカート）を引っ張られた、あるいは、親しくしていた近所の女性から、「植民地時代に朝鮮人を全員殺してしまえばこんなことにはならなかった」と言われた」という被害が記録されている（同報告書、七三頁）。

新潟では、〈九・一七〉後は、学校側が登下校時に自家用車で送迎するようにし、スクールバスに書かれていたハングルを消し、登下校を体操服にするなどの自衛策を余儀なくされたこともあり、直接に学生が暴力をふるわれる被害は報告されていない。ただし学校への脅迫電話が、多い日は一日五件ほど、脅迫メールが二〇〇通以上届いた。そのためホームページ閉鎖を余儀なくされた。

このように〈九・一七〉以降、日本ではレイシズム暴力が急増した。だがじつは先の関東での調査は、〈九・一七〉以前の被害も同時に調べており、その結果五五〇人が被害にあっていたことがわかっている（一九九七年以前に被害を受けたという人もいた）。つまり日本社会は九〇年代末にすでにレイシズム暴力が常態化する社会になっており、そのうえで二〇〇二年小泉訪朝後に吹き荒れた「北朝鮮バッシング」のなかでさらに暴力が急増することになったのだ。そして、それら暴力の多くは、朝高生襲撃事件のような組織的・複数による犯行ではなく、自然発生的な性格をおびた「普通の人」による暴力という性格をもつようになっていた。

なお、これら被害に対して日本政府はまたしても放置の対応をとった。チマチョゴリ事件では犯人はほとんど検挙されていない。そればかりか、日本政府は総連への弾圧をたびたび行ってきた。前述の九四年の核危機の際の朝鮮学校への強制捜査などがその例である。

◆自然発生的レイシズム暴力を引きおこしたもの——チマチョゴリ事件を招いた「上からの差別煽動」

これらチマチョゴリ事件をはじめとした一連のレイシズム暴力の特徴をまとめると、①「普通の人」による自然発生的な犯行が中心の、②低学年児童や女性など弱者をねらう、とくにセクシズムを帯びたものであり、③朝鮮半島情勢・日朝関係が悪化したり、在日コリアンへのバッシングがマスコミで行われるときに集中する暴力だったと言える。

ここで、チマチョゴリ事件をはじめとした自然発生的なレイシズム暴力を引きおこしたものは何だったのか、もう少し考えてみたい。

朝高生襲撃事件を引きおこしたのは、反共主義にもとづいて直接組織化された極右学生だった。だから襲撃する犯人も、具体的に組織者が直接関係をもつ者の範囲にとどまっていた。

だが、チマチョゴリ事件をはじめとする一連の事件を引きおこしたのは、必ずしも右翼的背景をもたない「普通の人」だ。しかも大半が（関東の朝鮮高校女子への被害に限れば七割以上が）単独犯による暴力だ。直接の組織性がないまま、なぜ同時多発的にレイシズム暴力が起きるのだろうか。

カギは暴力が、③朝鮮半島情勢・日朝関係悪化によって頻発している点にある。

九四年の報告書（『切られたチマ・チョゴリ』）は事件頻発の理由として、①日本政府が北朝鮮バッシングを行い「有事即応体制」をつくりあげようとした、②マスコミの北朝鮮バッシング、③当局による国策捜査、の三点をあげていた。冷戦崩壊後の日本が、北朝鮮を新たに仮想敵国と位置づけ、戦後補償や国交正常化ではなく、米国のアジア戦略に沿うかたちで日米安保を強化させ、ともに北朝鮮を軍事的に圧迫する側にまわった。そして日本政府は、悪化した日朝関係と北朝鮮の核開発を、むしろ、周辺事態法や有事法制はじめ自国の戦争国家化に最大限利用した。日本政府はそのなかで、朝鮮総連と朝鮮学校への弾圧を強めたのだが、これらはすべて、日本国内で朝鮮へのレイシズムを煽動する結果を招いたのである。

チマチョゴリ事件を引きおこしていたのは、まさに「上からの差別煽動」だった。

さらに二〇〇六年、第一次安倍内閣以後は、日朝交渉の「カード」として在日コリアンの人権・組織弾圧を活用するようになった。北朝鮮と新潟を結ぶ貨客船・万景峰《マンギョンボン》号は入港さえできなくなり、再入国許可も制限され、祖国往来の自由はますます侵害された。チマチョゴリ事件こそ報告されていないとはいえ、レイシズム暴力も頻発しつづけた。

組織的犯行ではない自然発生的なレイシズム暴力の増大が、どれほど恐ろしいことかは言うまでもない。たとえるなら、もはやガス漏れを放置した結果、ガスが十分に充満し、火の気がなくともちょっとしたきっかけで自然発火し爆発を誘引しかねない危うい段階に突入した状態に似ている。日本のヘイトスピーチは、この状況下で登場した新しいレイシズム暴力であった。

5　ヘイトスピーチ——在特会型レイシズム暴力（二〇〇七年〜現在）

近年日本で猖獗《しょうけつ》を極めるヘイトスピーチは、インターネットを通じて自然発生的に組織されたレイシズム暴力である。それは、これまでに見てきたような匿名の犯行声明のない暴力ではなくなった。公然とレイシズムをかかげ、団体を結成し、差別して何が悪いと開き直るレイシズム暴力だ。

頻発する日本のヘイトスピーチの特徴として、三点指摘できる。①新たに自然発生的に生まれた、継続したレイシズム「運動」、②新自由主義と親和的なレイシズム、③政治空間と自由に結びつきつつあるレイシズム、だ。順に考察したい。

◆日本のヘイトスピーチの特徴①――戦後はじめての本格的な在日外国人を標的としたレイシズム運動

新しい排外主義運動――レイシズムを公然とかかげる継続的な運動の登場

朝高生襲撃事件・チマチョゴリ事件と異なり、日本のヘイトスピーチの直接的担い手は、あからさまに在日コリアンはじめ在日外国人へのレイシズムをかかげ、継続的に組織された運動に参加している。樋口直人は、「外国人排斥を主たる目的とした継続的な組織化は、現今の排外主義運動が日本で初めてのものといえるのではないか」（『日本型排外主義』一〇頁）と指摘している。

レイシズム運動の三つの源流

樋口は、いまの日本の排外主義運動は、「「右翼崩れ」からノウハウを、歴史修正主義から係争課題を、インターネットからネット右翼という動員ポテンシャル（運動の支持層）を得てきた」という。

一九九〇年代前半に結成された「国家社会主義者同盟」というネオナチ団体は、上野公園でホームレスとなっていたイラン人（亡命や移住労働者として入国していた）を排除する運動を行っていた。このネオナチ組織に参加していた幹部が、二〇〇四年にＮＰＯ法人外国人犯罪追放運動なる団体をつくる。いまの在特会など差別団体に強い影響力をもつ瀬戸弘幸や有門大輔らは、このころから活動していた。

また、京都朝鮮学校襲撃事件の犯人でもある「主権回復を目指す会」の代表西村修平は、かつてチベット問題を口実とする反中国運動にかかわっていた。「これらの「右翼崩れ」は人数的には少ないものの、街頭演説など運動に必要なノウハウを提供した点で重要」(樋口)だという。

安田浩一のルポ(『ネットと愛国』)によって、在特会の桜井誠会長(当時。本名：高田誠)らは、西村の攻撃的なアジテーションをまねたことが明らかになっている。演説のしかたや、企業や自治体への脅迫、プロパガンダなどの知識・方法をここから学んだことの意味は大きい。

樋口が指摘した第二の、「歴史修正主義から係争課題」を得てきたというのは、新しいレイシズム運動では、歴史否定が「運動課題」になったという意味だ。日本軍「慰安婦」問題や朝鮮人強制連行、南京大虐殺などがヘイトスピーチの主要な〝ネタ〟であることを見れば、よくわかるはずだ。

第三のインターネットでの動員も、説明は不要だろう。京都朝鮮学校襲撃事件で見たとおり、いまのヘイトスピーチの現場では、常にレイシストは自分たちの行動をビデオカメラで記録し、インターネットで公開する。むしろ、インターネットで差別を煽動することが目的だと言える。インターネットで「ネット右翼」によってコピー&ペーストされ、SNSやニュースのコメント欄で増殖し、それに影響された人びとに組織網を広げる。実際に在特会は、二〇〇九年までそのやり方で急激に知名度を上げ、メールマガジン登録会員数を増やした。

放置すると止めどなく過激化する差別煽動目的の差別

ヘイトスピーチの危険性の第一は、差別目的の差別であるために、社会的な歯止めがかからない限り、止めどなく過激化してゆく傾向があることである。事実、在特会は設立した二〇〇六年一二月以来、活動を一貫して過激化させていった。

在特会の正式名称は、「在日特権を許さない市民の会」で、「在日特権」の廃止を目指す、というのが会の目的だ。彼らが言う「在日特権」とは、日本人と比べての「特権」ではなく（おそらく意図的にここはあいまいにしているが）、ほかの外国人一般と比べて、在日コリアンが不当な「特権」をもっている、という主張である。ここには、日本人と外国人のあいだに差別があることは当然という考えがまず大前提としてあり、その差別からすると、在日だけ「恵まれている」から、これをほかの外国人と「平等」にすべき、という主張だ。

在特会が当初から公式にかかげていた「四大在日特権」なるものがある。特別永住資格・朝鮮学校補助金・生活保護準用・通名だが、これら四つとも、「特権」とは正反対のもので、日本政府のレイシズム政策の産物にすぎない。差別に「特権」というラベルを貼りつけて、在日コリアンの存在そのものの正当性を攻撃すること、これが「在日特権」というヘイトスピーチの核心だ。

在特会は、発足当初は一〇数名の会合であり、初期の活動は学習会がメインだったという。いまから考えるとじつに地味だが、いわゆる「市民運動」とその点は同じだった。それが、西村らの手法を取りいれた過激なアジテーションを通じて在日コリアンへのレイシズムを煽動することでインターネット上で注目を浴び、組織化を行っていった、という経緯がある。第1章であげた二〇〇九年の過激な事例（京都朝鮮学校襲撃事件）は、そのピーク時のものだ。

現在ネット上に流通している「在日特権」なるもののリストには、在日コリアンは水道・ガスがタダとか、年六〇〇万円もらって遊んで暮らせるというものまである。レイシズムを自己目的としている彼らにとっては、真偽や口実はどうでもよく、ただマイノリティへの攻撃力さえあればいいのだ。レイシストたちは、なかばデマだと知りながら「在日特権」を流布させ、差別煽動を行ってきたのである。

テンプレ化

危険性の第二として、ヘイトスピーチは、それじたいが差別であるだけでなく、差別の具体的なやり方を教える、言わばテキストやテンプレート（ひな形）素材として機能することがあげられる。インターネットでは、いつでも差別を見ることができる。これはまねしようとすれば即刻使える差別のテンプレートだ。実際、ヘイトスピーチは、いわゆるコピペ（コピー&ペースト）で成り立っている場合が多い。そのため元ネタがまちがっている場合、コピーも（ときに劣化したかたちで）ミスが再生産される。京都事件の判決に掲載された典型的な例をあげよう。

「朝鮮進駐軍、この言葉をぜひ検索してください。戦後のおそろしい、朝鮮人がいかに日本人に、日本の男の人たちが戦争に行って死んでいないあいだに、女・子どもにひどいことをしたか、それをしっかりよく知ってください。朝鮮進駐軍です。覚えておいてください。朝鮮進駐軍。高校生のみなさん、大学生のみなさん、朝鮮進駐軍、携帯でも検索できます。してみてください。三国人、三国人を検索してみてください。おそろしいことがわかります」

「在日朝鮮人は日本と戦争をした事実はないにもかかわらず、終戦と同時に「朝鮮進駐軍」を自称し、日本各地において婦女暴行、暴行、略奪、警察署の襲撃、土地・建物の不法占拠、鉄道の不法乗車等、横暴の限りを尽くした」

インターネット上には、こうした文章とともに、在日本朝鮮人連盟中央本部の前でこん棒をもった男らが立つ写真が出まわっている。これが「朝鮮進駐軍」だとされていた。

だがこれはまったくのウソだ。右の写真は、一九四九年九月八日に、朝連を強制解散させるために軍警察が朝連本部を接収した時の写真で、映っていたのは日本の警察だ（二一四頁「朝連の強制解散」の項参照）。この程度のウソが、インターネットでは無視できない影響力をもつ。ちなみにこれは在特会でさえデマだと認めている。

さらにヘイトスピーチは、より詳細に差別する具体的な方法を教える。たとえば、在特会大阪支部がつくったチラシ「「枚方市 在日外国人等高齢者給付金支給制度」に反対しています。」は、ＰＤＦファイルが同会サイトで無料公開されている。そこには枚方市の「在日外国人等高齢者給付金支給制度」が「在日特権」だというデマが縷々のべられ、最後に、「問い合わせ先：枚方市 健康部 高齢社会室 〇七二‐×××‐××××」と役所の担当と連絡先が明記されている。つまり、共感を寄せた人に役所に「抗議」するよう促している。

暴力のふるい方についても同じだ。ヘイトスピーチは、それじたいは警察に逮捕されず、訴えられもせず、安全圏から安心して在日コリアンへ暴力をふるうことができる一手法だ。特定個人・団体に対して「××を殺せ」などと言えば、脅迫・殺人予告として刑事罰の対象となるが、具体的な人物・団体の固有名詞さえあげなければ、「みな殺しにしろ」だろうが、「ホロコーストせよ」だろうが、逮捕はされない。そういうやり方をヘイトスピーチは教え、人びとはそれを意識的／無意識的に学んでいる。

運動のしかたも教える。チラシＰＤＦの無料配布や、京都事件で見たように、襲撃じたいを記録・公開し、その動画を拡散し、ＳＮＳでそれを使ってレイシズムを煽動することがムーブメントとして行われることからも明らかだ。

具体的なオルグ（組織化）のやり方さえヘイトスピーチは示唆する。『マンガ嫌韓流』（山野車輪、晋遊舎、二〇〇五年）は、歴史否定とヘイトスピーチのマンガと言ってよいほど差別煽動にあふれているが、主人公が「極東アジア調査会」なる右翼サークルに所属し、その活動として「ディベート」を行い、在日コリアンを「対等な議論」で「論破」する、という設定になっている。一〇年後に出版された『マンガ大嫌韓流』では、歴史を学ぶ大学の「左翼サークル」をのっとって極右活動の拠点にするサークルメンバーが主人公となっており、インターネットに動画を配信し、自治体にいっせいに電話をかけ、集会を開くなどの「運動」が、きわめて肯定的に描かれている。

遊び半分のレイシズム――やってもよいしやらなくてもよいほどフリーな差別

日本のヘイトスピーチの現場では、レイシズム・歴史否定・極右活動が遊び半分で行われる。彼らがくりかえす差別の多くは、やってもよいしやらなくてもよい程度のものが、極めて多い。

第４章でのべるとおり、欧米には反レイシズム法／規範が存在する。そのため一般庶民がレイシズム・歴史否定・極右活動に参加するには一定の社会的ハードルがある。犯罪に手を染めて逮捕や罰金（欧州）、民事訴訟での巨額の懲罰的賠償（米国）、あるいは社会的地位や（政治家であれば）政治生命の喪失、強力な社会的批判を、（程度の差はあれ一定は）覚悟しなければならない。

ところが日本は誰もが安心してレイシストになれる。先進国唯一のレイシズムフリー国家だからだ。そのため日本のヘイトスピーチには、欧米であれば決して極右になどなれないであろう〝覚悟〟のない「普通の人」*が、ジェノサイド煽動を公道でさけぶ街宣にさえ大量に、お祭り気分で、参加できてしまっている。反差別規範がゼロのため、何が差別であるかが「見えない」ことも一因だ。

◇日本のヘイトスピーチの特徴②――新自由主義的レイシズム

日本のヘイトスピーチの第二の特徴として、レイシズム運動が新自由主義と親和的である点があげられる。

「在日特権」デマは在日コリアンへのレイシズムであるが、このタイプのデマはそれ以外にも、「被ばく者特権」「被災者特権」「被害者特権」などのバリエーションをもつ。これら「××特権」型バッシングとも言うべき弱者攻撃は、市場での競争以外で得られる福祉や権利を、「不正で」「ズルい」ものとみなす新自由主義に支えられている。これは在特会に限らず、片山さつき参議院議員の生活保護バッシングや橋下徹（前大阪市長）の朝鮮学校補助金削減を例にあげることができる。

「在日特権」は「××特権」型バッシングの一類型でもある。だからこそ、新自由主義に親和的な時代情況にあっては、なおさら社会的影響力をもつ。

規制緩和・民営化・財政削減に代表される新自由主義は、社会を市場原理に委ねることこそ正当だと考え、社会正義や平等の基準さえ市場での競争原理に根拠を見出そうとする思想・実践だ。「在日特権」はデマであり、むしろ差別状況を「特権視」する倒錯したものだ。しかし市場原理による〝平等〟を徹底すべき新自由主義から見れば、そのレイシズムは「特権批判」として正当化されてしまう。

＊　今年（二〇一六年）五月に成立した「ヘイトスピーチ解消法」によって、街宣に一定の圧力がかかった。このことが示したのは法律の効果よりむしろ、些細な圧力でやめてしまうほど覚悟もなく、殺人煽動に軽いノリで参加しつづけてきた「普通の人」の存在であり、その多さであったと思われる。

新自由主義的レイシズムの立場からは、「社会権的」であればあるほど、また言わば「アファーマティブ・アクション的」であればあるほど、それは許しがたい「特権」に見える。民族教育権が日本でこれほどまでに敵視される背景には、新自由主義が日本で極めて強力に作動しているうえに、そもそも民族教育権を擁護する水準までの反レイシズム規範が成立していないことが大きい。

人種差別撤廃条約の第2条では、形式的差別撤廃（第1項）と、実質的差別撤廃（第2項）の二つが規定されていることはすでにのべた（五三頁七行目以下参照）。新自由主義的レイシズムは、とくに後者を攻撃してくるが、さらに、前者と後者の論理をあえて対立させ、反レイシズムの立場を前者にのみ依拠するようしむけてくることに注意する必要がある。

したがって「在日特権」なるヘイトスピーチに対抗するには、たんにそれがデマであることを指摘するだけでは足りない。在日コリアンには永住権・民族教育権などマイノリティへの特別な権利（正当な特権と言ってもよい）を認めて当然だ、それが最低限の平等だ、という水準で対抗できなければ、「在日特権」デマの強力な差別煽動力に対抗することはできないのである。

◇日本のヘイトスピーチの特徴③——政治空間との結びつき

日本のヘイトスピーチの第三の特徴として、政治空間との結びつきの強さがあげられる。「上からの差別煽動」の影響力と、「下からのレイシズム運動」という二つの角度から確認できる。ここでは後者について見る（前者については第5章で取りあげる）。

「在日特権」廃止を掲げる在特会が目的とする、入管特例法の廃止という主張を例にとって検討したい。

在特会などが「特権」だと主張する「特別永住資格」は、一九九一年の入管特例法（日本国との平和条約に基づき日本の国籍を離脱した者等の出入国管理に関する特例法）によってつくられた、旧植民地出身者にのみ認められた特別な永住資格である。それまで「法一二六」系列の「韓国籍」にのみ限定されていた「協定永住」（一五一頁一〇行目以下参照）や、その後八二年発効の難民条約を機につくられた「特例永住」（「朝鮮籍」「韓国籍」問わず申請可）など、不当に分断されていた複数の法的地位がはじめて一本化されたのが特別永住資格であった（「法一二六」とその子孫であれば特別永住の対象とされた）。

その内容も協定永住のように一定の代に限ることなく、出生後六〇日以内に申請すれば、子々孫々まで保障されることとなった。大幅な改善ではあった。

しかし特別永住資格は十全な永住権というにはあまりにも脆弱であった。第一に、該当要件に制限はあるものの、国外への退去強制の対象になりえた。そして第二に再入国許可の対象とされている。事前に再入国の許可をとらないまま出国した場合、特別永住は取り消される恐れがある。

重要なことはこのような特別永住の脆弱さが一九五二年体制に由来する点である。というのも一九五二年体制はすでにのべたとおり、レイシズムの壁を国籍の壁に偽装した入管法制の適用対象としつつも、形式上は在日コリアンを入管法制上の特別あつかいにすることで待遇「改善」をはかる（「法一二六」）という構造をもっていたからだ。だから在日コリアンの法的地位は「法一二六」・協定永住・特例永住そして現在の特別永住までふくめ、そのすべてが入管法制上は特別あつかいという形式をとっている。

在特会が主張する入管特例法の廃止要求を荒唐無稽だと一笑に付すことができないのは、この一九五二年体制のもつ構造のためである。在特会の言う特別永住廃止とは、外国人を無権利状態に置く前者の入管法制をモノサシにしつつ、その大原則を徹底させることで、後者の例外・特例措置を廃止せよ、という主張にほかならない。

日本の「下からのレイシズム運動」にとって、レイシズムの壁を国籍の壁に偽装した一九五二年体制は、合法的にマイノリティを攻撃し、自らの差別煽動を正当化するうえで、最も好都合な武器となっている。たとえば在特会は、政府には特別永住資格の廃止を、自治体には「在日特権」の廃止を、法務省には在日外国人に対し法律を「適正執行」せよ、と要請してきた。在特会が二〇〇九年ごろからヘイトスピーチとレイシズム暴力を過激化させていったのは、その延長線であった。

二〇〇九年四月の、埼玉県蕨市のフィリピン人一家に対する排斥事件は、その典型だった。オーバーステイの外国人は、親子ともども強制送還せよ、法務省の政策を徹底すればそうなるだろう、という運動だった。

京都朝鮮学校襲撃事件も、レイシズム暴力がかなり調子に乗った悪質なかたちで出てはいるが、根底にある「政治」は、京都市に対し、「公園占有」状態の解消と、「在日特権」の廃止を求めるものだった。要請をしたうえで、政府・自治体が動かなかったから、「俺たちが代わりにやってあげた」というロジックをもっていた。

二〇一四年一〇月二〇日に、桜井誠が橋下徹大阪市長（当時）と会見した際、橋下市長は桜井に対し「在特会は在日を民族丸ごとひっくるめて攻撃するな、文句があるなら国会議員、政府に言え」と一喝し、一部市民の喝さいを浴びた。だが、橋下市長は翌日のぶら下がり会見で、同和対策事業をひきあいに出しつつ、在特会の目的である特別永住資格廃止に言及し、「それ（廃止）はやがて必要になると思いますよ」とのべた。特別永住資格の廃止は、入管法が唯一の外国人政策になっている日本では、事実上、在日コリアンをより一層不安定な立場に追いやる難民化政策である。ゆえに、これを容認する政治家の発言は、それじたい強力な差別煽動力をもつ。

二〇一五年七月には、「在日は強制送還される」なるデマが急速に広まり、入国管理局の不法滞在通報窓口に、在日コリアンを差別するための「密告」が何万件も寄せられるという事件があったが、右のような政治空間からの差別煽動も大きな要因だろうと筆者は考えている。

入管ホームページのトップページには、「情報受付」というバナーがあり、そのリンク先では「入国管理局では、安全で安心な社会の構築のため、不法滞在・偽装滞在する者への対策を積極的に取り組んでおり、広く一般の皆さまから、情報を受け付けています」とよびかけている。レイシストらはこういった国の姿勢を差別煽動に「利用」したのだ。

◆ヘイトスピーチ被害のとらえがたさ――従来からのレイシズム被害を倍加させる効果

最後に、ヘイトスピーチ被害の深刻さと、とらえがたさについて触れたい。

直接の被害

「とらえがたさ」とは意外かもしれない。すでに見た多くの事例は、加害行為例であるとともに、直接の被害例だと言えるからだ。また多くの報道によって、直接ヘイトスピーチを受けた在日コリアンの被害も知られていないわけではない。街頭でのヘイトスピーチなら、気分が悪くなる、耐えきれずに吐く、眠れなくなる、円形脱毛症になる、日本人が信じられなくなるというものから、営業妨害で店をたたむ、ふるわれた暴力によって負傷する、うつ・PTSD（心的外傷後ストレス障害）になる、といったものまで、深刻な被害が報告されている。

ヘイトスピーチは、被害者に「芯からの恐怖と動悸、呼吸困難、悪夢、PTSD、過度の精神緊張（高血圧）、精神疾患、自死にまで至る精神的な症状と感情的な苦痛」（マリ・マツダ、師岡前掲書、五三頁より重引）をもたらすと言われる。これらの尺度に被害は十分当てはまるし、それだけでも深刻だ。

だが、被害は到底そのようなレベルですむものではない。なぜなら第一に、多くの在日コリアンは被害を訴えることができない状況に追いこまれており、公的な被害調査もなく、それ以上の被害を語れないままだからだ。第二に、ヘイトスピーチの被害は、現にあるレイシズム被害を倍加させるというかたちで被害を与えるからだ。そして第三に、そもそも従来からのレイシズム被害を言葉にするという作業が、さまざまな理由から極めて不十分なままになっているからだ。

最悪の事例である京都朝鮮学校襲撃事件を例に、被害がどれほど見えないかについて確認したい。

京都朝鮮学校襲撃事件の被害

京都事件の被害が、常識的な「ヘイトスピーチ被害」の枠を超えるものであることを教えてくれるのが、中村一成のルポ・批評である。私なりに整理すると、事件の被害者は、「ヘイトスピーチ被害」のはるか手前の段階で、深刻な物理的暴力とレイシズム被害にあっている（以下、中村一成「ヘイト・スピーチとその被害」、『ヘイト・スピーチの法的研究』より）。

第一に、京都事件はヘイトスピーチ以前にたんなる暴力だった。授業をしている小学校に集団で押しかけて大音量で脅迫を行う。そして、学校の備品であるスピーカーを破壊する器物損壊を行った。この時点で「差別」であるかどうか以前に、刑事事件となる犯罪である。しかし、警察がかけつけた後も、その目の前で犯罪が許容された。のみならず、暴力が二回目、三回目と「街宣」というかたちで許容された。さらに、被害者が告訴しても警察は受理しようとせず、八カ月も放置したうえで、被害者が強く望んだ名誉棄損を無視して侮辱罪での告訴となった。ここには、事件が差別であることとは別次元で、たんなる刑事事件であっても、朝鮮人が被害者であれば放置するというかたちでのレイシズム（たんなる法の不平等な適用）がある。すでに、この次元で国は猛烈に批判されてよかった。

第二に、事件は朝鮮学校への政府・自治体によるレイシズム（一九五二年体制）のうえに起きている。事件の「口実」とされたのは、グラウンドのない学校が近隣の公園を、市と住民の合意をえて、授業で使用してきたことだった。朝鮮学校はそもそも日本の公的な教育体系から排除されているがゆえに、基本的な教育設備を整えることができないというレイシズム被害を受けつづけてきた。公園使用は、国と自治体によるレイシズムの産物である。だからこそ、在特会は安心して公園使用を「在日特権」だとレッテル貼りを行い、白昼公然と犯行におよぶことができた。

中村によると、事件の前から、高速道路の延伸工事のために、大型車の行き交う状況への安全確認に教員が多大な労力を割いていた。事件以後、襲撃への警備労働が加わったが、それらが教員の過労を激化させた。教員の多忙は授業に支障をきたした。公園が使えなくなった生徒は、体育の授業を十分に受けられず、のちのちまで体力測定で他校との差が開いた。教育保障から排除されている朝鮮学校の運営を成り立たせるために、保護者や地域の在日による無償労働（ボランティア）は、日ごろから欠かせないものとなっている。事件後の警備に保護者たちも参加を余儀なくされ、トリプルワークをしていたある保護者は一つ仕事を辞めた。

もし、朝鮮学校が公的教育保障を受けていたらどうなっていただろうか。当然、警備員や臨時の教員を増やすことができる。グラウンドも確保できる。右に書いた被害は生じなかったか、あるいは生じたとしてもまったく別のかたちをとっていただろう。

このように幾重にも異なるレベルで生じている甚大な被害がトータルで見えなければ、ようやく語られはじめた「ヘイトスピーチ被害」の意味もよく理解できないにちがいない。

「「権利」っていったい何よ？　そもそも私らにここにいる権利なんてないんじゃないの？」

京都事件直後の、ある保護者の言葉である。被害者にとってつらかったのは、「ここは学校やない」という言葉だったという。これは民族教育権を否定しつづけている日本政府のレイシズムそのものと言ってよい。

戦後七〇年たったいまもなお、法律レベルで公認された権利がほぼないまま、レイシズム状況に自分たちがおかれていること。このことを痛烈に自覚しつづけざるをえないからこそ、在日コリアンの「ヘイトスピーチ被害」は、それだけ深刻なものになるのだ。

第4章

欧米先進諸国の反レイシズム政策・規範から日本のズレを可視化する

本章では欧米先進諸国の反レイシズムのうち、次の重要な三つのモノサシを身につけることを目指したい。

第一のタイプは、世界でもっとも基本的な反レイシズムのモノサシと言える、人種差別撤廃条約型である。これはスタンダードなレイシズム禁止法であり、レイシズム（人種・民族的グループへの不平等）とともに、レイシズム煽動を禁止するモノサシだ。ドイツを除く欧州や世界各国で採用されている。

第二のタイプは、ドイツ型のモノサシ（本書では旧西独とそれを引きついだ現ドイツ）である。ドイツは「ナチズムという過去」との類似性を測ることで極右を規制し、反歴史否定規範をつくることを通じて、反レイシズム規範をつくってきた。

第三のタイプである米国型は、一九六四年公民権法で差別禁止法を制定してレイシズムを違法化した点で、第一の人種差別撤廃条約型と共通している。しかし、差別を行為／言論に二分し、法規制を「行為」に限定し、「言論」は擁護する、という特殊な二分法のうえに成り立っている。

これら三つの異なる反レイシズムのモノサシを成立過程とともに見ていく。戦後日本社会をこれら三つのモノサシで測ると、どのタイプの反レイシズムもないことがあらためて明確になるだろう。

1　人種差別撤廃条約型反レイシズム――国連と欧州（ドイツを除く）

八〇年代の米国でヘイトスピーチという語がはじめて生まれるはるか以前から、人種差別撤廃条約では、いまで言うヘイトスピーチ（差別煽動）がレイシズムとともに法規制の対象となってきた。「あらゆる形態の人種差別の撤廃に関する国際条約」（人種差別撤廃条約）は一九六五年に採択、六九年に二七カ国の批准をえて発効した（以下、岡本前掲『日本の民族差別』を参考にした）。

その内容は、第一に、レイシズムを社会がなくすべき悪であると定義し、第二に、締約国がレイシズムを立法をふくめたあらゆる手段で撤廃することを義務づけ、第三に、とくにレイシズムを法律で処罰すべき違法行為・犯罪と規定する、というものだ。「撤廃」には差別の禁止、防止、権利救済、そして、積極的差別是正措置と、人種・民族間の相互理解促進がふくまれる。

国連加盟国の約九割にあたる一七六カ国が同条約に加盟（二〇一三年）しており、子どもの権利条約に次ぐ圧倒的多数の加盟国数である。後述するドイツは、一九六九年に批准し、米国も一九六六年に署名は行っている（批准は一九九四年）。そういう意味で人種差別撤廃条約は、ドイツ型・米国型の反レイシズムにおいても基礎となっているモノサシだと言ってよい。

日本の批准は米国の翌年の一九九五年で、一四六番目と非常に遅かったが、この条約の履行についても日本は非常に消極的であり、条約違反を今日までつづけている。

条約の内容を簡単に確認しよう。第一に人種差別（レイシズム）の定義だが、これはすでに第２章で引用しておいた（五二頁二行目以下）。①ルーツに結びつけられたグループに対する、②社会がなくすべき不平等、というポイントをふくむこの定義は、本書でも採用したモノサシだ。

つけ加えれば、人種差別撤廃条約では、「レイス race 」つまり人種や民族などを本質的に定義することなしに「レイシズム」（racial discrimination 人種的差別）を定義したという工夫がある。第3章で見たとおり、レイシズムを必要とする者たちは、本質的な「レイス」がなくとも、架空の「レイス」をいくらでもでっちあげて差別に利用する。ナチスをはじめ戦前の帝国主義国で「科学」の名のもとに正当化されてきた生物学的な人種理論は、当時すでに否定されていた。

第二に、レイシズム撤廃の意味である。これは第2条などで規定されている。第2条第1項では、「締約国は、人種差別を非難し、また、あらゆる形態の人種差別を撤廃する政策及びあらゆる人種間の理解を促進する政策をすべての適当な方法により遅滞なくとることを約束する」と、国の義務が規定されている。具体的には、（a）「国及び地方のすべての公の当局及び機関」は、これにしたがって行動すること、（b）国は、「いかなる個人又は団体による人種差別も」後援・擁護・支持しないこと、（c）国は、国と自治体の「政策を再検討し」、レイシズムを生じさせる「いかなる法令」も改正・廃止・無効とすること、（d）「すべての適当な方法」（立法をふくむ）で、「いかなる個人、集団又は団体による人種差別も禁止し、終了させる」こと、（e）「人種間の障壁を撤廃する他の方法を奨励」すること、などが規定されている。

しかし、国が負う義務はそれだけにとどまらない。人種差別撤廃条約で特徴的なのは、第2条の第2項で、レイシズムからの保護が必要な人種・民族集団（マイノリティ）に対して、積極的差別是正措置をとることをはっきりと義務づけている点だ。民族教育権はじめマイノリティの特権については、国際人権規約の自由権規約第27条にも規定されている。

「種族的、宗教的又は言語的少数民族〔マイノリティ〕が存在する国において、当該少数民族に属する者は、その集団の他の構成員とともに自己の文化を享有し、自己の宗教を信仰しかつ実践し又は自己の言語を使用する権利を否定されない」（自由権規約第27条、〔 〕内は引用者、訳文は公定訳）

日本ではピンとこない読者が多いと思われるが、マイノリティが同じマイノリティどうしでコミュニティを形成したうえで、自己の文化を享有し、宗教を実践し、自らの言語を用いることは、正当な権利として認められている。

さて、両者の条文を比較するとわかるとおり、自由権規約では「権利を否定されない」という消極的表現にとどまっているのに対し、人種差別撤廃条約では、「特別かつ具体的な措置をとる」と積極的な義務となっている点に注目してほしい。もちろん「逆差別」や悪用を懸念した留保がついているが、日本では朝鮮学校などの民族教育権など、マイノリティの権利を積極的に保障するうえで不可欠な平等の基準を提供してくれるという重要な意義をもっている。

第三に、人種差別撤廃条約は、レイシズムと同時にレイシズム煽動を違法行為・犯罪として規定し、法規制することを締約国に義務づけている（とくに第４条）。第２章で詳しく紹介したので確認するにとどめるが、国連加盟国でグローバル・スタンダードとされる反レイシズムのモノサシが、これらを「違法・犯罪化すべき」としていることは何度でも強調しておきたい。

反ナチズムと反植民地主義が生み出した人種差別撤廃条約

人種差別撤廃条約は、六二年に作成決定が決議された後、わずか三年で作成・採択されている。この異例のスピードは、国連が同条約に「絶対的優先」を与えた結果だが、その経緯・事情を見ると、反レイシズム政策・規範づくりが国連でどれほど重大な意味をもっていたのかがわかる。岡本雅享『日本の民族差別』を手がかりにふりかえる。

当時の国連では、一九四八年の「世界人権宣言」で定めた画期的な権利規定（ホロコーストの反省をふまえ、内政不干渉の論理を破ってどの国に属す人でも国際法で守られるという原則をもった）を、法的拘束力のある条約にするため、戦後の国際人権法の主軸とみなされた「国際人権規約」の起草作業に取りくんでいた。しかし、一九五九年から六〇年に欧米で頻発した、墓荒らしをはじめとするネオナチの反ユダヤ主義レイシズムや差別煽動が世界的に問題となったことに加え、アフリカ一七カ国が独立・国連加盟した一九六〇年という「アフリカの年」を迎えた国連は、第三世界諸国からの反アパルトヘイト・反植民地主義の声を無視できず、人種差別撤廃条約の成立に「絶対的優先」を与えた。

また、反レイシズムは、国連の目的そのものに深くかかわっていた。国際連合憲章の第1条には、「国際的平和・安全を維持すること。平和に対する脅威の防止・除去……のため集団的措置をとる」「平和を破壊するにいたる恐れのある国際的紛争・事態の調整・解決を平和的手段、正義と国際法の原則に従って実現する」（1項）、「人種、性、言語、宗教による差別なく、すべての者のために人権と基本的自由を尊重するよう助長奨励する点で、国際協力を達成する」（3項）とある。

「国際的平和・安全」維持と「人種」差別撤廃が、同じ文脈で関連づけられていることがわかる。ここには、戦前に「内政不干渉」で、ナチスのホロコーストに象徴されるレイシズム・ジェノサイドを放置したことが、第二次大戦の勃発を招いた一因だという認識がある。

そしてその反省として、戦後は、どの国家に属していようと人権を平等に保障しようという発想を原則とし、「内政不干渉」を超えて、国際人権法で、あらゆる個人を人権保障の主体として認めようとする考えに国連は立った。つまり、レイシズムは「国際平和を破壊する恐れのある脅威であり、それを防ぐことは、国連の根本的な目的である世界の平和・安全の維持に不可欠であるというシビアで現実的な政治認識」（岡本前掲書、一八頁）があったのだ。

人種差別撤廃条約がうたう反レイシズムには、欧米という資本主義の中心部で起きたレイシズムだけが念頭にあったわけではない。アパルトヘイトや植民地支配などといった、グローバルな搾取を可能にしたレイシズムを否定する意味もこめられていた。植民地支配を受けていた被抑圧民族の民族自決権を認めた「植民地及びその人民に対する独立の付与に関する宣言」（一九六〇年国連決議1514）が、本条約の前文に引用されているのはそのためである。

人種差別撤廃条約は、レイシズムと差別煽動が、ジェノサイドと戦争につながるとのリアルな危機感を背景にして、国連創設の目的そのものと深く結びついたかたちで制定された反レイシズム条約だったことを強調しておきたい。欧米での反レイシズムと、アジア・アフリカ・ラテンアメリカといった第三世界の反植民地主義の力が勝ちとった成果であった。

なお、国連人種差別撤廃条約で定められた反レイシズムの規範は、六六年の成立後、継続的にアップデートされつづけている点も、また重要である。人種差別撤廃条約には、人種差別撤廃委員会が設置され、同委員会が条約締結国の反レイシズム履行状況を定期的に報告&チェックするという機能があり、これが反レイシズム規範を世界で担保するうえで重要な役割を果たしている。

人種差別撤廃委員会は、世界的なレイシズムの動向を受けて、条約解釈の基準などを提示する一般的勧告を1から35まで出してきた。二〇一三年に出た最新の勧告35は、「ヘイトスピーチと闘う」と題され、人種差別撤廃条約そのものがヘイトスピーチと闘うことを強く念頭においたものであること、ヘイトスピーチと闘うためには、あらゆる方法が必要なことがうたわれている。

人種差別撤廃条約は、このような経緯から、差別と差別煽動を同じ文脈で等しく規制するというやり方をとっている。

ところが次で見るドイツ型と米国型はそうではない。図式的に言えば、ドイツ型は差別煽動を規制するが差別禁止法をつくらず、逆に米国型は差別禁止法をつくるがヘイトスピーチを擁護した。

2 ドイツ型反レイシズム

ＥＵ人権条約違反だとの指摘をうけて二〇〇六年に差別禁止法をつくるまで、じつはドイツには一般的な反レイシズム法がなかった。これは反レイシズム立法を基礎とする国連・欧州型とは大きく異なる。ここには、ドイツは一九九九年まで血統主義的国籍法をもつ「エスニック・ネーション」だったという事情が大きく作用していると言われており、見ようによっては日本とよく似ている。

しかし日本と決定的にちがうのは、ドイツが法でレイシズムを規定せずとも、事実上の反レイシズム政策をつくってきた点だ。ドイツは第一に、ヘイトスピーチ規制（差別煽動規制）については、過去のナチスとの「本質的類似性」をモノサシにして、具体的な法の適用・執行の局面で規制してきた。

第二に、ヘイトスピーチ規制を単独で行ったのでは決してなく、ナチス処罰、反歴史否定のための歴史研究・教育改革などのトータルな「過去の克服」の一環として、反レイシズム政策・規範をつくりあげてきた。ドイツの事例は、法律がないから何もできないという言い訳を日本に許さない有力な反証となる。

ドイツは、戦後かなり早い時期の一九六〇年に、ヘイトスピーチ規制のための刑法改正を行っている。反ユダヤ主義的な煽動活動を抑えるため、「階級煽動罪」を改正した「民衆煽動罪」を導入した。

「公の平穏を害するのに適した方法で、他人の人間的尊厳〔人間の尊厳〕を

1　住民の一部に対する憎悪を挑発すること

2　これに対する暴力的措置もしくは恣意的措置を煽動すること、または、

3　これを中傷し、悪意で侮蔑し、もしくは不実の誹謗をすることによって侵害した者は、

三月以上五年以下の自由刑〔拘禁刑〕に処する」

（民衆煽動罪・第130条、部落解放研究所編『世界はいま』一五一〜一五二頁より、〔　〕内は引用者）

右の民衆煽動罪では、法規制の対象となる煽動が「住民の一部に対する」ものとされている。じつは、元の法案では、「国民的、人種的、宗教的なグループ、または民族性によって規定されたグループ」と、人種差別撤廃条約型に近いものだった。だが、法案審議の過程で「人種」という文言がナチスを想起させるという批判が提起され、右の規定に変わったという経緯がある。

「過去の克服」

右のヘイトスピーチ法規制をふくむドイツの「過去の克服」とは何か。それは過去の「ナチ・ドイツの暴力支配がもたらしたおぞましい帰結に対する戦後ドイツのさまざまな取りくみを総称する言葉」である。具体的には、①ナチ不法（旧ナチスによる不法行為）の被害者に対する補償、②ナチ体制

下の犯罪に対する司法訴追、③ネオナチの規制、④現代史重視の歴史教育など政策・制度面での実践と、「これらを支える精神的、文化的活動の総体を意味」する（石田勇治『過去の克服』白水社、七頁。以下「」内の引用は同書による）。

先の民衆煽動罪が「過去の克服」の、それも③の一部にすぎないことは明白だ。

「過去の克服」は、「反プロイセン・反ナチズム・反共産主義」をかかげた西ドイツ初代首相アデナウアー政権（一九四九年〜六五年）のもとですすめられた。だが、経済成長率一〇％を記録した「経済の奇跡」のもとで、対外的な主権回復と国内社会統合を目ざした同政権は、反ナチをかかげながらも「実際の国家再建にあたっては旧ナチ派の復権と統合」をはかった。旧ナチ時代に対する「根本的反省」を欠いたままのアデナウアーの「二重政策」は、やがて規範と現実のギャップを露呈」させた。露見したギャップについて、ドイツ現代史の専門家である石田勇治は、「一九五〇年代後半の西ドイツでは、社会のさまざまな場でナチズムと反ユダヤ主義にまつわる事件が頻発し、スキャンダルとなって国内外のメディアを賑わした」（同前、一四一頁）という。

石田の『過去の克服』では、象徴的事件としてツィント事件が紹介されている。

南ドイツ・バーデン州の地方都市オッフェンブルグの高校教師であるツィントは、ナチ時代にユダヤ人大虐殺に関わった親衛隊保安部（ＳＤ）という経歴のもち主だった。一九五七年四月、彼は酒場で知り合いになったユダヤ人が強制収容所にいたことを知ると、「ナチがガスで殺害したユダヤ人はあまりに少なすぎた（もっと殺すべきだった）」とののしった。被害男性は彼の懲戒処分を要求したが、ツィントは校長とその男性の前で「自分が反ユダヤ主義者であることを隠そうとせず、また校長もツィントの処分の必要性を認めなかった」。

このことを『デァ・シュピーゲル』誌（一九五七年一二月一八日号）が取りあげると、学校だけでなく、教育行政、ユダヤ人団体、教員組合、政党、州議会を巻きこんだ一大スキャンダルに発展した。バーデン州議会は、ツィントの懲戒処分を迅速に行うことと、その訴追を要求した。

一九五八年四月、裁判で被告ツィントは、検察が提示した反ユダヤ主義的暴言を認めたうえで、「ナチによるユダヤ人迫害は必要だった」と持論をくりかえした。裁判所から帰る被告周囲には「着飾った地方の名士が集まり、支援の声を発していた」。

結局、裁判所はツィントを名誉棄損と「死者の記憶にたいする冒涜罪」で一年の刑期とした。判決文は、「ツィントをネオナチや極右を勢いづかせる「精神的な放火犯」と断定し、「ドイツ国民はこの事件で声望を失った」と記した」。石田は言う。

「ツィントの事件は決して珍しいケースではなかった」「西ドイツの地域社会には無数の「ツィント」がいた」（同前、一四二頁）

これらの事件は第一に、反ユダヤ主義者を刺激し、勢いづかせた。第二に、「戦後のドイツ社会が背負ったナチズムの「負の遺産」が十分清算されていないことを示した。

このような事件が契機となって、ドイツ国内で反レイシズム・反ユダヤ主義の公的規範を市民社会に根づかせる動きが、市民の立場からつくられていった。

一九五九年のクリスマスから六〇年二月までに、ユダヤ人墓地荒らし事件が八三三件も起きるという異常事態をうけ、連邦議会は反ユダヤ主義事件を議題にした。だが、政府の姿勢は消極的だった。内相ゲアハルト・シュレーダー（キリスト教民主同盟）は、「一連の事件の背後には東ドイツの影」があると言い、「負の遺産」にかかわる歴史教育は、「生徒の親がそれをのぞまないから」との理由で難しいと釈明した。

反レイシズム規範をつくる動きは、「むしろ社会内部の自発的なイニシアティヴによるものであった」のであり、「連邦よりも州・自治体のレヴェルから、指導的政治家というよりも無名の自覚的市民が新しい流れをつくっていった」（同前、一四五頁）のだった。そうして教育・司法・刑法の三つの改革が行われた。

従来学校では、「七月二〇日事件」（ヒットラー暗殺未遂・クーデター未遂事件）や、「白バラ抵抗運動」などは教えても、加害の歴史はほとんど教えてこなかったが、専門の教育関係者による「教育と学校のためのドイツ委員会」が中心となって、常設全国文相会議（各州文相の調整連絡会議）を動かし、「学校教育における現代史重視の方針が打ち出された」。教員のあいだでも、歴史教育への機運が高まったという。

第二は司法改革である。一九五八年には南ドイツ・ルートヴィヒスブルクに「ナチ犯罪究明のための州司法行政中央本部」（ナチ追及センター）が設置され、それによって六〇年代には、アウシュヴィッツ裁判など「ドイツ司法による大規模なナチ裁判が開かれ、おびただしい数の証言と資料によってホロコーストの細部が明らかになった」（同前、一四六頁）。

そして第三が、規範の強化を目指す刑法の改正である。先に触れた一九六〇年の刑法改正による民衆煽動罪創設がこれにあたる。

旧ナチス／過去というモノサシ

前述のとおり、民衆煽動罪では「一部の住民に対する」憎悪煽動が処罰対象となる。それは「人間の尊厳を攻撃」した場合にのみ有罪とされるのだが、レイシズム禁止規定はない。しかしドイツがユニークなのは、この法の執行過程において、具体的にナチスとの連続性・類似性を基準として採用することで、事実上ネオナチなどのレイシストを規制し、反レイシズム規範をつくってきたことだ（以下、櫻庭聡「刑法における表現の自由」、『ヘイト・スピーチの法的研究』より）。

たとえば一九六七年、ドイツ連邦通常裁判所は、市議会選挙期間中に候補者ポスターに「ユダヤ人」と書かれたテープを貼り、ポスター文章を「ハンブルクはそのユダヤ人を選出する」と改変した事件について、「被告人はユダヤ人住民の一部に対する憎悪をかきたてた。改変されたポスターの文章は、公衆に対する特定の、知覚可能な思想表明である」として、刑法第１３０条（民衆煽動罪）第１号の要件に事件が該当すると判示した。

注目すべきは、判決が、「ここでも、ユダヤ人同胞を公的生活から排除する同様の要求が、最終的には数百万の人間の虐殺という帰結を伴ったナチス国家におけるユダヤ人迫害を導いた点を顧慮せねばならない」（一九六七年一一月一五日ドイツ連邦通常裁判所判示、櫻庭前掲論文、一一七頁）と書いている点だ。まさしく「裁判所が過去のナチス期におけるプロパガンダとの類縁性を具体的な判断材料としている」（同一一六頁）のである。それは学説でも、「人間の尊厳への攻撃」の要件解釈で、「当該主張が明らかにナチスのスローガンに遡及し、そのことがナチスによるヨーロッパのユダヤ人虐殺を連想させるものであるか否かが重要な判断基準にされているとの指摘がある」（同一一七頁）という。

このようにドイツでは、法規制すべき極右／レイシズム／歴史否定／ヘイトスピーチであるかどうかを判断するモノサシとして「過去」が用いられており、これはのちに公的規範となった。

ただし、このように「過去」を反レイシズムのモノサシにするには、「過去」が十分に真相究明され、その史実が社会的に周知されるという条件が必要となる。

櫻庭は、「ドイツ民衆扇動罪についていえば、一九六〇年の制定時は、ホロコーストの実態解明、教育改革等による、刑事規制以外の広範な「過去の克服」政策の一環として行われた、言わば「三位一体型立法」「社会的基盤を伴う立法」であった」（同一一七頁）という。そして、右のようなアプローチには、その前提として、「当該差別に関する歴史および実態が大規模な調査研究等を通じて社会的に認知されている必要」があり、「翻って、差別に関する大規模な実態解明等が必ずしも進んでいない国家では、そもそもこのようなアプローチが想起されにくい」と指摘している。

櫻庭は、日本のアジア侵略・植民地支配に対する戦後補償（とくに真相究明と事実の認定・歴史教育）の不十分さが、反レイシズム規範の不成立につながっていることを的確に言いあらわした。

京都朝鮮学校襲撃事件では、検察が犯人をなかなか起訴しようとしなかったが、問題は、名誉棄損で起訴することを最後までしぶり、あくまで侮辱罪での起訴に検察がこだわったことだ。その理由の一つと考えられているのが、ヘイトスピーチの中身だった。犯人らが日本の朝鮮植民地支配と戦後の在日コリアンに関する歴史否定発言を行っていたため、もし名誉棄損で起訴すれば、それらの発言に「真実性」があるか否かを判断しなければならなくなる（中村一成『ルポ京都朝鮮学校襲撃事件』一六二頁）。しかし戦後日本は、それら「過去」へのジャッジメント（裁き・判断）がまったく不十分であるがゆえに、警察としても、そうしたジャッジメントがともなう起訴は何としても避けたかったのだろう。この点はドイツと正反対と言ってよい。このちがいはどこからきたのだろうか。

反ナチ規範の国際的背景

ドイツの反ナチ規範の形成は、戦後欧州の冷戦構造の形成と深くかかわっている。まず、旧ソ連封じこめのためのＥＣ（現ＥＵ）と、ＮＡＴＯという多国間安全保障体制の形成があげられる。また経済的にも、欧米の資本主義諸国が、二度の世界大戦を余儀なくした植民地の奪いあいによるブロック経済（宗主国と植民地の経済圏）を見直し、米ドルを基軸通貨とした単一のグローバル世界市場の形成をすすめていた。このような環境によって、西独は「旧敵」フランスとの「和解」を迫られた。

また、同じ資本主義陣営であるイスラエルとの友好関係を強いられたこと、さらに、他方の分断国家である東独と、反ナチの優位をめぐっての競合関係におかれたこと、などがあげられる。

これに対し同じ旧枢軸国の敗戦国日本は、次の点で対照的な国際関係におかれることになった。

第一に東アジアでは、同じソ連封じこめの反共主義であっても、ＥＵのような「東アジア共同体」や、ＮＡＴＯのような多国間安全保障体制が形成されず、米国をハブとした日米安保条約など二国間安全保障体制の「足し算」（米韓・米台・米フィリピン……）というかたちをとった。

第二に、かつて日本が侵略した国のなかでも、中国や北朝鮮、ベトナムなどは同じ資本主義陣営ではなく、共産主義陣営だったため、被害国と友好関係を結ぶことを迫られなかった。

そして第三に、日本は米国単独占領となって東西分断をまぬがれたため、戦後責任をめぐって東西ドイツのような競合関係におかれることがなく、逆に朝鮮半島が決定的な南北分断・敵対関係におかれ、被害国側がたがいに対日関係上の優位をめぐって競合しあった。その結果日本は、驚くほど戦後責任を外交的に問われずにすんだ。

まったく対照的な側面をもった欧州と東アジアの冷戦構造こそが、両地域での「過去の克服」をめぐる公的規範のあり方の差異をも決定づけた。

ただし、ドイツの「過去の克服」は、国際的条件から「自然」に生まれたものでも、何かの「規定方針にそってすすめられた政策」でもない。たとえば、ナチスの戦争犯罪に対する刑法の時効適用についても、民衆煽動罪が制定された一九六〇年以降、「『もうそろそろ終わりにしよう』とする世論と、『続けることが大切だ』とする世論の激しいせめぎ合い」をともなう四度の「時効論争」を経て、一九七九年にようやく時効撤廃が決定されたという。

ドイツの「過去の克服」は、「時々の多様な政治的・社会的・道義的な要請や外国からの批判に対応してきた結果の集積」なのである（以上、石田勇治『20世紀ドイツ史』白水社、一九二頁）。

ドイツのその後のアップデート

国連・欧州型と同様、ドイツでも反レイシズム規範はアップデートされていった。そしてこれもまた、「過去の克服」政策のアップデートとともにすすめられてきた。

なかでも、世界的な学生反乱と「新しい社会運動」の起点として記憶されている「一九六八年」以降のドイツの学生運動が果たした役割は重要である。

ドイツでは、学生運動のなかで、自らの親の世代がナチス時代に体制とどう折りあいをつけていたのかが「一般家庭でも重要な議論のテーマ」となり、「ナチ時代を経験した親の世代に対する若者の批判が、いっそう徹底したものとなっていった」（井関正久『ドイツを変えた68年運動』白水社、一二三頁）。それまで問われてきた直接の旧ナチ関係者の責任に加え、それ以外の「国民」も、ナチやレイシズムとどう向きあってきたかが問われはじめた。

民衆煽動罪は継続的に改正されたが、注目すべきは、一九九四年にホロコースト否定罪をつけ加えたことだろう。いわゆる「アウシュヴィッツの嘘」は、法規制の対象として明文化された。二〇〇六年にようやくドイツは差別禁止法を制定したが、最近では、二〇一五年一〇月、シリア難民へのヘイトスピーチを削除しなかったフェイスブック社に対して、ドイツ司法省が同社を捜査した。そして翌二〇一六年一月にはフェイスブック社が、SNS上でのヘイトスピーチに反対する欧州規模での取りくみを開始している。これは、ドイツでの反レイシズムが、インターネット上での規制や難民攻撃という問題に対処しようとしていることを示すものだ。

ドイツの事例は、侵略戦争やジェノサイドに関する歴史のジャッジメントが、反レイシズムにとっていかに重要な位置を占めるかを教えてくれる。ドイツの学生運動は、「抗議運動の根底に」大学・家庭での「過去」をめぐる議論があるという点で他国と明らかに異なった（井関前掲書）ことも、戦後日本の社会運動を考えるうえで示唆に富む。

戦後責任が社会的に問われないまま、海軍主計将校としてインドネシアで慰安所を設置したことさえある中曽根康弘が首相をつとめた戦後日本社会とは、反レイシズム・反歴史否定という規範形成という点でまったく異なることは明白だ。九〇歳の高齢者であろうと、ドイツはナチ残党を監視・逮捕・処罰しつづけているが、日本は、中曽根ら戦争犯罪人をなんら処罰しようとしない。彼らが、元日本軍「慰安婦」へのヘイトスピーチや歴史否定をくりかえしたとしても、ほとんど問題にならない。むしろ「よく言った」などと大っぴらに喝さいを浴びさえする。

3　米国型反レイシズム

黒人奴隷制に由来する強力なレイシズム

米国（アメリカ合衆国）の歴史は、英国による「入植」当時から黒人奴隷制とともにあった。黒人奴隷をほかの財産と同じく文字どおり所有することが合法化されていた。とくに一九世紀に米国の産業を支えた南部のプランテーションは、黒人奴隷制度の残酷な搾取によって成り立っていた。七年の労働で黒人の生命を「消費」するよう計算されていたという。

奴隷制によって安く大量に生産された綿花やサトウキビは、当時「世界の工場」として隆盛しつつあった英国の製造業の土台でもあった。いまで言う「グローバルな資本主義」の基礎だった。

米国の南北戦争（一八六一～六五年）が、奴隷制維持と廃止をめぐって戦われたことは周知のとおりだ。北部が勝利し、奴隷制は公的に廃止された。ところが、人種の平等を達成しようとする連邦議会の試みは、一八六六年から七五年にかけて初期の公民権法を次々に制定させたものの、一八八三年にそれらは無効化された。公民権裁判における最高裁判決の結果である、「公共施設において黒人への差別を禁じることは、憲法が保障する私的および個人的権利と自由に対して制約を課すことになるという根拠」（エリック・ブライシュ『ヘイトスピーチ』一九六頁）によってである。

こうして「分離すれど平等」と称される原則にもとづいた黒人の法的隔離が生まれることとなった。

それは、所有権・商売の自由によって強力に擁護された。

法的隔離は、とくに米国南部で深刻だった。一九二九年に生まれた、のちに有名な公民権運動の指導者となるキング牧師は、近所の仲の良い白人の友人とは別の学校に通わねばならなかった。まもなく白人の友人から「パパが、もうきみと遊んじゃだめだっていうんだ」と絶交を言いわたされる（辻内鏡人・中條献『キング牧師』岩波ジュニア新書、一五頁）。南北戦争後七〇年以上もたっていたにもかかわらず、当時はあらゆる社会生活において法的隔離を強いられていた。

黒人は投票権がはく奪され、裁判でも陪審員になれず、警察官にもなれなかった。学校・教会・アパート・墓地・ホテル・レストラン・劇場・映画館・理髪店・デパート・公園から、バス座席・鉄道車両・待合室・水飲み場まで、「およそありとあらゆるところが、白人用と黒人用とにはっきりと分けられてい」たし、「そのような差別は、州の法律や都市の条例といった正式の法規によって定められていた」（前掲『キング牧師』一六頁）。黒人と白人が握手したり、一緒に食事することすらルール違反だと考えられていた。とくに南部では、黒人へのリンチや放火、果ては殺人までのレイシズム暴力が吹き荒れていた。それはとくにレイシズムに反対する者に向けられた。

一八七七年から一九五〇年までのあいだに、およそ四〇〇〇名の黒人がレイシズム暴力によって殺害されていることが、アラバマ州の人権団体「公正な裁きのイニシアチブ（Equal Justice Initiative）」の最近の調査で判明したという（AFP記事二〇一五年二月一二日電子版。以下も同記事を参考にした）。週に平均一人以上は殺されている状況が、七三年間もつづいていた計算になる。しかも、リンチ（私刑）のうち二割が、数百あるいは数千人の白人がいる前での「公開行事」だったという。「『観衆』はピクニックをし、レモネードやウイスキーを飲みながら、犠牲者が拷問され、体の一部を切断されるのを眺め、遺体の各部が「手土産」として配られることもあったという」（同記事）。その「観衆」のなかには選挙で選出された公務員もいたという。

レイシズム暴力がさながら「公開処刑」のかたちをとっていた一例は次のとおりだ。

「一九〇四年にはミシシッピ州ダッズビルで、黒人男性ルーサー・ホルバートが、白人の地主を殺害したとして、妻とされる黒人女性と一緒に数百人の前でリンチされた。二人は木に縛り付けられて指を切断され、暴漢たちはその指を配った。ホルバートは耳も切り落とされ、頭蓋骨が砕けるまで殴打された。さらに暴漢たちは大きなコルク栓抜きで二人の体に穴を開け、肉の塊を取り出したという」（同記事）

また殺害された約四〇〇〇名のうち、禁じられた投票や「黒人の地位向上を訴え」たり、さらには「歩道で脇に寄らなかった、白人の女性にぶつかった、といったもっと些細な規則違反」が理由とされた人が数百名にのぼるという。そして当時、黒人をリンチで殺害したことで「有罪となった白人は一人もいない」という。

「公正な裁きのイニシアチブ」は、「現代の人種差別や刑事司法における問題は、米国の暴力の過去に根差すものだと指摘している」が、そのとおりだろう。レイシズムは、当該国・地域の具体的な歴史的・社会的条件によって生み出されるものだからだ。

強力な反レイシズム法としての一九六四年公民権法

黒人奴隷制時代から根深く米国社会を侵してきたレイシズムに抗するため、米国の黒人たちは公民権運動に立ちあがり、その結果、画期的な一九六四年公民権法が勝ちとられたことはよく知られている。「公民権」という名が冠されるためか、日本では投票権の法律と考えられがちだが、同法は、包括的で強力なレイシズム禁止法だ。それは次の長大な正式名称によく表れている。

「憲法上の投票権を実効あらしめ、公共施設における差別に対する差し止め救済を与えるため合衆国地方裁判所に裁判権を付与し、公有施設、公立教育における憲法上の権利を保護するために訴訟を提起する権限を司法長官に授権し、公民権委員会を拡大し、連邦援助プログラムにおける差別を防止し、雇用機会均等委員会を設置し、その他の目的のための法律」

（前掲『世界はいま』五八〜五九頁）

同法は全部で一一の法律（編）から構成されている。その内容を列挙すると、投票権の差別禁止、ホテル・レストラン・ガソリンスタンドなど民間施設をふくむ公共施設での人種隔離の廃止、公立学校での人種隔離と差別撤廃、連邦政府と契約する公共事業での差別撤廃、そしてとくに重要な意味をもつ、雇用における差別撤廃とアファーマティブ・アクション（積極的差別是正措置）などだ。

この六四年公民権法は、人種差別撤廃条約（六五年）や、欧州各国の反レイシズム法（英国の人種関係法〔六五年〕、フランスの人種差別禁止法〔七二年〕）などに先んじる先駆的なものだった。

ヘイトスピーチを「保護」する特殊な文脈――「行為」／「言論」の特殊な二分法

同法が禁止するレイシズムの定義は、すでに見た人種差別撤廃条約型と同じ、グループに対する不平等である。だが、差別と差別煽動をともに規制する同条約型と決定的に異なるのは、レイシズムのうち、差別発言に関しては「言論の自由」によって「保護」する点だ。前述のドイツ型とも異なる。

米国型反レイシズムのモノサシは、擁護すべき「言論」を救うために、レイシズムを特殊米国流のやり方で、「行為」／「言論」に二分してきた。もしも、差別が「行為」に当たるならば、法規制の対象となり、「言論」にとどまるのであれば擁護すべき、とされた。この特殊な二分法のもとでは、行為を煽る言論という意味での「煽動」カテゴリは、そもそも成立しにくい。この米国流二分法は、のちに「ヘイトスピーチ」という用語が生まれる特殊な土壌となっている。

六〇年代米国で差別発言が擁護されるようになった背景について、『ヘイトスピーチ』（原題は「レイシストになる自由？ Freedom to be racist?」）を書いたエリック・ブライシュは二つあげている。

第一は、集団に対する名誉棄損法（二〇世紀前半に制定され最大で八つの州で成立していた、人種や宗教などグループへの差別発言規制法）が、ユダヤ系コミュニティの支持を失ったことである。その理由は、言論の自由を国が弾圧する危険に加え、当時のユダヤ系知識人が、米国でのネオナチを欧州のそれとは異なり実社会に根づいていないものと考え、「脅威というよりはむしろ苛立たしい厄介者」とみなしはじめていたためという。

第二は、ユダヤ系コミュニティのみならず、六〇年代の公民権運動やベトナム反戦運動も同じ結論に達したことだ。集団に対する名誉棄損法などのヘイトスピーチ規制は、もちろん黒人などマイノリティにとってプラスだったはずだが、実際には当時「白人至上主義の法に抗するために、彼らは広く開かれた言論を許容する法を必要としていたのである」（以上『ヘイトスピーチ』一三四〜一三五頁）。

その背景には、米国の強力な国家権力の弾圧から反レイシズム運動や反戦運動を擁護する切実な要請があった。ブライシュによれば「ヨーロッパ諸国においては、反レイシズム法はマイノリティおよびその支持者から社会的、政治的支持を受けていた。これに対して一九六〇年代と七〇年代のアメリカにおいては、そうした支持を生み出すような潜在的資源はまったく存在しなかった」という（同前、一三六頁)。それゆえ米国では他ならぬマイノリティ自身(とベトナム反戦運動家など)が「自分の主張を最も強い言葉遣いで、逮捕のおそれなく表現できることを望んだ」(同前、一三六頁)。この背景には国家による厳しい弾圧のリスクがあったことがあげられる。

実際、公民権法の制定後になるが、FBIは急進的な黒人解放運動で知られるブラック・パンサー党に黒人スパイを送りこみ、警察とともに各地の党支部を襲撃し、七〇年には同党を壊滅状態に追いこんでいる。六九年のシカゴでは、スパイ情報をもとに、真夜中に支部を襲った警官が内部に入って警告もなしに一斉射撃を加え、若い指導者フレッド・ハンプトンを惨殺した。そして記者会見でFBIは、建物内部からの銃撃に対しての反撃だったと公然と嘘をついた。のちに連邦政府の調査でさえ、ブラック・パンサー党は「アメリカ史上、もっとも激しい弾圧を受けた組織だ」と結論づけている(前掲『キング牧師』一六六頁)。

そうしたことに加えて、ときに激烈な表現を使ってでも自らの権利・アイデンティティを表明することは、黒人はじめマイノリティのエンパワメントにとって重要だと考えられていた。たとえば、マスコミから一般の白人までが「人種的憎悪をふりまく暴力主義者」(同前、一三一頁)と決めつけた黒人解放運動指導者マルコムXが、とくに初期は白人を「悪魔」と表現したり、非暴力主義を否定し、白人への「同化」を拒否し、過激な言葉を用いて演説をしたのには理由があった。それは、リンチ殺人おかまいなしの激烈なレイシズムのなかで打ちひしがれていた黒人が、自分たちの歴史と社会的価値を肯定し、レイシズムに抗するための主体を形成するために決定的に重要だと考えたからだ(酒井隆史『暴力の哲学』河出書房新社、五四〜五五頁参照)。

酒井によれば「マルコムは深く深く黒人の内側に折り重ねられている自己憎悪こそが、ブラック・

コミュニティの無力の原因であり、人々をして抑圧者に対し、自ら跪《ひざまず》かせ隷属させてしまう源泉だと考え」たのであり、彼が「白人社会に対する敵対をあらわにするとき、それはまず黒人たちからこの自己憎悪を解除させることにあった」という（同前）。

六四年公民権法が強力な積極的差別是正措置をとっていたのは、このような経緯のなかでだった。同法を成立させたジョンソン大統領は、翌年ハワード大での演説で次のように語っている。

「長年、鎖に繋がれていた人を解放し、競走のスタートラインに連れていき、「さあ、おまえは自由だ、だれと競走してもよい」などということはできない」

「足枷をはずすことで「平等の機会」がもどったといえるかもしれない。しかし、四〇ヤード先に走者がいるのだ。足枷をつけていた走者を四〇ヤード進ませるのが公正というものではないのか。これが平等に向けてのアファーマティブ・アクションであろう」（上坂昇『アメリカ黒人のジレンマ』明石書店、七七〜七八頁）

彼は機会の平等だけでなく、「結果の平等」の重要性を説いた。これは当時極めて先駆的な政策で、のちに欧州でつくられる「ポジティブ・アクション」の原形となった。

このような、国家権力によるマイノリティの弾圧に抵抗し、マイノリティの言論の自由を徹底的に擁護するという特殊な文脈から、米国では「行為」／「言論」の二分法を必要とする反レイシズム規範が形成された。そしてそれは、強力なマイノリティの権利擁護をともなっていたのである。

米国のその後のアップデート

米国型反レイシズムのモノサシもアップデートされていった。米国では公民権法の影響によって、

第3章で見た（戦後日本の入管令〔五一年〕のひな型となった）反共主義の移民国籍法が六五年に大きく改正され、人種別の割り当てが廃止された。その結果、アジアや南米からの移住労働者が急増し、米国の人口構成を大きく変容させる。そして公民権運動は、黒人以外の新旧マイノリティにも決定的な影響をおよぼし、多様でラディカルな反差別運動が展開された。

八〇年代から九〇年代のあいだに、エスニシティや宗教、ジェンダー・セクシュアリティにもとづいたマイノリティグループが、「偏見に動機づけられた犯罪への関心」を増加させ、共闘し、「自らの関心を明確化する強力な語として「ヘイトクライム」という言葉を用いるように」なった（前掲『ヘイトスピーチ』二〇三頁）。「ヘイトクライム」とは、差別に動機づけられた暴力のことだが、そうでない通常の暴力よりも重罰化すべき犯罪という意味がこめられた、新しい概念だった。

この「ヘイトクライム」という言葉も、前述の特殊米国的な、「行為」／「言論」の二分法を背景としており、差別「行為」の厳罰化として議論された。そして、これと対をなすかたちで新しくつくられたもう一つの概念が、「ヘイトスピーチ」だった。

「ヘイトスピーチ」は、「行為」／「言論」の二分法を背景としたうえで、後者の「言論」に当たる差別のうち、深刻なものについての犯罪化や対処を求めたり、あるいはその二分法そのものに異議を唱えるマイノリティ知識人から提起された概念である。たとえば、マイノリティであるリチャード・ローレンス三世は、「レイシズムは一〇〇%言論であるとともに、一〇〇%行為でもある」と主張する（『ヘイトスピーチ』一九二頁）。

ヘイトクライムのほうはその後、九〇年に連邦レベルでヘイトクライム法に結実し、いまも改正されつづけている。だが、「ヘイトスピーチ」は、いまだ法規制の対象となっていない。

ヘイトスピーチとは、法規制推進派からすれば「言論」でなく「行為」であり、その反対派・消極派からすれば「言論」である。重要なことは、ヘイトスピーチという概念が、米国型反レイシズムのモノサシをアップデートしようとする文脈・実践のなかで生まれ、議論されている多義的な概念であるということだ。

ヘイトスピーチが擁護されていると言っても、それは、反レイシズム政策・規範形成に市民が無関心だということを意味しない。ミズーリ州ファーガソンで警官によって黒人が射殺された事件（二〇一四年）がニュースになるや、それに抗議するデモがたちどころに万単位で組織されたことからもそれはうかがえる。さらにジェノサイド煽動は明確に法規制されているため、「ヘイトスピーチが擁護されている」と留保なしに言えるわけでもない。

もう一つの重要な「例外」は職場である。職場での差別発言の禁止を闘いとる過程で概念化されたのが、あのセクシャル・ハラスメントだった。公民権法は、レイシズムだけでなく、性や年齢などの雇用における差別も禁止し、さらに、全米雇用平等委員会（ＥＥＣＯ）が結成され、雇用差別禁止のための被害調査や訴訟が行えるようになった。そのようななかで、職場での言動をふくむ性差別を七〇年代以降に女性たちが闘ったことで、セクハラという概念が明確になっていった。

日本でヘイトスピーチ／ヘイトクライムという言葉を用いるときは、このような米国の特殊な文脈のなかで生まれた概念であることに注意が必要だ。

4　欧米先進諸国の反レイシズムと日本の現状

◆欧米先進諸国の反レイシズムの共通点――反レイシズム1.0と2.0

人種差別撤廃条約型・ドイツ型・米国型の反レイシズム政策をまとめたものが表４である。三つのタイプのモノサシは、大きく二つの共通性をもっていることがわかる。

第一に、欧米先進諸国では一九六〇年～七〇年代を通じて、のちにその国で基礎となる反レイシズム政策（立法をふくむ、以下同）がつくられていることだ。本書では、この基本となる反レイシズム政策・規範のことを「反レイシズム1.0」とする。

そして第二に、どの国でも基本となる反レイシズム政策（反レイシズム1.0）が制定された後も、法改正をはじめさまざまな方法で反レイシズム規範がアップデートされつづけていることだ。

吉川愛子は、七〇年代から九〇年代の「ヨーロッパ諸国における反人種差別法、及びその履行に関する各種改正」を次のようにまとめている（前掲岡本編『日本の民族差別』）。人種差別禁止の対象となる行為の拡大（とくに雇用関係）、専門機関の設置、人種差別に関する苦情・申し立てなどの報告システムの強化、差別への罰則の強化、法的手段への障壁の除去（法的扶助、立証義務の軽減）、ポジティブ・アクション（積極的差別是正措置）の義務、立証責任の転換、人種差別撤廃に向けた啓発活動、人種差別の現状を把握するための継続した調査（情報収集）である。

本書ではこれらを「反レイシズム2.0」とする。欧米における現在の反レイシズム2.0は、基本的に右のような政策を前提とし、また改良・克服しようとするものだ。

日本は右のようなアップデートはおろか、基本となる反レイシズム政策がいまだゼロである（二〇一六年五月一日現在）。日本の状況を本書では「反レイシズムゼロ」とする。

◆欧米先進諸国の反レイシズム2.0が直面する課題

欧米先進諸国の反レイシズム2.0がいま抱えている課題は何だろうか。①ムスリム差別、②植民地主義、③難民への対処（国籍と入管法・国境管理）、④資本主義、の四点に絞って、簡単に確認したい。世界の反レイシズムは、政策・規範をどれほど強化しても解決が困難な局面に直面していることに注意してほしい。

①ムスリム差別

欧米先進諸国の反レイシズムには、じつはダブルスタンダードがある。歴史的文脈から、反レイシズム1.0も2.0も、基本的には反ユダヤ主義への対抗、あるいは米国では黒人差別に向けられたものだった。そのため、それ以外のマイノリティへのレイシズムは、反レイシズムの「例外」、あるいは「ぬけ穴」として見すごされがちだった。いまもっとも深刻な例は、イスラモフォビア（イスラム教やイスラム教徒に対する憎悪、偏見）だろう。とくに二〇〇一年の〈9・11〉以降、米国ほか先進国が開始

【表４】 先進諸国反レイシズム政策比較

反レイシズム	米国型	欧州・国連型			ドイツ型	日本型
		英国	フランス	国連		
ゼロ						レイシズムが見えない(差別と区別が未区分)
1.0	1964年公民権法	1965年人種関係法	1972年法	1965年人種差別撤廃条約	1960年民衆煽動罪(刑法改正)ナチ訴追、歴史教育	なし※
2.0	同法改正、68年連邦保護法(KKK法)、90年ヘイトクライム統計法、94年ヘイトクライム判決強化法他	同法改正(68、76、00、03年等)、86年公共秩序法他	同法改正(75、83、89、90、02年他)、90年ゲソ法他	一般的勧告1～35他	同法改正(85年他)、94年ホロコースト否定罪追加他、ナチ訴追、歴史教育	なし

〔※は特に在日コリアンに関してである。たとえば被差別部落問題に関しては、1969年に同和対策事業特別措置法が時限立法として制定されている。著者作成〕

した「対テロ戦争」遂行にともない、先進諸国各国で、ムスリムへのレイシズムが強力に煽動された。フランスの例を取りあげる。

二〇一五年に、風刺誌『シャルリ・エブド』がムハンマドを漫画に描き、ムスリムへのヘイトスピーチを行った（ムスリムの激怒を買い襲撃事件の引き金となった）ことは記憶に新しい。じつは『シャルリ・エブド』は過去にも、二〇〇六年ベルギーの『ユランズ・ポステン』誌が同じくムハンマドを描きムスリムを嘲笑した直後に、ムハンマドを描いた風刺画を掲載していた。これに対しフランスの反レイシズム法を活用したアラブ系団体が訴訟を起こしたが、三件とも敗訴している。これが反ユダヤの記事であればちがっただろうと言われているが、もし、この当時に反レイシズム規制としてムスリムへのヘイトスピーチを抑制できていたら、と考えざるをえない。

もう一つ重要な問題として、二〇〇四年からフランスではじまった、学校でのスカーフ着用禁止がある。これによってムスリムの女性が宗教的な理由からスカーフやブルカを着用することが違法化されたため、イスラムの宗教を実践し文化を享有することが妨げられるという意味で、これはレイシズムであると言える。だが問題は、この禁止規定が、公的にはレイシズム政策ではなく、共和主義のライシテ（政教分離）の原則に則ったものという建前（学校ではどのような宗教からも中立であるべき）をとっているということだ。

フランスでは、反ユダヤ主義に対しては反レイシズム規範があるが、ムスリムについては、「ライシテ」に偽装されたレイシズム政策がまかり通っていると言える。

②植民地主義

第二に、植民地主義の問題がある。植民地主義を定義するのは難しいが、辞書には「植民地を獲得し、拡大しようとし、あるいは維持しようとする政策あるいは支配の方法、またはそれを支える思想」（日本大百科全書）とある。狭い意味では、植民地主義とは他民族支配や植民地支配を正当化する方法・イデオロギーと言える。日本軍「慰安婦」制度や在日コリアンについて言えば、日本でまん延する歴史否定のイデオロギーが植民地主義でもあることはわかるだろう。欧米先進諸国でも同じである。

欧米では、自らが過去に侵略・植民地支配したアフリカや中東、そしてアジアに対する歴史否定がまん延している。ムスリムへのレイシズム増大は、この植民地主義の問題でもある。

欧米の反レイシズムでは、ナチスのユダヤ人虐殺に関する歴史否定については、反歴史否定の規範がつくられている。だが、植民地主義に関する歴史否定についてはそうとは言えない。そこで社会運動の側は、反レイシズム2.0の文脈で、ホロコースト否定に適用される反歴史否定規範を植民地主義にも拡張せよ、と闘っている。ここで、フランスのアルジェリア植民地支配に対する歴史否定について見てみたい（以下、菊池恵介「植民地支配の歴史の再審」、『歴史と責任』青弓社を参考にした）。

フランスでは、七二年に反レイシズム法が制定され、Ⓐ九〇年改正のいわゆるゲソ法によってホロコースト否定罪が加わった。このような記憶をめぐる法はほかに、Ⓑ二〇〇一年一月法（アルメニア人大虐殺の公認）と、Ⓒ二〇〇一年五月トビラ法（フランスによる黒人奴隷貿易と奴隷制を「人道に対する罪」に認定）がある。これらは、ホロコーストについて闘いとられた反歴史否定という公的な社会的規範を、アルメニア・ジェノサイドや奴隷制・植民地支配に関する歴史的記憶にまで広げて普遍化させよう、という努力の賜物だった。

だが、トビラ法が大問題となった。フランスによるアルジェリアなどに対する植民地支配の歴史を、どのように記憶するかが問われたからだ。言うまでもなく、植民地支配は不法であり、レイシズムと現代のグローバルな南北格差の歴史的淵源であることが今日では基本的な認識となっている。ところがフランス政府は、いまもなお、アルジェリアはじめ植民地支配は合法との立場を貫いている。これは日本もふくめ、先進諸国に共通の態度だ。

トビラ法はバックラッシュにみまわれた。四年後の二〇〇五年二月には、「引揚者に対する国民の感謝と国民的支援に関する法」が制定され、「学校教育は、海外領土、とりわけ北アフリカにフランスが存在したことの肯定的役割を認め、これらの領土出身のフランス軍兵士の歴史および犠牲に対し、それに本来ふさわしい位置づけを与えること」（第4条第2項）と明記された。植民地支配を肯定したうえで教育せよ、というわけだ。

この法制定を推進したのは、旧アルジェリア引揚者らだったが、彼らがフランスの極右・国民戦線（FN）を創設した母体であることはよく知られている。一九六二年に、アルジェリア独立戦争に敗北を強いられるかたちで独立を認めたフランスは、大量の引揚者を抱えたが、彼らはフランスでも冷遇された。そのなかでFNを立ちあげたのが、初代党首ジャン・マリ・ル・ペンである。

さて二〇〇五年法は、その後反発を受けて、結局、右の第4条第2項は削除された。ところが、今度は歴史学者から、九〇年以降の記憶法（ⒶⒷⒸ）すべてを廃止せよという要求が出された。理由は、政治の学問への介入反対というロジックだが、ここには複雑な力学（植民地主義にも反歴史否定を拡張しようとする力と、それを防止しようとする力）が働いている。

世界的にも、反植民地主義をめぐる記憶の闘争は各地で行われている。二〇〇一年に南アフリカで行われたダーバン会議（国連主催の「人種差別反対世界会議」）で、初めて奴隷制と植民地支配についての補償問題が提起されたのは、その象徴だ。

③難民への対処

第三に、激化するシリア情勢、そしてアフガン・イラクでの「対テロ」戦争や内戦によって、それら地域から一〇〇万人規模の難民が欧州に殺到していることがある。欧州の難民受け入れや、難民へのレイシズムにどう対処するかは、反レイシズム2.0の大きな課題である。とくに難民の受け入れは、第2章で説明した「国籍の壁」（国籍法・出入国管理など）をどうするかという難問にあたる。

④資本主義

最後に、市場原理や資本主義によって強化され正当化されるレイシズムに、どう対処するかという問題がある。

たとえば、二〇一四年の米国のブランダイス大学の調査によると、最近二五年間で米国内における白人と黒人のあいだの資産額の格差は約三倍に拡大したという（CNN、二〇一四年八月二四日付記事）。南アフリカでは、九四年のアパルトヘイトというレイシズム法制廃止当時に、一日一ドル未満で暮らす人が二〇〇万人いたが、その数は二〇〇六年には四〇〇万人へと倍増した。南ア国民の平均寿命は、マンデラ釈放後から一三年も短くなった（ナオミ・クライン『ショック・ドクトリン』岩波書店、二九〇、三〇三頁）。

反レイシズム規範・政策がつくられ「解放」されたはずの黒人が、ここまでひどい貧困と差別にあえいでいるのは、一見平等に見える市場原理が、実際にはまったく不平等であり、レイシズムをむしろ強化するからである。なぜなら、利潤目的に商品生産が行われる資本主義においては、超過利潤獲得を保障するレイシズムを利用しない手はないからだ。レイシズムとは、グローバルな資本主義にとって「労働者の階層化と極めて不公平な分配とを正当化するためのイデオロギー装置」（ウォーラーステイン『史的システムとしての資本主義』岩波書店、一〇八頁）でもある。新自由主義的グローバル経済は、レイシズムとマイノリティの貧困を助長・激化させている。

このように、欧米先進諸国での反レイシズム2.0の課題には、ダブルスタンダードを是正させるなど、反レイシズム規範と政策をさらにアップデートしてゆくことで、ある程度対応可能なタイプのものがある。と同時に、規範形成と政策だけでは対処が極めて困難な、近代そのものの問題（植民地主義や国民国家・資本主義）もふくまれている。反レイシズムはシングルイシューとして闘いうるが、レイシズムを強化させる社会構造を変えるという根本的な問題に直面せざるをえない。

先にあげた2.0的課題（①ムスリム差別〜④資本主義）は、解決がもっとも困難なものだと言える。

ここまでくると、日本がいまだ「反レイシズムゼロ」のままであることの異常さがはっきりするだろう。二周目を走っている欧米と、一周も走れていない日本とでは、課題のレベルがまるでちがうのだ。

◇議論の次元のちがい――二周目を走っている欧米と一周も走れていない日本

以上に見た三つのモノサシを念頭に、日本の状況を検討してみたい。

まず日本には、第一の人種差別撤廃条約型のようなレイシズムとレイシズム煽動を規制する国内法がない。これは九五年に人種差別撤廃条約を批准して以後も変わらない。

第二のドイツ型のように「過去」との類似性をモノサシとしてレイシズムを測る規範もない。日本が過去にアジアを侵略し植民地支配したときの、さまざまな戦争犯罪やイデオロギーとの類似性というモノサシで戦後日本社会のレイシズムをもし規制していたなら、第3章で紹介した朝高生襲撃事件をはじめ戦後のレイシズム暴力は大半が可視化され、法規制の対象にできたことは言うまでもない。そもそも国士舘のような、アジア侵略を肯定するような右翼教育は、「過去」との類似性というモノサシから極右として法規制されるべきものだった。そしておそらく、憲法改正の動きもレイシズム煽動としても危険視されてきたはずだ。

第三の米国型のような、マイノリティ側の表現の自由を尊重しアファーマティブ・アクションを重視するやり方での反レイシズムも、日本には皆無だった。第3章で見たとおり、戦後の在日コリアンはむしろ、朝鮮分断と日本政府の弾圧のなかで、表現の自由などは最初からはく奪されてきた。またアファーマティブ・アクションについて言えば、日本では、在日コリアンの民族教育権を保障することが重要だが、民族教育権の侵害がレイシズムであるという考え方が、社会的規範となることもなかった。

◆「ヘイトスピーチ」という言葉のねじれ——日本でこの言葉を使う時の落とし穴

このような欧米と日本の課題のズレが可視化されてはじめて、日本でのヘイトスピーチに関する議論の多くがおちいっている〝混乱〟を理解することができる。

欧米でのヘイトスピーチとは、反レイシズム1.0を整備し、2.0に取りくみつづけているにもかかわらず、どうしても対処が困難なレイシズム現象の一つを指す。ゆえに反レイシズムゼロ状況をどうするかという文脈でヘイトスピーチが語られることは、先進国ではまずない。

二〇一四年に翻訳されて話題となった、エリック・ブライシュ『ヘイトスピーチ』が問題としているのは、まさにこれだった。同著は、表4（二二一頁）の整理に引きつければ、反レイシズム2.0の次元で（差別禁止法は大前提だから）「表現の自由vs.ヘイトスピーチ規制」という問いを立て、人種差別撤廃条約型・ドイツ型・米国型のモノサシを相互に比較検討する、という内容なのだ。だが、「ヘイトスピーチ」という言葉が反レイシズムゼロの日本に輸入されたとき、「ゼロ」と「2.0」のズレをふまえたうえで議論が紹介されたとは言いがたい。

第二に、「ヘイトスピーチ」という言葉は、米国型の2.0が闘いとられる文脈で生まれている。表4をもう一度見てほしい。それは、最初から米国における行為／言論の二分法を前提とし、かつ行為＝規制／言論＝擁護という文脈に強く規定された言葉なのだ。だから、ヘイトスピーチをめぐる米国での議論も、当然この文脈のなかで行われている。

行為／言論の二分法を前提とし「煽動」というカテゴリを法規制の対象にするのが難しい米国製の「ヘイトスピーチ」という言葉を、半世紀も前から差別（行為）と差別煽動（言論）を等しく法規制の対象にしてきた欧州・国連での差別煽動現象に当てはめることは、文脈をふまえなければかなりの混乱を招いてしまう。各国・地域ごとの具体的な歴史的・社会的文脈を無視して「「ヘイトスピーチ」は世界で規制されている」と言うことには、本来かなりの無理がある。

しかし、各国・地域の文脈をふまえたうえでなら、「ヘイトスピーチ」という言葉を用いて現在世界中で問題となっているレイシズムの差別煽動を表現することは可能だ。国連人種差別撤廃委員会が出した一般的勧告35（二〇一三年）が、ヘイトスピーチ撲滅をあつかっているのはその例である。差別煽動は、発言・言論を内包する表現行為一般をふくむために、たとえ社会がなくすべき悪だとしても、法規制の対象にしづらいという厄介さは世界共通だからだ。

表4の2.0の段に並ぶ法改正には、差別煽動に対するものが多いのはそのためだ。とくに欧州の極右は、反レイシズム規範と反歴史否定の規範に直面したため、近年では、直接に差別用語や歴史否定を

ふくまずに、宗教批判や同性愛擁護、反EU、反グローバリズムなどを装うかたちでの差別煽動をくりかえすようになっている。

フランスの国民戦線（FN）の党首マリーヌ・ル・ペンが、「ガス室は些末なこと」などと歴史否定を露骨にくりかえす元FN党首の父ル・ペンと距離をおき、イスラムへの宗教批判や反EUをかかげて支持を拡大する路線を打ち出していることは象徴的だ。オランダの極右ウィルダーは、同性愛擁護を公言したうえで、同性愛を教理上で禁じているとされるイスラム教批判を通じて支持を集める戦略をとっている。欧州で問題となっている差別煽動は、このような「ハイレベル」なものだ。

まとめると、欧米では「ヘイトスピーチ」と言ったとき、八〇年代米国で生まれた行為／言論の二分法に規定された、米国で使われている意味合いがまずある。さらに、現在国連などで使われている意味で、つまり反レイシズム政策をつくりアップデートさせたとしても、「撲滅するのが困難で厄介なレイシズム」の一つとして、議論される文脈もでてきている。

反レイシズムがゼロの日本に、反レイシズム1.0を大前提とする「ヘイトスピーチ」という言葉を「輸入」するときは、そもそも第一歩となる反レイシズム1.0を日本が闘いとらなければ、欧米でさえ苦慮している差別煽動に対処することなどできないというごく基本的な前提が共有されるべきである。さらに言えば、文脈をふまえずに日本で「ヘイトスピーチ」を議論した場合、「ヘイトスピーチ」は表現・言論とかかわるということで、「表現・言論の自由」vs.「法規制」という構図に落ちこんでしまうだけで、肝心かなめのレイシズムをどうするかという問いがぬけ落ちてしまう。初歩的なレイシズム規制＝反レイシズム1.0を闘いとるという課題を「ヘイトスピーチ論」が覆いかくしてしまうのだ。

しかし非常に皮肉なことに、「ヘイトスピーチ」はおそらく戦後日本で初めて「社会がなくすべき悪」であるレイシズムの代名詞として、普及した。つまり、欧米で使われている「レイシズム」という言葉と同じ意味合いをともなって、「ヘイトスピーチ」が一部で使われはじめた。

だから日本では、「ヘイトスピーチをなくせ」とだれもが言うようになったこの状況を、「レイシズムをなくせ」、「差別をなくせ」という合言葉につなぎ、反レイシズム1.0を闘いとるという日本固有の文脈にそった実践が、いま求められているのである。

第5章

なぜヘイトスピーチは頻発しつづけるのか?——三つの原因

本章では、反レイシズムというモノサシを使って、なぜ日本で極度に醜悪なヘイトスピーチが頻発しつづけるのかという問いを考える。

ヘイトスピーチが頻発する原因は大きく三つある。①反レイシズム規範の欠如、②「上からの差別煽動」圧力の増大、③歴史否定、だ。

1　反レイシズム規範の欠如

第一の原因は、戦後日本社会に反レイシズム規範がゼロだったことだ。このことはすでに第4章で確認した。問題は、なぜ従来の反差別運動の力が、反レイシズム規範を成立させることができなかったのか、である。これはたいへん大きな問いだ。その国内的要因のうち、反レイシズムを闘いとるという本書の立場から重視すべきものが少なくとも二点ある。

一点目は、第3章で見たとおり、植民地支配時代からのレイシズム法制を入管法に引きついだ一九五二年体制が、国・自治体によるレイシズム政策を国籍「区別」へと偽装することに、ほぼ完全に成功したことだ。一九五二年体制の確立によって、在日コリアンをめぐるレイシズムは、基本的に国籍「区別」としてあらわれることになった。反差別の側はこれに対して、レイシズムの問題としてではなく、国籍「区別」撤廃の問題として闘わざるをえなかった。

そして二点目は、戦後日本に欧米とは異なる特殊な企業社会が成立したことがあげられる。一九五二年体制については第３章でのべたので、以下では企業社会が反レイシズム規範形成にとってどのような障壁となったのかを考察する。そのうえで、有名な日立闘争を取りあげ、戦後の反差別運動が反レイシズム規範を闘いとることができなかった、その社会的回路の欠如について検討したい。

反レイシズム規範形成を阻んだ日本型企業社会の成立

企業社会とは、「企業の論理である競争原理と労働組合の論理である競争規制の原理とが対抗し合い、結局、企業の競争原理が圧倒している」「企業本位の市民社会」（木下武男『格差社会にいどむユニオン』二三四頁）のことである。

反レイシズムの立場にとって決定的なことは、日本の企業社会は欧米と比べても極めて差別的である、ということだ。これは何もレイシズムにかぎらない。たとえば、日本の正規社員では当たり前の年功賃金体系は、同じ労働であっても、年齢や性別によって賃金がちがう。これは差別以外の何だろうか。また、本書冒頭（一二頁）でも触れたが、日本の市販の履歴書には、顔写真貼付欄、性別・年齢（ひと昔前は国籍・本籍）を記入する欄が印刷されているが、これも欧米では差別にあたる。日本の企業社会になじみきっている私たちの常識や人権感覚、さらには「人間らしさ」さえもが、気づかぬうちにかなり深いところから侵されており、人権侵害と差別に対し鈍感になっている。

戦後の日本が企業社会になり、欧米がそうならなかった最大の原因は、労働組合の形態のちがいにある。欧米では、労組が産業別に組織され（産別労組）、労働市場を企業横断的に規制できる力をもつ。

そのため産業ごとに、長時間労働規制や同一（価値）労働同一賃金原則をはじめとした、最低限の平等の基準を打ち立てることに成功した（産業民主主義の成立）。そして、それを基礎とする市民社会が成立する過程で、生存権をはじめさまざまな人権規範が社会的に闘いとられていった。第4章で見た、欧米で成立した反レイシズム規範は、そのうちの一つとして位置づけられる。

しかし戦後日本の労組は、欧米の産別労組とは対照的に、企業ごとにバラバラに組織される企業別労組という特殊な形態をとった。そのため、労働市場の企業横断的規制力をもたず、産業民主主義のような最低限の平等原理を勝ちとることができないまま、現在にいたっている。

これは、職場で過労死を招く際限なき長時間労働や差別がまん延する温床となっているだけではない。労働者から自由時間を奪いとり、社会的・政治的主体性を形成することを妨げ、代議制民主主義を機能不全におとしいれる一因ともなった。結局、反レイシズム規範をはじめとするさまざまな一般的人権規範の成立を阻害する根本原因となっている。

◆1　民主主義の脆弱さと左派政権の不在

日本が人種差別撤廃条約をようやく批准したのは一九九五年だった。前年に米国が批准したことにつづいたかたちだったが、米国は前述のように、条約以前に六四年公民権法以来の独自の反レイシズム法体系をもっていた。対して日本は、条約批准を不合理に遅らせただけでなく、九五年の批准時に新たな予算措置も講じず、差別禁止法もつくらないままに、米国と同様に第4条（a）（b）を留保したが（七一頁一〇行目以下参照）、これは人種差別撤廃条約を骨ぬきにしかねない大問題だった。その後、いまにいたるまで、日本は包括的なレイシズム禁止法をつくらないままでいる。この異常事態はなぜまかりとおったのか。

　人種差別撤廃条約をモノサシとして、日本のレイシズム状況を明らかにした『日本の民族差別』（二〇〇五年）をまとめた岡本雅享は、「欧州の経験から、人種・民族差別禁止法制定の鍵となるのは立法府＝議会における左派政党と市民セクター」（三五九頁）と指摘している。

　人種差別撤廃条約を結んだ欧州諸国では、イギリスの人種関係法（六五年）、フランスの人種差別禁止法（七二年）、スウェーデンの人種差別禁止法（八六年）、スイスの同条約に対応した刑法改定（九四年）のいずれも、社会民主主義政党、共産党、緑の党といった左派連立政権によるイニシアチブで成立している。それを支える市民社会の力も、日本と比較にならないほど強力だった。

　これに対して日本では、九五年の自社さ村山政権時に人種差別撤廃条約を批准することが、残念ながら関の山だった。二〇〇九年には差別禁止立法をマニフェストでうたっていた民主党が中心となって政権交代を成しとげたが、同政権は立法することなく、逆に朝鮮高校無償化除外というレイシズム政策を実施し、差別の煽動を行っている。

「市民セクターの力」が西欧と日本とでは圧倒的に差があることがわかるが、その基盤はやはり労働組合の力である。岡本は、西欧では「中道左派勢力の大きな支持基盤」であった労組が、日本では、「正規従業員のみを組織対象とする（日本特有の）企業別労働組合」であることの限界を指摘する（岡本前掲書、三五八頁）。

　企業別労組は、非正規労働者や女性・外国人などマイノリティを組織できず、その権利を擁護できなかった。そのため欧州とは異なり、日本では労組が基盤となる「市民セクターの力」が極端に脆弱化してしまい、中道左派政権を成立させるか、あるいは保守政権の政策に影響力を行使できるだけの原則的な左派政党をつくるまでの力ももてなかったのである。

◇2 産業ごとの最低限の平等さえ実現できない日本の企業社会

企業社会の成立は、産業民主主義の成立をはばみ、市民社会で最低限の平等の基準をも成立させなかった。長時間労働規制も、同一(価値)労働同一賃金原則もない日本では、労働者は市場原理に対してほぼ何の対抗手段ももたない。これが、日本の職場・産業でのレイシズムを深刻なものにし、それに抗することを困難にしている。

最悪の例が、「人身売買」との国際的批判を浴びる外国人研修生・実習生制度である(安田浩一『ルポ　差別と貧困の外国人労働者』光文社新書、参照)。中国やインドネシアなどの東南アジアからやってきて、パスポートや携帯電話を取りあげられるなどして、時給三〇〇円とも言われる低賃金で長時間酷使される若い労働者の数は、一九万四〇〇〇名を超えるという(法務省統計、二〇一五年一二月末)。

背景には、地方の農業・漁業・林業や縫製業の疲弊がある。だが、産業民主主義を欠く地方の地場産業は、市場原理にほとんど無防備のまま競争を強いられ、その結果、廃業か、地場産業・地方経済の再生産のために「時給三〇〇円の奴隷」を酷使するレイシズム政策を「利用」するか、この残酷な二択を強いられている。だが、同一(価値)労働同一賃金原則という平等の基準が地方の産業を貫いていたならば、ここまで大々的に時給三〇〇円で酷使することなどできなかったはずだ。*

研修生・実習生制度は、公式の外国人政策をつくらずそれを入管法で代用する一九五二年体制を活用した、国のレイシズム政策だといえる。八〇年代からの企業が求める労働力移入についても、国は公式の「玄関」を閉ざしつつ（政策をつくらず）、裁量性の強い入管法上に研修・実習名目の「裏口」を開けた。企業は「裏口」を自由に使い、アジアの若者を無権利状態で「輸入」し酷使できる。そして、このレイシズム政策の〝利用〟を強いられているのは、市場原理への対抗力をもたない、もっとも弱い地方の中小零細企業である。このことが、問題解決をいっそう難しくしている。

『マンガ嫌韓流』などの出版産業におけるレイシズムと歴史否定の商品化も、産業民主主義の不在のために抑制がきかなくなっている例と言えるだろう。利潤のためならずさんな手ぬき工事を〝利用〟する建築産業と同じで、出版産業は、儲けのためにレイシズムを〝利用〟する出版社を規制できていない。

つまり、競争や差別と対抗するための一般的な平等原理を社会で勝ちとることができていない企業社会では、レイシズムはそれだけ深刻で解決が難しいものになる。

企業社会は、長期雇用と年功賃金を重要な柱にした「日本型雇用システム」を成立させた（詳しくは木下武男『格差社会にいどむユニオン』／木下武男「東電の暴走と企業主義的統合」、『POSSE』第11

＊　もちろんグローバル化を共通の背景として、日本以外の欧米先進諸国内部でも移住労働者が低賃金で搾取されているという深刻な現象がみられる。研修生・実習生の過酷な搾取の原因が全て同一（価値）労働同一賃金の不在に帰せられるわけではない。だが同一（価値）労働同一賃金原則という最低限の平等の基準が産業社会を貫いていないということは、市場・資本の競争原理と差別からどの労働者も自分の身を守る盾（ジョブ）が無いことを意味するのであって、それが移住労働者はじめマイノリティの搾取をより一層過酷なものとする。さらに移住労働者が差別に対抗して公正な賃金を要求しようとした際に、依拠すべき平等の基準（ジョブ）も存在しないという意味で、非常に深刻なものとなる（前掲木下武男「同一労働同一賃金を実現するジョブ型世界」を参照）。

号所収、参照)。肝心なのは、日本ではともすれば労働者にとって有利で平等であるかに見えるこの日本型雇用システムは、さまざまな差別を前提とし、また内包している点だ。年功賃金体系じたい、年齢や性差による差別を内包しているが、そもそも日本型雇用システムは、「妻子を養う」日本人の男性世帯主を典型的な労働者モデルとしている。女性や障がい者、在日コリアンなどの外国人といったマイノリティが、このシステムのなかでは従属的な位置に追いやられてきたことは言うまでもない。

在日コリアンは、企業社会のなかで、深刻な就職差別にあってきただけでなく、職場でも、日本名の使用を強いられるなどのレイシズムに苦しんできた。だが同時に、それに声をあげる術もほとんど奪われてきた。

◆3　差別を内包する日本型雇用システムが社会的規範となった

企業社会の成立は、差別的な日本型雇用システムの論理を、企業や産業内だけにとどまらせずに、一般的な社会的規範にしてしまった。

「(企業社会にくみこまれた)男性は、正社員として入社し、企業の良好さによって濃淡はあるとしても、昇進・出世し、賃金が上昇し生活も安定し、やがて定年を迎える。これは常識とは言えないまでも社会的に良いことであるとする社会的規範として国民のなかで受容されてきた」。このことが企業社会における「安定性だった」と木下武男は指摘している(『格差社会にいどむユニオン』四五頁)。

差別を内包する日本型雇用システムが社会的規範になり、しかもそれが社会統合にとって強力な安定装置となったことは、反差別運動にとって決定的なマイナス影響をもたらした。

まずなによりも、反レイシズムをふくむ普遍的な反差別や人権規範（モノサシ）は、差別を内包する日本型雇用システムと真っ向から対立する。戦後日本で人権規範は、日本型雇用システムと衝突し敗北するか、日本型雇用の差別と矛盾しない程度に骨ぬきにされなければ成立できなくなった。

また戦後日本では、一般的な人権感覚や「人間らしさ」もまた、「企業の競争原理」に根深く浸食され、日本型雇用システムに親和的なものに変質させられたと言える。たとえば、過労死やマタハラ（マタニティ・ハラスメント）は問題化されても、その原因である違法な長時間労働や、「結婚＝退職」を当然視するような、セクシズムを内包する日本型雇用システムそのものは、標準的な「人間らしさ」からして「深刻な問題」だとはみなされてこなかった。

このように、市場原理にゆがめられた「戦後日本的人間らしさ」は、人権侵害に奇妙なほど寛容であり、場合によってはそれを「美徳」とみなし助長さえしてきた。女性は男性の補助的役割であるべきとするセクシズムは、「人間らしさ」に内包されていなかったか。吹き荒れる生活保護者への異常なバッシングは、むしろ市場原理に浸食された「人間らしさ」から正当化されてこなかっただろうか。

そのような「人間らしさ」がレイシズムにも非対抗的であり、むしろ抗議するマイノリティを異端視するほうへと導いたことは、第3章で見た多数の事例が物語る。

そして致命的なことに、平等原理の成立をはばんだ企業社会における日本の反レイシズム闘争は、平等を闘いとるために、日本型雇用システムをはじめ市場原理に親和的な「不平等な平等原理」に依拠せざるをえない、というジレンマにおちいった。あるいは、普遍的な反レイシズム規範を闘いとろうにも、既存の強固な社会的規範としての日本型雇用と衝突した結果、日本の反レイシズム運動は、社会的規範としての日本型雇用を「部分修正」するにとどまらざるをえなかった。次に見る日立闘争はその例でもある。

反レイシズム規範成立にまでいたらなかった反差別運動

戦後日本社会には、在日コリアンの当事者と良心的日本人の連帯によって勝ちとられてきた差別撤廃と権利獲得が数多く存在する。それら一つひとつは歴史のなかに光り輝いているが、日立闘争はその最も有名な例の一つだろう。

韓国籍の在日コリアン二世の青年朴鐘碩《パクチョンソク》は、一九七〇年に日立製作所の採用試験に、日本名「新井」で受験して合格したが、日本国籍がないことを理由に、のちに採用を取り消された。この就職差別事件は、同年一二月に提訴され、七四年六月に、①解雇無効、②未払い賃金支給、③慰謝料全額支払いを命じる原告勝訴判決を勝ちとった。確定したこの判決には、次のように記されている。

「被告の原告に対する本件解雇によって、在日朝鮮人に対する民族的偏見が予想外に厳しいことを今更のように思い知らされ、そして、在日朝鮮人に対する就職差別、これにともなう経済的貧困、在日朝鮮人の生活苦を原因とする日本人の蔑視感覚は、在日朝鮮人の多数の者から真面目に生活する希望を奪い去り、時には人格の破壊まで導いている現状にあって、在日朝鮮人が人間性を回復するためには、朝鮮人の名前をもち、朝鮮人らしく振舞い、朝鮮の歴史を尊び、朝鮮民族としての誇りをもって生きて行くほかにみちがないことを悟った旨その心境を表明していることが認められるから民族的差別による原告の精神的苦痛に対しては、同情に余りあるものといわなければならない」（朴君を囲む会編『民族差別——日立就職差別糾弾』二七九頁より）

解雇無効が勝ちとられた判決文には、在日コリアンへの差別と、それによる経済的困窮や精神的被害の深刻さ、その状況で原告が「人間性を回復するため」に名前や朝鮮の歴史学習や「朝鮮民族としての誇りをもって生きる」ことを選択したことへの、共感が明記されていた。

また日立闘争は、ちがった側面からも注目を浴びた。それまで在日コリアンの運動は、総連・民団という南北朝鮮両政府を支持する組織・団体に加盟して闘われることが主であったという。だがこの日立闘争は、入管法反対運動のなかから生まれた、両組織によらない当事者と良心的日本人との連帯で闘われたものであり、これが当時「画期的」と評された。

日立闘争を闘うなかで各地で発足した「民族差別と闘う連絡協議会」（民闘連）について、田中宏は次のようにのべている。「各地の支援運動は日立裁判を支える一方で、自分の足元にある具体的な差別を発見し、相互に連携し、交流を深めながら、おびただしい差別の集積に挑むことになる」（『在日外国人　第三版——法の壁、心の溝』）。それは各自治体の公営住宅への入居、日本育英会（現ＪＡＳＳＯ）からの奨学金の受給、電電公社（現ＮＴＴ）職員採用、関西を中心とする地方公務員採用などにおける差別のことだ。

「さながら、日本における〝公民権運動〟のひろがりの様相を呈していた」と田中は極めて高く評価した（同前、一四一頁）。たしかに、これら闘争によって多くの差別が撤廃され、権利が勝ちとられたと言ってよい。

だが、くりかえしになるが、これらの闘争の結果は、米国の公民権運動などとは対照的に、決して差別禁止法などの反レイシズム規範形成には結実しなかった。また、従来外国人登録の際に強制されてきた指紋押捺に対しても、八〇年代後半から広範な反対闘争が行われ、九一年に全廃（実施九三年）されたが、これも同じであった。これら反差別運動は、なぜ反レイシズム規範をつくるまでにいたらなかったのか。

いくつもの要因が考えられるが、重要な点はこれら差別で問われていたほとんどが、国籍「区別」の壁だった、ということだ。日立闘争の裁判では、民族差別（レイシズム）そのものの違法性が問われていたわけではない。差別禁止法が国内になかったこともあり、企業が一旦採用を決定したという契約関係をよりどころにして、その契約を国籍によって破棄することの違法性を問うたのである。

第3章で指摘したとおり、日本のレイシズムは一九五二年体制のもと、「レイシズムの壁」が常に「国籍の壁」としてあらわれた。だから反差別運動も、民族差別やレイシズムそのものを規制するよりも、国籍の区別をどうやって撤廃させるか、という実践として闘われてきたのだ。

在日コリアンの権利が大幅に前進した、一九七九年から八二年の国籍条項撤廃も同様であった（田中宏前掲書参照）。たとえばこのときに、公営住宅・国民年金・児童手当などの福祉立法で相次いで国籍条項が撤廃されたが、これも国籍の壁を「部分的に撤廃」させる、というやり方をとっていた。

これらは、国籍の壁に偽装されたレイシズムを、国籍の壁を部分的に打ち破る方法を通じて事実上撤廃させようとしたものだった。しかしだからこそ、国籍の壁にゆ着していたレイシズムそのものを規制する立法や政策をつくるという獲得目標が、具体化しづらかったのだ（課題や要求として語られていたとしても）。その帰結の一つとして、在日コリアンをマイノリティとして認め、その権利を認める法律・政策もつくられることがなかった。

反差別運動が反レイシズム規範を闘いとる社会的回路の不在

ここまで見てきたとおり、日本の企業社会においては、個別の反差別運動がどんなに個別の差別撤廃を闘いとっても、一般的な反レイシズム規範・政策・法律づくりに結びつけるどのような社会的回路も存在しなかった。実践的に重要なので、あらためてまとめておく。

第一に、法律や政策レベルで反レイシズムが成立しなかった。これは先に見た市民セクターの力の脆弱性の問題である。

第二に、たとえ立法に結実しなくとも、市民社会レベルでも反レイシズム規範は形成されなかった。先に見た日立闘争の判決では、企業の採用においての国籍差別は禁止、という規範を形成することにはなった。だがそのような差別を内包した日本型雇用システムそれじたいが反差別と矛盾する、という社会的規範はついにつくられなかった。

第三に、労働社会・産業民主主義のなかでも反差別規範はつくられなかった。たとえば、日立闘争が闘われていた同時期にフランスの労組では、「断食月のベルトコンベアの速度低下やイマーム〔イスラム教集団礼拝の指導者：筆者注〕に対してその役目に専従できるような配慮、また食物の忌避を考慮した工場内のメニューの改善などの要求が出始めている」（森洋明「フランスに於ける移民の現状と問題点」、『天理大学おやさと研究所年報』第八巻）という。これは、産業民主主義を反レイシズムの観点からアップデートさせるという意味あいがある。だが日立闘争では、企業の採用差別反対規範はつくれても、企業内や企業を越えた産業民主主義のなかに、反差別規範を導入させることはできなかった。

在日コリアンへの就職差別は、定期一括採用では緩和されたかもしれないが、その後、就職した在日コリアンが本名を名乗ったり、民族文化を享受するための（たとえばチェサ〔祭事〕のために休暇をとるなど）反レイシズム的アップデートが行われることはなかった。

これらは、社会的規範として定着してしまった日本型雇用システムの差別性を打ち破るほどの平等原理を社会が打ちたてるまでにいたらず、反差別・反レイシズムの要求が、日本型雇用の「部分修正」に回収されてしまうために生じたと言えるだろう。

ところがこの日本型雇用システムは、現在グローバル化のなかで動揺・崩壊過程にある。近年反ヘイトスピーチ運動として反レイシズム規範が萌芽的に形成されはじめたのは、規範としての日本型雇用システムがかつてのような正当性を保てなくなったことと無関係ではあるまい*。そういう意味で反ヘイトスピーチの登場は、日本が戦後初めて反レイシズム規範を形成しうる歴史的な時期に突入したことを示すものだと言える。

ただし、ヘイトスピーチにあれほど大きな非難が集中したのは、第1章で指摘したとおり、それがあくまでも企業社会に親和的な「戦後日本的人間らしさ」に依拠してもなお許しがたい人権侵害に見えたためである。

日本のひどすぎるヘイトスピーチは、戦後日本的価値に依拠しても反対できるが、しかしレイシズムによる社会の破壊をくいとめたいのであれば、それでは不十分である。戦後の人権感覚のモノサシとして機能してきた「戦後日本的人間らしさ」のゆがみや、差別を内包する日本型雇用システムという社会的規範のあり方をこそ見直し、企業社会とは相いれない反レイシズムはじめ普遍的な人権規範を新しいモノサシとして闘いとることが必要である。国内に依拠すべき平等の基準が存在しない日本の反レイシズム運動にとって、人種差別撤廃条約が最適な道具である理由がここにある。

そして第4章でのべた反レイシズム1.0を日本で闘いとるためには、じつは企業社会そのものの克服、つまり労働市場を企業横断的に規制し、最低限の平等原理である産業民主主義を闘いとれる労組の再建という課題を同時にすすめることが必要となる。これは欧米先進諸国にはなかった日本独自の困難である。同時に、中長期的に見て課題解決を導く決定的なカギでもある。

2　「上からの差別煽動」

反レイシズム1.0の欠如は、レイシズムの増大が野放しにされた要因を説明することはできても、ヘイトスピーチ頻発にいたるような、「レイシズム行為のピラミッド」（五七頁）のレベル4段階にまでつきすすんだレイシズムの強力な推進要因を説明することはできない。

＊　近年の反ヘイトスピーチは、世論と言ってよいほど大衆的な広がりを見せただけでなく、（程度〈量〉はともかくも）欧米型の普遍的人権規範（正義）と同じ質を萌芽的に内包している（差別は社会がなくすべき悪だという規範を打ち立て、法律でこれを承認すべきという）点で画期的な意義をもつ。

この萌芽的な反レイシズム規範が世論化する条件となったのが、社会的規範としての日本型雇用システムの動揺であると考える。なぜなら日本型雇用システムの規範が強力であるうちは、それと矛盾する反差別規範が成立する余地はありえなかったからだ（人権規範が成立すれば日本型雇用は成り立たない）。

日本型雇用システムの上に成立した差別をめぐる日本的規範をいくぶん戯画化して言えば、おそらくは「（特定の反人権侵害）規範をつくってはならないという規範」となるだろう。たとえば、人権侵害や差別には反対だ、だが基本的には教育や話し合いで解決するのが望ましく、特定の反差別のルール作りや法律制定には反対である、という意見（あるいは「空気」）にそれは隠れている。

このことは反レイシズムのみならず、反歴史否定についても言えるだろう。

反レイシズムにせよ反歴史否定にせよ、社会的人権規範を打ちたてなければ社会が崩壊するという危機感は、とくに3・11以降に広まってきたように思われる（本書で論じることができないためこれについては木下武男の前掲著作のほか後藤道夫『収縮する日本型〈大衆社会〉』旬報社を参照して頂きたい）。

【表５】 レイシズム暴力の犯行主体・組織性・目的等の比較

	Ⅰ 朝高生襲撃事件	Ⅱ チマチョゴリ事件	Ⅲ ヘイトスピーチ
時期	1962年～70年代	1980年代後半～	2007年～
犯行主体	極右学生・非行青年	老若男女 (非右翼)	老若男女 (非右翼)
犯行を組織する主体	あり。 反共主義の極右学生・極右団体	なし。自然発生的。 (日朝関係に伴う政治やマスコミを通じた煽動の影響)	あり。 市民の側からの 自然発生的な組織化
公然化・犯行声明	なし	なし	あり
目的	朝鮮学校・総連の イメージダウン	なし（不明）	レイシズム

〔著者作成〕

それを可能とするものは、第２章で確認した「上からの差別煽動」、つまり政治空間から市民社会へ向けられた差別煽動効果にほかならない。これを可視化させるうえで重要なのは、第３章で取りあげたⅠ朝高生襲撃事件、Ⅱチマチョゴリ事件、Ⅲヘイトスピーチの三つの比較だ（表５参照）。Ⅰ型、Ⅱ型、Ⅲ型の比較から、レイシズムが暴力に結びつく（レベル４として現象する）社会的回路のあり方が大きく異なることがわかる。

朝高生襲撃事件は、反共主義の極右学生・勢力が煽動して引きおこした組織的なレイシズム暴力だった。レイシズムを暴力に結びつける際の社会的回路は、極右が、直接に対象の学生に対して行う差別煽動がメインだった。

だがチマチョゴリ事件では、犯行に

「組織性」が確認できず、むしろ自然発生的にふるわれるレイシズム暴力が主となった。極右組織による直接の煽動の代わりに、日朝関係・朝鮮半島情勢の悪化を背景に、政府・マスコミによる北朝鮮バッシングがその効果を発揮して、自然発生的にレイシズムが暴力に結びつくという、それまでとは別の社会的回路が形成されている。

そして、最近のヘイトスピーチ頻発状況では、単発の暴力にとどまらず、レイシズムが継続的な極右活動の組織化へと結びつく新しい社会的回路が切り拓かれた。

これら社会的回路を発展させ、自らもその主要部分になっているものこそ、近年飛躍的に高まった政治空間からの差別煽動にほかならない。

政治空間からのレイシズム煽動

具体例はすでに第3章で取りあげた。チマチョゴリ事件が頻発した八九年には「パチンコ疑惑」、九四年には「核開発疑惑」、九八年「テポドン事件」、二〇〇二年には「拉致問題」がそれぞれクローズアップされ、政府とマスコミによって北朝鮮バッシングが実施されるたびにレイシズム暴力が頻発した。そして以後、レイシズム暴力は「日常化」する。Ⅱチマチョゴリ事件からⅢヘイトスピーチへとレイシズム暴力が発展する過程で起きていた、日本政府や政治家による在日コリアンへのレイシズムをわかりやすく可視化するため、表6を作成した。

Ⅱ からⅢへの時期は、日本政府が北朝鮮敵視政策と在日コリアンへの差別政策を強化した時期と一致する。あまり知られていないこれらレイシズムは、マスコミ報道や政治家による煽動を通じて、市民社会のレイシズムを煽動する結果となった。

【表6】 上からの差別煽動関連年表

年 次	政治的、社会的背景
1989年	「パチンコ疑惑」チマチョゴリ切り裂き事件の頻発
1994年4月	北朝鮮「核開発疑惑」
1998年	北朝鮮「テポドン事件」
2002年	サッカーW杯日韓共催、日朝平壌宣言・拉致問題
2003年	大学受験資格問題
2006年	第一次安倍内閣発足（翌年にかけ、経済制裁：北朝鮮船舶の入港禁止、再入国許可制限）、朝鮮総連弾圧
同年7月	北朝鮮「ミサイル発射実験」
同年10月	北朝鮮「核実験」
2007年	在特会（在日特権を許さない市民の会）結成
2009年	フィリピン人一家襲撃事件、京都朝鮮学校襲撃事件
2010年	高校無償化開始
2012年12月	第二次安倍内閣発足、高校無償化省令改正方針発表
2013年2月	大阪鶴橋、東京大久保での排外デモ、カウンター行動の発生・組織化

〔著者作成〕

国と自治体による差別

すでに指摘したとおり、戦後日本政府は一九五二年体制の下、国籍を通じて社会福祉・教育・居住・参政権などの面で在日コリアンを排除することを可能としてきた。

一九五二年体制は、二〇〇〇年代以降、一方ではグローバル化の圧力によって一定の変更を余儀なくされてきた。安く使える移住労働者や「高度人材」を活用したい企業の要望に応えるには、一九五二年体制はあまりにも排外主義的で制度的に不備があったからだ。レイシズムの壁を国籍の壁に偽装する一九五二年体制は、あくまでも外国人（非日本国籍者）を「平等」に処遇する。それゆえに、ニューカマーや〝高度人材〟のために〝権利性〟を部分的に拡張した場合には、従来どおりに在日コリアンを排除することができない。そのため、新たな隔離型レイシズムというべき施策が二〇〇〇年代からあの手この手で編み出され、グローバル化にともなって、一九五二年体制に接木されてきた。例をあげればきりがないため、政府によるもっとも深刻なレイシズムと言える高校無償化除外を取りあげたい。

◆朝鮮高校無償化除外という政権によるあからさまなレイシズム

二〇〇九年に民主党政権が目玉としてかかげた高校無償化は、教育福祉が脆弱な企業社会日本では画期的な政策と言えた。国連社会権規約の第13条を基本理念として、「教育の機会均等に寄与することを目的とする」（第1条）とうたったものだ。貧富の格差なくだれもが教育を受けられるようにするためには、教育の無償化（教育の脱商品化）をしなければならない。中等教育（高校）無償化を規定した同13条を留保していたのは、日本とマダガスカルのみだったことが示すとおり、日本は先進国でありながら、教育が高度に商品化された企業社会であり、それが子どもとマイノリティの教育権を侵害してきた。事実、同無償化法が制定された翌年、私立高校を経済的理由で中退する学生が約四割も減少するなど大きな成果を上げた（全国私教連調査、朝日新聞電子版、二〇一一年一一月五日）。

だが、この無償化法が画期的だったのは、教育福祉の観点からだけではなかった。朝鮮学校はじめ外国人学校も、日本公私立校と区別なくあつかったはじめての政策だったのである。高校無償化法は、社会権規約がうたう「教育についてのすべての者の権利を認める」という普遍的な教育権に立脚していた。これは一九五二年体制のもとで国籍と外国人学校という二重の排除を行っている日本の教育政策上のレイシズムとは、まったく別の論理に立脚した政策だった。

それが、施行直前の二〇一〇年三月に極右議員らの反対にあい、同年四月の施行時には朝鮮学校だけが無償化の対象から排除されるという信じがたい事態が起こった。理由とされたのは、北朝鮮との外交関係だった。拉致議連はじめ極右議員が朝鮮学校の排除を訴える際には、北朝鮮との外交関係や「拉致問題の未解決」、朝鮮総連との「関係」を口実にする。だが、子どもの教育権とこれらは無関係であることは言うまでもない。

また高校無償化法は、政策立案の段階から朝鮮学校だけでなく、中華学校やインターナショナルスクールと一部ブラジル人学校も当然対象にふくまれることを想定し、実際に予算も外国人学校に通う学生の人数に対応したものを計上し、これが国会で承認されていたのである。はじめから外国人学校も対象とする法律が制定されたのにもかかわらず、その後にどうやって朝鮮学校だけをねらい撃ちにしたレイシズム的隔離が実施されたのか。何ら法的根拠のないやり方で朝鮮学校の排除はなされた。

まず民主党政権時は、法案審議の過程で「外交上の配慮により判断すべきものではなく、教育上の観点から客観的に判断すべきもの」という政府統一見解を出していたにもかかわらず、極右議員におもねるかたちで、毅然として法の適用を行うことを回避した。そして法の施行後に「高等学校等就学支援金の支給に関する検討会議」を発足させ、朝鮮学校への支給の適否について「検討」することにしたのである。「法治国家」である以上、是が非でも子どもの教育権に「外交上の配慮」をもちだすことはできなかったため、事実上排除しながらも、建前上は〝検討〟という体で〝判断〟を下す、という口実がもちだされたのだ。このようなあつかいは、ほかの外国人学校にはなされず、朝鮮学校にのみ、特別に〝審査〟がなされた。

具体的には、「高等学校の課程に類する課程を置くものと認められる」（同法施行規則第1条第1項第2号ハ）かどうかが問題となった。朝鮮学校がこの規定に該当するのは自明だったが、審査はいたずらに引きのばされた。

そして二〇一〇年の一一月に北朝鮮による延坪島《ヨンピョンド》砲撃事件が起こると、民主党政権は「外交上の脅威」を口実にして、審査を「凍結」すると発表した。審査を行い適用可否を判断するというのならまだしも法的手続きにのっとったものと言えたが、この「凍結」措置は〝超法規的措置〟としか言いようがなかった。国は自らつくった法律を破ってまで、朝鮮学校を差別したのである。

その後、菅直人が総理を辞任する直前に審査再開を指示し審査は継続されたものの、一向に判断が下されないまま、政権交代によって二〇一二年一二月に自民党の第二次安倍政権が発足。安倍政権の文科相・下村博文は、就任直後の一二月二八日、「拉致問題に進展がない」ことを口実に、朝鮮学校を高校無償化から除外する方針を明言し、高校無償化法関連の省令改正を表明、実際に翌年二〇一三年二月二〇日、朝鮮学校だけを無償化法から隔離するためだけの省令改正にふみきったのである。

レイシズム目的以外に何の意味もない「審査」を口実に、三年以上も適用を引きのばされた朝鮮高校は、この省令改正によって「審査」の根拠となる規定（同法施行規則第1条第1項第2号ハ）がなくなったこと、さらにこれまでの「審査」で審査基準に適合すると「認めるに至らなかった」という〝根拠〟によって高校無償化対象とは認められない、との通知文をつきつけられたのだった。

これほどあからさまなレイシズム隔離政策もないだろう。あまりにも破廉恥なかたちで朝鮮高校を除外した二〇一三年二月が、ちょうどヘイトスピーチが過激化していたころと同時期だったことは注目に値する。

だがこのようなかたちでのレイシズム政策は一例にすぎない。右の省令改正で安倍政権が撤廃させた審査規定、「同法施行規則第1条第1項第2号ハ」という枠組みじたいが、じつは差別の産物だったことはあまり知られていない。

大学入学資格からも排除されていた朝鮮高校

その枠組みが登場したのは二〇〇三年夏である。当時、大きな社会問題となった外国人学校卒業者に対する「大学入学資格」差別問題を契機に、文科省が新しくつくった枠組みだった。

大学入学資格とは、大学入試を受けるための資格のことだ（受験資格と言ったほうがわかりやすい）。朝鮮学校は、すでに見たレイシズム政策によってこの資格がないとされ、朝鮮高校を卒業しても大学入試を受けられず、十全な大学入学資格をとるには、高等学校卒業程度認定検定試験（旧大学入学資格検定＝大検）を別に受けなければならなかった。それどころか、一九九九年以前には、大検（当時）を受験する資格すら認められていなかった。

当時は、グローバル化のなか、外国からの国内への投資をよびこむ規制緩和圧力を背景に、日本政府が二〇〇三年度から外国人学校のうち、欧米系インターナショナルスクールにのみ大学受験資格を認める「弾力化」を行おうとしていた。英語による教育を行う学校を対象とする、欧米の三つの民間評価機関の認定基準をそのまま採用し、それに当てはまるインターナショナルスクールだけを対象にするものだった。そのため無認可校であろうと対象になる一方で、当然朝鮮学校をはじめとするアジア系外国人学校は、自動的に対象にならない。あからさまに差別するこの政策には、各方面からの猛抗議が殺到した。その結果、同案は「凍結」された。

対案として文科省から出された二〇〇三年九月の新方針は、原案通りの①インターナショナルスクール等に加え、②本国枠（外国において当該外国の正規の課程〔一二年〕と同等に位置づけられている外国人学校の卒業者）と、③その他（大学の個別審査により高校卒業と同等以上の学力があると認められる者）を加えるというものだった。あくまで、この措置はグローバル化にともなう大学入学資格の「弾力化」（規制緩和であって差別是正ではない）にすぎず、新方針も、旧案に②本国枠と③その他枠を追加するものにすぎない。

問題は、②の本国枠に、国交のない国である台湾と北朝鮮が入るのか否かだった。結果は、台湾系中華学校は②に認められる一方で、朝鮮学校は②でなく③の枠組に追いやられた。これは差別以外の何ものでもなかったが、結局この方針がとおった。

二〇〇四年度から使われたこの三つの類型は、二〇一〇年度からの高校無償化の対象となる外国人学校の枠組としても事実上採用されたのである（①・②・③がイ・ロ・ハにスライドした）。朝鮮学校は③なので、「ハ」にあたるとされたのだった。特別な「審査」の引きのばしによってレイシズムを実現させつつ、さらに安倍政権後は「ハ」枠を丸ごと削除することで隔離を完成させた、ということになる。

このように、五二年体制（国籍の壁）は、グローバル化のなかで規制緩和に対応して変容をとげると同時に、さらなる差別を生みだしつづけている。

そしてこのレイシズム政策は、極めて大きな差別煽動効果を発揮した。ヘイトスピーチが頻発する以前から日本のレイシズム批判を行ってきた刑法学者の前田朗は、「日本政府が社会に向けて「朝鮮人は差別してもいいいんだ」と煽動し、「差別のライセンス」を発行している」と適切に批判している

(前田朗編『なぜ、いまヘイト・スピーチなのか』二一頁)。

今年(二〇一六年)三月に文科省が朝鮮学校のある自治体に送りつけた、補助金見直しを迫る通知は、その最たる例であろう。そして国のメッセージをあからさまに忖度《そんたく》したのが、自治体だった。

自治体による朝鮮学校排除

朝鮮学校に支給されていた自治体の補助金が、近年雪崩を打って削減・減額されている。すでに二〇一二年の時点でわかっているだけでも、「大阪府、大阪市、東京都、埼玉県、千葉県、宮城県、水戸市、神奈川県、福岡市、広島県、広島市、山口県、仙台市、新潟県、四日市市、下関市」などが、補助金を打ちきっていた(金東鶴前掲論文、前田編前掲書、五五頁)。

これに弾みをつけたのが高校無償化除外だった。自治体の担当者は、国が除外を決めたことを補助金削減・減額の根拠にあげている。国による公式決定によって、自治体と担当者は心おきなく在日コリアンへの差別を正当化できるようになったのだ。

そもそも、それ以前から出されていた補助金も高校無償化除外が決定する直前の二〇〇九年時で、全国平均で日本の公立学校の約一〇分の一、私立学校の三分の一から四分の一程度のごく貧弱なものにすぎなかった(同前、五九頁)。念のため言っておけば、対象となる学生規模もわずかであり、補助金は自治体の財政全体からすれば、痛くもかゆくもない支出にすぎず、削減・廃止による「財政上の利」は、ほぼなきに等しい。継続しようと思えばいくらでも可能な補助金を、あえて削減・廃止するというのである。それだけに差別煽動効果はより大きくなるし、社会を破壊に導くダメージも大きい。

補助金だけではない。二〇一三年四月に、東京都町田市は、小学生に配布していた防犯ブザーを朝鮮学校だけに配布停止した。これはさすがに猛抗議を受け、配布停止を撤回したものの、町田市は最後まで謝罪をしなかったという。これは「朝鮮人は犯罪にあってもかまわない」というメッセージ以外の何ものでもない。ちなみに担当者は、「市民感情」を理由にしたという。

東日本大震災や福島第一原発事故に関する支援や福祉についても差別がある。たとえば、福島県郡山市にある福島朝鮮初中級学校は、公立校には貸し出された放射線測定器の貸し出しを拒否されている。理由は「各種学校だから」という。宮城県が3・11の直後に、被災した仙台の朝鮮学校に対して行ったことは、補助金打ちきりだった。

第2章で指摘したとおり、レイシズムは生死を分ける。被災時の朝鮮学校差別は、災害時に人を「生きるべき／死ぬべき」グループに分け、朝鮮学校の生徒や在日コリアンはじめ在日外国人を「生きるべき」人間ではない、と示すガイドラインを提示することにほかならない。関東大震災時に朝鮮人虐殺が起きた際、警察がつくった「朝鮮人識別法」が、生／殺判別のマニュアルとなったことを思いおこすべきだ。

さらに深刻なのは、これら自治体による差別は、国による差別煽動を背景に、極右活動の圧力に屈するというかたちで行われ、レイシズム「運動」の格好の「成果」になっていることだ。新しい「朝鮮学校狩り」は、いまや暴力を必要としない。それは電話・ファックス攻勢から、SNSでのヘイトスピーチ拡散など、手軽な手段で行われる。強い差別煽動と新自由主義圧力、産経新聞による実況レポート、自治体担当者の「自主規制」といった要素が加重されることによって、赤子の手をひねるほど簡単に「成果」がでる。「血税」が不正に使われているとの印象を与える住民監査請求は彼らの強力な武器である。

またこういった極右・排外主義者からの圧力は、首長がレイシズムを実行することの「言い訳」にも使われている。神奈川県黒岩知事は、同時期に補助金を打ちきった際、「盾になり続ける気持ちがうせた」と公言した。これは「排外主義に染まった人々からの圧力に行政が屈する、あるいは同調する」ものであり、それが「排外主義者らをますます増長させている」のは明白だ（同前、五六頁）。

ようやく二〇一五年一二月、埼玉県弁護士会は、埼玉県の補助金不支給に対し是正を求める「警告」を発した。そこでは、「「拉致問題等の未解決」を理由として申立人（朝鮮学校側）への私立学校運営補助金の支給を凍結していることとじたいが、積極的に差別を助長しかねない極めて重大な人権侵害」であるとし、警鐘を鳴らしている。

埼玉県上田知事は、二〇一三年二月一三日の定例会見で、「日本人拉致問題が何ら進展がなく、度重なるミサイル発射や核実験など、もう我慢にも限界がある。埼玉朝鮮初中級学校の運営費補助金を二〇一三年度の一般会計当初予算案に計上しないことを決めた」と公言した。「拉致」「核」「北朝鮮」を口実にすれば差別してもよい、という差別煽動のメッセージが、このように政治空間から何度もくりかえされてきている。

◆石原慎太郎発言――政治家・政党による差別煽動の最悪の見本

国・自治体による差別だけではない。それ以上に深刻なのが政治家・政党による差別煽動である。もっとも悪質な事例を取りあげたい。二〇〇〇年の石原慎太郎都知事（当時）による「三国人」発言事件だ。

この事件は、自衛隊の前で災害時の外国人に対する治安出動を訴えたという、レイシズム・ジェノサイド煽動だった点だけでも極めて深刻だった。だがそれ以上に、その後、国連から人種差別撤廃条約違反だと批判された石原のヘイトスピーチを市民社会の側も結局容認し、これを批判しきれなかったことが、その後の政治家のヘイトスピーチに「タガが外れた」状況をつくりだしたという意味で決定的だった（以下、岡本雅享「日本におけるヘイトスピーチ拡大の源流とコリアノフォビア」、駒井洋監修・小林真生編『レイシズムと外国人嫌悪』明石書店、五三～五六頁を参考にした）。

石原は二〇〇〇年の年頭、「（九月三日防災訓練では）不法入国の外国人による大略奪が新宿とか池袋で起きるかもしれない」ことを想定した「戦車とか装甲車で街を封鎖する訓練」を、自衛隊の三軍を動員して行いたい、とのべていた（石原慎太郎「永田町紳士淑女を人物鑑定すれば」、『正論』二〇〇〇年三月号）。

そして四月九日には、陸上自衛隊第一師団の創隊記念式典の挨拶で、「今日……不法入国した多くの三国人、外国人が非常に凶悪な犯罪を繰り返し」「大きな災害が起こった時には大きな騒擾《そうじょう》事件すら想定される」ので陸自が出動、治安維持を遂行してほしい、と発言した。

「三国人」とは、在日コリアンが戦後闇市で不法・暴虐をつくしたとする事実無根のデマと結びつけられた言葉であり、戦後に新たにつくられたヘイトスピーチだ。彼がその言葉を使った時点で大問題だが、それ以上に、自衛隊の目前で行われた、災害時には外国人と在日コリアンという集団はまるごと敵になるという訓示は、まさにレイシズム煽動であった。しかも戦前の反省から自衛隊の本来任務からは外されたはずの治安出動を、都知事が臆面もなく要請したのだ。

石原はその後、都庁内で行った記者会見で、「三国人」には、「入国したあと不法に滞在している外国人も含」むこと、「東京にいっぱいいる、不法入国した、身元のはっきりしない人間たちが必ず騒擾事件を起こす」、「東京の犯罪はどんどん凶悪化してきている。誰がやっているかといえば、全部三国人」とヘイトスピーチをくりかえした。

この発言が報道されるや、さっそく市民社会への差別煽動効果が発揮された。JRの大阪駅構内などで「大阪の街を汚す三国人、日本からでていけ」などの落書きが次々と見つかった。東京では入管に「近くに外国人が住んでいて怖いので、捕まえに来てほしい」との電話がかかった。ドイツ人留学生には、「石原都知事は、外国人は犯罪者だと言ったそうだ。お前も犯罪者だ。この国から早く出ていけ。……帰るのがいやなら死ね」とつづられた、匿名の脅迫状が届いた。

この問題は国会でも取りあげられている。二〇〇〇年四月一九日の衆議院外務委員会で、藤田幸久議員の「人種差別撤廃条約第4条（c）に違反しているのではないか」との質問に、当時の河野洋平外務大臣は、4条（c）に抵触するか否かは判断しなければならない、といったんは答弁したものの、石原が都議会民主党幹部に宛てた四月一九日付文書「今後とも差別意識の解消と人権施策の推進に積極的に務める」との表明をもって、知事には差別助長・煽動の意図がなかったと判断し、意図をもたず行われた場合には条約違反にならない、との独自解釈をつくりだして免責してしまった。

これは致命的であった。反レイシズム法としての人種差別撤廃条約の効果をないがしろにするものだった。

この問題は当時の知識人やNGOによって国連にもちこまれ、二〇〇一年三月国連人種差別撤廃委員会は、石原発言を「差別的な発言」と判断、日本政府に対し、政府解釈と、4条（c）違反の結果としてしかるべき行政・法律上の措置を取らないことに懸念を表明、再発防止措置を要求した。

だが石原は、処罰されないのをよいことに、醜悪かつ凶悪なヘイトスピーチをそれ以後も確信犯的にくりかえした。

国連勧告以前にも、二〇〇〇年九月三日には、都の「総合防災訓練」に、七一〇〇人の自衛隊員と、車両一九〇〇台、航空機一二〇機、艦船二二隻の「三軍」を動員し、銀座など都内一〇カ所で過去最大規模の「訓練」を行ったが、その際、「想定されるかもしれない外国からの侵犯」に言及し、「自らの力で自分を守る気概を持つ」よう唱えた。

国連勧告後の二〇〇一年四月八日には、一年前と同じ自衛隊練馬駐屯地での創立記念式典で、「不法に入国した多くの外国人が卑劣な犯罪を繰り返し、東京の治安そのものが危機に瀕している。……もし首都に大きな災害が到来した時にどうするかを……積極的に考えなくてはいけない」と発言。

二〇〇一年五月八日の産経新聞「日本――内なる防衛を」では、「無残に顔の皮をすべて剝がれた」殺人事件の犯人は中国人、と記した後、「こうした民族的ＤＮＡを表示するような犯罪が蔓延することで、やがて日本社会全体の資質が変えられていく」恐れがあり「迫りくるものの排除」（中国人排斥）を唱えた。

また、二〇〇三年七月二二日の朝日新聞朝刊東京版「石原知事発言録」には、「（罪をおかした外国人を）捕まえても、変な人権派の弁護士が来たり通訳が必要だったりする」との発言をしている。右のように、社会を防衛するために「他人種」を見つけだし、根絶やしにすべきだという恐ろしい生物学的レイシズム煽動を、石原はその後も幾度となくくりかえし、社会はそれを放置した（他の発言については三〇三頁で触れるＡＲＩＣ政治家レイシズムデータベースを参照）。

石原のヘイトスピーチを規制・処罰できなかったことは、彼の確信犯的な差別煽動の反復を許しただけではない。ほかの政治家がヘイトスピーチをくりかえすことを許し、助長・煽動する効果をもった。

たとえば二〇〇三年七月には、自民党の江藤隆美が、「朝鮮半島に事が起こって船で何千何万人と押し寄せる。国内には不法滞在者など、泥棒や人殺しやらしているやつらが一〇〇万人いる」と発言した。彼は「新宿の歌舞伎町は第三国人が支配する無法地帯。最近は、中国や韓国やその他の国々の不法滞在者が群れをなして強盗をしている。そんな国がありますか」とも発言している。同年一一月には、松沢成文神奈川県知事（当時）が、「中国なんかから、いろいろ就学だか学生だとか言ってビザを使って入ってくるけれども、実際はみんなこそ泥」と言いはなった。二〇〇四年には、麻生太郎が東京大学の講演会で、「創氏改名は朝鮮人が名字をくれといったのがはじまり」という歴史否定のヘイトスピーチを行っている。

一連の石原発言に対して、岡本雅享は次のように指摘していた。

「自ら外国人犯罪報道を広めてきたメディアは、前年、石原発言を「三国人」という差別用語発言として批判したため、その用語を使わない同趣旨の発言に対し批判の軸を失い、報道は格段に縮小した」（岡本雅享前掲論文）

この指摘はいま極めて重要だ。一連の事件は、差別を批判するときに、あからさまな差別語の有無という形式的なモノサシの機械的な適用だけでなく、具体的な文脈のなかでその発言が社会的にどのような差別煽動効果をもつのかというモノサシからレイシズムのひどさを測るべきであることを示す痛恨の教訓となっている。一般的な社会的規範として反レイシズムを成立させるための社会的回路を切り拓くために努力することをあきらめて、差別語だけをなくそうとすると、とくにおちいりやすいワナでもある。

◇排外主義・レイシズム煽動による集票構造の成立——極右議員・政党跋扈の背景

上からの差別煽動が強力に作用しつづけた結果、九〇年代後半以降、新しい政治的構造が生まれた。排外主義・レイシズムを利用することで、極右議員・政党が選挙で票を集めることができるという政治的構造だ。それは、とくに二〇〇二年「拉致事件」以降、常態化したと言ってよいだろう。

もっともわかりやすい事例は安倍晋三だ。安倍は「拉致問題で首相になった」と言われるほど、北朝鮮の拉致事件をテコとして排外主義を煽動することで人気を博してきた政治家である。

念のために言っておけば、北朝鮮による日本人拉致事件は、国家が引きおこした許されざる人権侵害である。それは、北朝鮮が同時期に引きおこした韓国人拉致事件や、レバノンや欧州はじめ諸外国から民間人を拉致した事件と同様だ。それらは、朝高生襲撃事件が起きた時代、朝鮮半島の南北分断状況がもっとも激烈だった時代に北朝鮮が引きおこした人権侵害行為だ。なによりも事件の真相究明がなされねばならず、国家の責任が明確にされねばならない。

問題は、この拉致問題を、日本政府や与野党の極右議員が自らの政治に最大限利用し、その結果、レイシズム・排外主義を徹底的に煽動したことにある。二〇〇二年の拉致問題以降、これを引きあいに出して北朝鮮への強硬姿勢を打ち出すほどに人気が上昇し、票を集めることができる構造がつくられた。そして極右議員・政党はこぞってこれを利用したのである。

本書の原稿執筆中に熊本で大震災が起きた（二〇一六年四月一四日）。直後に、ＳＮＳで「朝鮮人が井戸に毒を投げた」といったヘイトスピーチが頻発したのには驚愕したが、心底恐ろしかったのは、福岡県行橋市の市議・小坪慎也が、「『朝鮮人が井戸に毒』に大騒ぎするネトウヨとブサヨどもに言いたい！」なるタイトルでブログ記事を公開し、「『朝鮮人が井戸に毒を入れた』というデマが飛び交うことに対しては仕方がない」と公然と擁護していたことだ。それだけではない。「治安に不安がある場合は、自警団も組むべきだろう。〔中略〕しかし、疑心暗鬼から罪なき者を処断する・リンチしてしまうリスクも存在する。そうはなって欲しくないが、災害発生時の極限状況ゆえ、どう転ぶかはわからない」とも記した。つまりは、被災時には自警団を組織せよ、そしてその際、集団リンチ・殺害が起きても仕方がないと書き、その根拠として、「外の人を恐れるのは仕方ないし、当然のこと」、「もっとも身近な外の人が朝鮮人」だと主張した。

小坪のヘイトスピーチは、一六年前の石原さえ凌駕した。石原は、あくまで平時に災害時を引きあいにだして煽動した。だが小坪は、震災の真っ只中で、熊本が相つぐ余震に見舞われている最中に、ジェノサイド煽動を臆面もなくやってのけたのだ。

本章の1でのべたとおり、日本は反レイシズムゼロの企業社会である。代議制民主主義が機能不全におちいった状況で、「上からの差別煽動」と極右・レイシズム煽動による集票構造が成立した場合、もっとも恐れなければならないのは、小坪のような地方・国会議員による極右活動だ。日本は極右・レイシストが議員として自由に活動できる唯一の先進国である。それだけにこれら極右政治家の監視活動は極めて重要となる。この課題にどう向き合うかは第6章であつかう。

◇「上からの差別煽動」と「在日特権」攻撃

在日コリアンの特別永住資格の廃止は、レイシストがもっともよく取りあげる「目標」だ。在特会の目的もこれであり、具体的には入管特例法の廃止である。しかしこれは、在特会ら民間のレイシストグループ・個人だけが主張しているのではない。影響力のある右派議員も特別永住を攻撃対象としており、集票のためのテーマとなっている。

第3章でも取りあげたが、橋下徹大阪市長（当時）は、在特会会長（当時）桜井誠と会見した翌日、こう明言していた。いつまでも特別永住を認めるのはどうか、永住資格に一本化したほうがよい、と。

当時強く覚えているのは、反レイシズム陣営の側でも、橋下の姿勢を擁護・評価する声が多かったことだ。桜井との会見時、橋下は感情をあらわにして桜井の暴言に応酬した。たしかに、レイシストに対しては「マナー」をねじ曲げてでもその場で批判しなければならないという意味では、彼の対応はまちがいではない（そのような態度を即座にとらない他の政治家が論外なのだが）。

しかし、私は凍りついた。在特会が目的とする特別永住の廃止に、橋下はあからさまな共感を示した。しかもそれを国政で訴えろと公然と煽動しているのである。

特別永住を廃止せよと政治的に主張することは、形式上は合法であり、「レイシズム」ではない。だが、実際にはレイシズムである。なぜなら本書でのべてきたように、日本は一九五二年体制という、外国人を入管法で一律管理する方法で（国籍「区別」に偽装して）レイシズム政策を行ってきたからだ。「特別永住」はその例外的あつかいだからこそ、橋下らはこれを廃止しよう、と社会に向けて煽動したのである（一八八頁一六行目以下参照）。

つまり橋下は、「殺せ」などの暴力をふくむヘイトスピーチは規制すべきだが、一見形式的には差別には該当しないかたちで、「特別永住」廃止を政治運動のなかで行うべきという差別煽動を、社会に対して行った。いかに日本で合法的に在日コリアンを差別できるかを示す見本のようなケースだったが、残念ながら、この点についての批判はおどろくほど見当たらなかった。それは、いまヘイトスピーチに反対する知識人のあいだでもそうなのだ。

この問題が「見えない」のは、すでに指摘したとおり、反レイシズムが差別禁止にとどまらず、マイノリティの権利（特別な権利）を擁護しなければ実質的平等が達成できないという社会的規範が日本に存在しないことが大きい。だが、この水準で反レイシズムを闘えなければ、在特会のようなヘイトスピーチには反対できても、橋下徹らが煽動する五二年体制をフル活用した「合法的な差別」に対しては対抗することができない。その結果、「上からの差別煽動」が市民社会のレイシズムを煽動する強く太い社会的回路が「見えない」ままとなる。

この「在日特権」攻撃は、朝鮮学校補助金削減「運動」のなかでも多用されてきた。前述の埼玉県上田知事のように、「北朝鮮」を口実にした補助金削減は露骨な差別でもある。だが重要なのは、形式的差別だけでなく、あくまでも新自由主義による財政削減を口実にレイシズムが正当化されている点だ。「税金の無駄遣い」というかけ声で、先に見た朝鮮学校補助金の削減・廃止が実行されているからこそ、たんなる差別反対では対抗し難いのだ。

◆欧米と日本のちがい——上からの露骨なレイシズム煽動ができる日本

　このような「上からの差別煽動」メカニズムはもちろん日本だけにあるものではない。しかし、日本と欧米とでは決定的なちがいもある（図９参照）。

　第４章でも見てきたように、欧米では、基本的にレイシズム・歴史否定・極右が、政策・法律・そして社会的規範のなかで規制されていると言える。そのため、欧米では露骨なレイシズム・歴史否定・極右は、政治空間に入りこめない（少なくとも建前上は）。とくに「「西欧では、人種差別〔レイシズム〕や歴史修正主義を疑われれば、政治指導者は政治生命を失いかねない。実際に、〔オーストリアの極右政治家〕ハイダーは「第三帝国の適切な雇用政策」発言によって、州知事を罷免されている。〔極右でない〕右翼ポピュリスト政党すら「人種差別主義（racism）」との批判を極力回避するように努める」（古賀光生「欧州における右翼ポピュリスト政党の台頭」、山崎望編『奇妙なナショナリズムの時代』岩波書店、一五五頁、〔〕内は引用者）。

　ここでは欧米／日本を対比させて図９を作成したが、図に反映されない重要な差別煽動メカニズムはもちろんある。たとえば欧米でも、①選挙への立候補や議員の不逮捕特権などを極右が利用して露骨に差別を煽動するケースもある（米国のトランプ現象等）。さらに②第４章「欧米先進諸国の反レイシズム2.0が直面する課題」の項（二二〇頁）でのべたとおり、欧米の反レイシズムにもダブルスタンダードがあり、とくに植民地主義に関しては日本に似た「上からの差別煽動」もある（フランスのムスリム差別等）。

図９　政治空間からの差別煽動

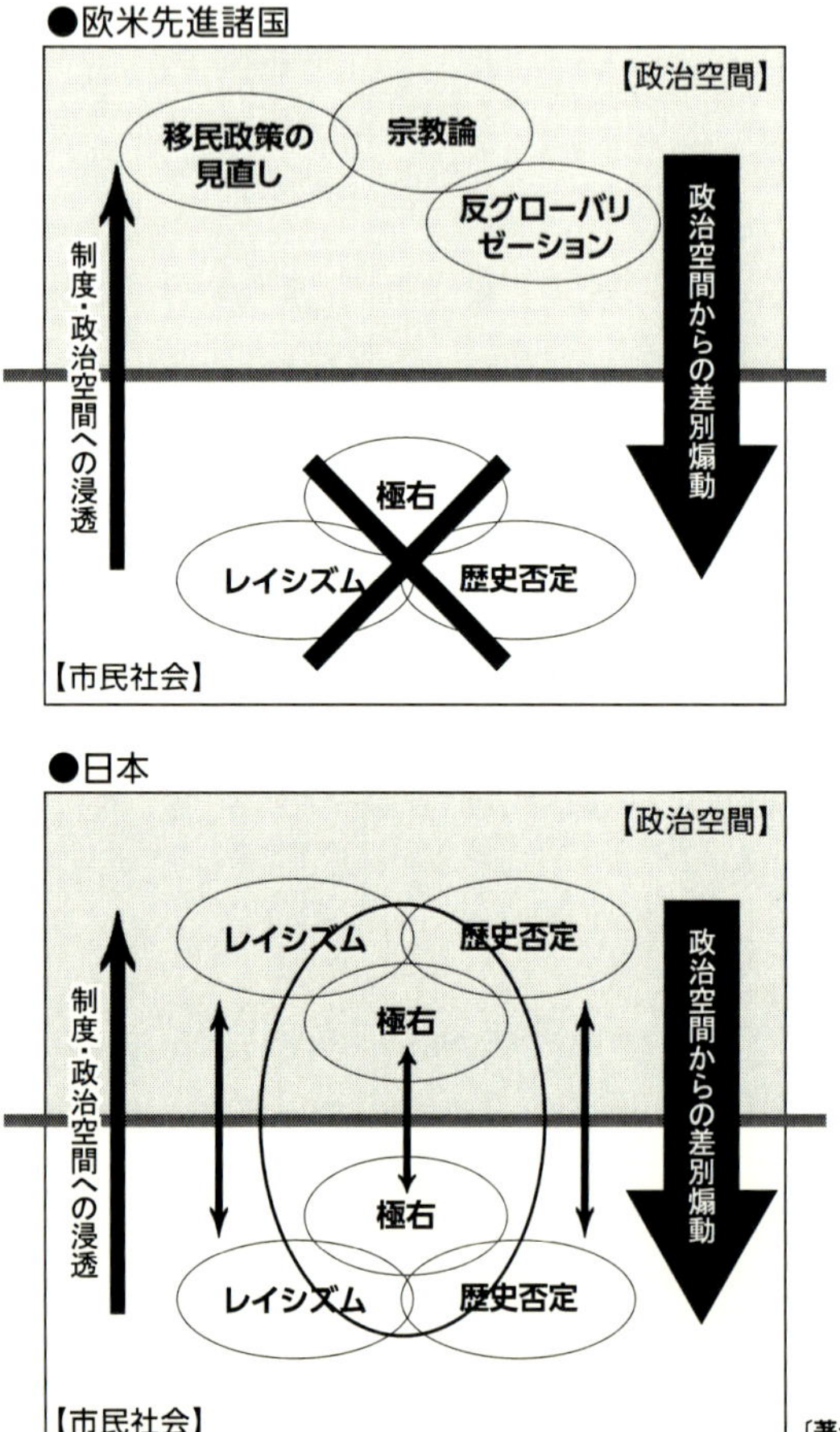

〔著者作成〕

上図：欧米先進諸国では政治空間でのレイシズムと歴史否定は建前上は許されず、極右勢力も基本的にはしめだされている（政治空間に浸透する場合は「極右ではない」と自己主張し、移民・反グローバリズム・宗教論にレイシズム・歴史否定を変換）。

下図：日本では戦前の侵略戦争・植民地支配が不処罰のままであり、極右を定義できない。反レイシズム・反歴史否定の規範もない。そのため政治空間でさえレイシズム・歴史否定・極右が野放しであり、それらを市民社会と政治空間を横断する形で組織可能であり、その結果政治空間から市民社会に向けた差別煽動の効果が極めて強く、市民社会でレイシズムが暴力に結びつく社会的回路が高度に発達。

あえて図9のような図を用いた理由は、ひとえに、日本が①反レイシズム・反歴史否定・反極右規範（法律として制度化されるほど高められたもの）がゼロだからであり、そのために②「上からの差別煽動」が社会的批判を浴びず放置されるどころかまったく可視化されることさえなく、さらに③その効果は量的にも（ヘイトスピーチ頻発など規模・回数の増加）質的にも（極右活動の組織と活動形態、反差別規範の破壊、差別への社会的ハードルの低下、加害者らがくりかえす差別の「正当性」とその醜悪さや凶悪さ、そして周囲の「目」の寛容さ……等々）極めて大きいと考えるためだ。両者のちがいを軽視することは、日本での反レイシズム1.0を闘いとるという目前の課題を見誤らせ、実践上極めて大きなマイナスをもたらしかねない。

図9上図で念頭に置いているのは、欧州での極右規制と、台頭しつつある「右派ポピュリスト」現象だが、これは日本の状況（下図）とはかなり異質な側面をもつ。古賀光生は、西欧では「右派ポピュリスト」政党がその国の「主要政党と大きく異なる」主張をすることで「独自の支持層を確保できた」のに対して、日本では「たとえば入管政策や対外認識などで排外的な主張を展開したとしても、自民党をはじめとする既成政党との違いは乏しい」という貴重な指摘をしている（古賀前掲論文、一五四頁）。

極右の組織化に関連して重要なことは、前述のとおり、戦後日本には反極右規範がなく、右翼と極右を区別するモノサシさえ存在しないことである。そして第3章で見たとおり、戦後日本政府のレイシズム政策は、在日コリアンに関してはほぼ一貫してあらたまることがなかったことだ。このことは日本で極右が「極右だ」と思われることなく事実上レイシズム活動をつづけることを容易にする一方で、右翼と差異化するかたちで活動することを困難にする。というのも、国も差別してくれていて、しかも差別禁止法もつくらずマイノリティの権利保障もせず、アジア侵略の歴史も否定しないうえに、保守のまま西欧で規制される極右レベルの差別をする自由が政治空間にも市民社会にも保障されている以上、あえて右翼と差異化された極右を形成する必要性は乏しいはずだからだ。在特会ら極右は「在日特権」廃止なる、荒唐無稽な「要求」を掲げる以外に、右翼と自分たちを差異化することができない（だがそれが国のレイシズム政策としての一九五二年体制を活用し、その徹底を求めるかたちで市民社会でのレイシズム煽動が可能だという意味では、実践的な要求でもある）。往々にして「反政府」である欧州のネオナチと異なり、在特会ら日本の極右が既存政権の差別政策に賛同し、「もっと差別しろ」というかたちで差別政策の徹底を求める形態をとるのも、右の条件があればこそだろう。

このように反レイシズム・反歴史否定・反極右の規範がなく、右翼と極右が区別されず地続きのままでいられる特殊な状況が日本には存在するという意味もこめて、図9の下図ではあえて極右を、市民社会と政治空間を横断する楕円で強調して描いている。

他方、反レイシズムに関連して重要なことは、西欧では「右派ポピュリスト」が政治空間に浸透する際に、自らをわざわざ「レイシスト／極右ではない」と言いつづけなければならないということだ。これは反レイシズム規範／法という社会的バリアが1.0だけでなく2.0レベルで構築されていることと無関係ではあるまい。連邦レベルではヘイトスピーチが法規制されていない（職場など例外がある）米国でさえも、前述のトランプが深刻なヘイトスピーチを選挙活動でくりかえした社会的代償として、ホワイトハウス・政治家・政党・マスコミ・ハリウッドスター・労働組合・NGO・市民団体と個人等から猛烈な批判を浴びせられていることは周知のとおりである。

だがもし仮に、日本でトランプのような人物が選挙に出馬したとしても、残念ながらそこまでの社会的批判は望めないだろう。ジェノサイド煽動をはじめ女性・障がい者等への差別煽動をくりかえした石原慎太郎が圧倒的な支持を得ながら三期も都知事の座に座りつづけたことがそれを立証している。また日本の政治家のなかには、トランプ並みのヘイトスピーカーは山ほどいる。

日本では反差別規範という社会的バリアがほぼゼロであるからこそ、先進国で唯一の〝レイシスト天国〟国家となっている。したがって街頭や職場での遊び半分の差別犯罪が跋扈するだけの悪質さにとどまらず、「上からの差別煽動」効果も他国と異なった条件下で非常に悪質なものとなっていると考える。

図9の視点から見えてくる別の問題は、日本の極右が一見、欧州の極右と同じような「高等戦術」（移民政策の見直し・宗教論・反グローバリゼーション）を採用しているように見えようとも、実際にはまったく異質な意味をもつという点だ。もちろん、グローバル化を背景に先進国内部で台頭しつつあるレイシズムであるという程度の抽象度の高いレベルで言えば、「共通の文脈」はあるだろう。だが、日本のヘイトスピーチで見られる難民バッシングや政策見直し論は、欧州のそれとは「文脈」が異なる。

「出入国管理及び難民認定法」という法律の名称が示すとおり、難民認定法を入管法のなかに溶けこませた日本の難民認定数は、わずか二七名（二〇一五年）である。それでも日本で難民排斥運動が台頭するのはなぜか。それは決して反差別規範に圧されてとられた「高等戦術」ではあるまい。差別へのハードルが低すぎるために遊び半分でヘイトスピーチができる状況下に加え、一九五二年体制としての入管法を差別の武器にできる状況が放置されていることを考えれば、難民をほぼ受け入れていないこの国で醜悪な難民排斥が起こることも、十二分に考えられることだ。

これは往々にして欧米ではＡＡ（アファーマティブ・アクション）やＰＡ（ポジティブ・アクション）批判という形態をとる差別煽動が、日本では「在日特権」なるヘイトスピーチとしてあらわれる構図と同じである。

米国でトランプがムスリム入国禁止を主張したり、フランスでＦＮが台頭しつつあることは、たしかに極右が政治空間に浸透しつつあることと、それによる差別煽動が深刻なことを示している。だが注意すべきは、これらの現象は、むしろ「日本化」というべきものであるということだ。

レイシズム規制も歴史否定規制も極右規制も何もない、先進国で唯一のレイシズム自由国家日本のように、欧米が徐々に変質しつつあるのだ。

3 歴史否定

◇歴史否定とヘイトスピーチ

日本のヘイトスピーチ頻発状況を招いた第三の要因は、歴史否定だ。九〇年代以降、政治空間からの歴史否定の頻発が、政治空間からの差別煽動を補強している。また、反レイシズム規範がないように、戦後日本にはドイツのような反歴史否定規範もない。そのため歴史否定の台頭に対して、まったくと言っていいほど歯止めがかからなかった。

歴史否定とは、ナチスによるユダヤ人虐殺（ホロコースト）など、近現代史における奴隷制・植民地支配・侵略戦争・ジェノサイドなどの、とくに深刻な人権侵害を否定・歪曲・美化する行為・思想のことである。

日本では、「歴史修正主義」という言葉で紹介されることが多いが、本書で「歴史否定」という語を使う理由は二つある。第一に、欧米では歴史を否定する側が自分たちを正当化するために「修正主義」と自称する場合が多く、それを批判する側は自称「修正主義者」らをもっぱら「否定論者」と名指してきた（ブライシュ『ヘイトスピーチ』参照）。第二に、日本のアジア侵略・植民地支配については、戦争犯罪というジャッジメント（社会的な裁き）が不十分にしかなされず、「過去」の記憶が公的な記憶となっていない。つまり日本には、欧米の「修正主義」が攻撃対象とする「過去の克服」や反歴史否定規範に相当する「修正」すべき社会的基盤が存在しない。

歴史否定はレイシズムと深い関係にある。歴史否定の規制は、レイシズム規制にとって非常に重要な課題である。第4章で見たとおり、ホロコースト否定などの歴史否定は、ドイツをはじめ欧州では明確に刑事罰の対象となる。なぜなら歴史否定がレイシズムを、ジェノサイドを、強力に煽動すると考えられているためだ。

◆戦後東アジアの冷戦構造

なぜ、同じ敗戦国のドイツと異なり、日本では反歴史否定規範が成立してこなかったのか。それは第4章のドイツとの比較でも前述したように、東アジアの冷戦構造に起因している（板垣竜太「Q16

サンフランシスコ講和条約で賠償問題は解決？」、日本軍「慰安婦」問題Ｗｅｂサイト制作委員会編『Ｑ＆Ａ朝鮮人「慰安婦」と植民地支配責任』御茶の水書房、などを参考にした）。

じつは敗戦直後の日本への対日賠償請求は厳しいものだった。そもそも無条件降伏を要求したポツダム宣言には、戦争再軍備が可能な産業は許さないと明記されていた（第11項）。そして一九四五年一〇月の米国調査団報告（米国の対日賠償政策・予備的声明）でも、率直に次のように記されていた。

「要するに、日本の賠償問題とは東アジア全体の経済的安定により政治的安定をも作り出すという問題であって、敗戦国日本から損害賠償として戦勝の分け前を取り立てることが主目的なのではない。アメリカにとっては、日本が支払いうる金銭・財貨・産業設備・サービス等の何物をもってしても、日本軍国主義の打破のために費やされた多くの人命を償うことはできない。従って、アメリカとしては東アジアの復興を目的とすべきだと考える。復興した東アジアの中に日本は存立を許されるが、もはや君臨し支配することは当然許されない」

（大蔵省財政史室編『昭和財政史 第1巻』二一〇～二一一頁）

つまり、米国にとって日本の賠償問題は、正義の問題でも人権の問題でもなく、「東アジア全体の経済的安定により政治的安定をも作り出す」という統治戦略の問題だった。そして、そこで重視されたのは日本ではなく中国だった。同報告では具体的に、「賠償請求権のある諸国に対し日本の産業設備を分配し、これら諸国の経済復興と東アジア全体の経済計画に役立たせる。近隣諸国の原材料を加工する上で決定的な重要性をもつ工程の設備はすべて日本から撤去する」（同前）と書いてある。

日本の生産設備を中国に移転し、中国中心のアジア経済圏をつくりあげ、それによってアジアの政治的安定をつくり、ソ連を封じこめようとしたのだった。

また、早くも一九四六年二月にはマッカーサー三原則が発表されるが、そこでは「戦争を放棄」「封建制度を廃止」とともに、「天皇を元首とする」天皇制の存続がうたわれた。言うまでもなく、アジアへの侵略戦争・植民地支配に最大の責任を負っているのは、昭和天皇だ。米国に極めて協力的で、占領行政遂行についての有能さを認められた彼は、米国のイニシアチブのなかで戦争責任を免責された。同じ枢軸国のイタリアでは、ムッソリーニはレジスタンスに殺され、ドイツのヒットラーは自死した。日本だけは、昭和天皇が戦後も生き残り、なおかつ一九四七年五月三日の新憲法以降も、象徴天皇として存続したのである。

象徴天皇制を納得しないはずの国際社会に認めさせるためにもちだされたのが、憲法９条であった。戦争を放棄するという一見ラディカルな宣言で、国際社会の反発をおさえたのだ。

天皇の免責だけでなく、対日賠償も緩和されてゆく。実際に軍需産業設備が撤去されるなど、「中間賠償」は実行されたが、賠償方針は緩和され、一九四八年五月には賠償撤去中断が宣言された（マッコイ声明）。

戦略変更の背景には、中国の国共内戦で共産党側が優勢を占めつつあり、朝鮮半島情勢も不安定な状況下で、賠償によって日本の経済復興が遅れることが、「冷戦の最前線であるアジアの不安定要因となるという考え方」（板垣竜太）があった。

このようななか、一九四八年一一月に下された東京裁判の判決は、極めて不十分なものとなった。東条英機元首相らＡ級戦犯七人が死刑となったものの、ほかの指導者責任は不問に付されたも同じだった。

そもそも追訴された戦争犯罪は、一九二八年以降の侵略戦争にすぎず、それ以前の戦争犯罪と植民地支配責任はまったく問われなかった。また、日本軍「慰安婦」制度もいくつかの個別ケースについては有罪、あるいは証拠資料が採用されたものの、戦時性暴力としては裁かれていない。また、当時の在日コリアン団体・朝連が、昭和天皇を植民地支配の責任者として処罰せよと要求したが、これは黙殺された。

そして一九四九年に中華人民共和国成立、一九五〇年には朝鮮戦争が全面開戦するなか、米国は日本の国際社会への復帰を急いだ。全面講和（連合国のすべてが参加）より片面講和（資本主義側のみ参加）が追求され、一九五一年九月に米国サンフランシスコで日本との平和条約（サンフランシスコ講和条約）が結ばれた。講和条約では、東京裁判の判決を日本政府は無条件に受諾することになったが、あまりにも不十分な戦争犯罪への裁きだったため、これは日本社会の中に公的規範を形成するには弱すぎた。

講和条約には五二カ国が参加したが、ソ連・ポーランド・チェコが署名を拒否、英国の植民地だったインド・ビルマは出席を拒否、中国・台湾と南北朝鮮は招待されなかった。

そして講和条約は、日本の経済復興優先という口実により、無賠償が原則（請求権放棄）となった。被害国が希望する場合は、貨幣でなく物品と役務（労働力）による賠償を二国間の交渉で個別に請求すること、とされた。日本はほとんど戦後補償を行っていないと言われるが、その原型はこのサンフランシスコ講和条約にある。

講和条約と同日、日本は「全土基地方式」をとった日米安保条約を締結した。日本は官民あげて朝鮮戦争に協力し、「朝鮮特需」で経済復興をとげた。また日米安保条約は、米国によってなし崩し的におしすすめられた沖縄の軍事基地化を法的に追認するものとなった。こうして朝鮮半島分断と象徴天皇制・9条・沖縄の基地化がセットになった東アジア冷戦構造がつくられた。

以上が、すでに見た一九五二年体制の成立と同時に起きたことだ。問題は、歴史的事実（認識や違法性以前の問題）の真相究明がなされぬまま、現在にいたっているということである。

対イスラエル関係や、東独、ＥＣ加盟国との関係に規定された西独とは異なり、米国のヘゲモニーのもとにおかれた戦後日本は、アジア諸国との関係から過去と向き合わねばならない状況を回避できた。六五年の日韓基本条約しかり、七二年の日中共同声明しかり、である。

在日コリアンについて言えば、日韓の二国間においても、その人権（移動の自由の保障やヘイトクライムへの対処など）についてはほとんど問題として取りあげられることもなかった。

戦後日本で反歴史否定の動きが極めて弱かったことは、歴史否定運動を行う強いモチベーションを保守派にもたらすこともなかった。しかし九〇年代にアジアの被害者が侵略の被害を告発するようになってから、歴史否定は劇的になってゆく。

◆九〇年代以降の歴史否定の台頭

日本のアジア侵略の被害者が日本政府にその責任を求める声を上げることができるようになったのは、ようやく一九九〇年代に入ってからだった。一九八八年に韓国で全斗煥《チョンドファン》政権が打倒されるなど、アジア諸国が次々と民主化されるなかで、ようやく被害者が声を上げられるようになった。これを指して高橋哲哉は、「「もはや戦後ではない」から、「戦後はいまようやくはじまった」」（『戦後責任論』講談社、一九九九年）と書いた。

「慰安婦」問題の衝撃と影響

象徴的な事例として日本軍「慰安婦」問題をあげる。

「慰安婦」問題が日本で大きな社会問題となったのは、一九九一年夏に金学順《キムハクスン》ら韓国人元「慰安婦」三名が、日本政府を告発したことによる。金学順は実名で被害を名乗り出た。九一年の金学順の告発は、国会での労働官僚による、日本軍「慰安婦」は「民間の業者が」「連れて歩いている」という、政府の責任を一切認めない答弁（歴史否定）がきっかけだった。

この告発は、日本のみならず世界に衝撃を与えた。そして、この声に応えようとした少数の良心的日本人の運動も立ちあがり、日本政府の責任を追及する運動が遅まきながらはじまった。

一九九二年には、中央大学の吉見義明が、日本軍の組織的関与を示す証拠を発表、これによって日本政府は責任を否定できなくなった。政府による被害者の聞きとりをふくむ調査を経て、一九九三年には河野官房長官談話が出された。

これは、被害者が意に反して「慰安婦」にされたことや、慰安所設置などに「軍の関与」を認め、歴史研究・調査・教育を通じて、「慰安婦」問題を記憶にとどめる、とうたった点で前進だった。しかし、「軍の関与」の内容などについてあいまいに解釈できる余地を残したことや、明確に法的責任を認める点にはいたらないなどの不十分さがあった。それでも、河野談話が明確に歴史教育の必要をうたったことで、最初の教科書検定を経た一九九六年採択の中学校の歴史教科書には、不十分ながら「慰安婦」問題が掲載されることとなった。

時の村山政権は、一九九五年に「女性のためのアジア平和国民基金（アジア女性基金）」を発足させた。民間からの募金をもとに基金を設立し、「見舞金」とともに総理による「お詫びの手紙」が被害者に届けられるということだったが、これはあくまで国の法的責任を認めないまま、カネと形式的「謝罪」を被害者に届け、問題の「解消」をはかろうとするものだった。

そのため、アジア女性基金は内外の猛反発をよんだ。残念ながら日本の社会運動は国民基金の評価をめぐって分裂し、日本軍「慰安婦」制度の法的責任を追及する運動は大きく勢いを削がれた。

九〇年代前半までは、戦後補償運動の「前進期」と言える。だが、戦後初めてアジアの被害者と向きあい、河野談話や教科書への「慰安婦」掲載などのわずかな成果が出るにつれて、歴史否定の動きが、これを攻撃目標と定めて台頭してくることになる。

歴史否定派の台頭と拡大

一九九六年には「新しい歴史教科書をつくる会」（つくる会）が発足、アジア侵略の歴史を美化し加害の史実をゆがめる教科書づくりの運動がおこり、政財界に強い影響力をもつ人物・政党をまきこみ発展していった。

一九九七年には「日本の前途と歴史教育を考える若手議員の会」（若手議員の会）が発足。週に一度のペースで、毎回講師をよんで勉強会を開き、河野談話の撤回や「慰安婦」関係の教科書記述の撤廃を求める活動を行ったが、これは、歴史否定を現役の国会議員の立場からすすめるものだった。同会が出した『歴史教科書への疑問』（展転社、一九九七年）には、事務局長であった安倍晋三の次のような発言が掲載されている。

「……私は慰安婦だったと言って要求をしている人たちの中には、富山県に出ていたというようなことを言う人だっています。富山には慰安所も何もなかった。明らかに嘘をついている人たちがかなり多くいるわけです。そうすると、ああ、これはちょっとおかしいな、とわれわれも思わざるを得ないんです」

「実態は韓国にはキーセン・ハウスがあって、そういうことをたくさんの人たちが日常どんどんやっているわけですね。ですから、それはとんでもない行為ではなくて、かなり生活の中に溶け込んでいるのではないかとすら私は思っている」(前掲『歴史教科書への疑問』三一三頁)

この発言は、いまネット上にあふれているヘイトスピーチそのものと言ってよいほどにひどいものだ。「慰安婦」制度の否定だけでなく、売買春を韓国の「生活の中に溶け込んでいるのではないか」という言い方で民族文化に結びつけるレイシズムだ。

この会は、現安倍首相の政治活動の原点とも言いうる集まりだった。重要な構成員を列挙すれば、安倍晋三首相のほか、第一次安倍政権時の中川昭一政調会長、塩崎恭久官房長官、松岡利勝農水相、菅義偉総務相、高市早苗沖縄北方少子化担当相、渡辺喜美行革相の五閣僚、それに下村博文官房副長官、根本匠首相補佐官が名を連ねた。発足当初は総勢八七名(前掲書)。

同じ時期には、小林よしのり『戦争論』(幻冬舎、一九九八年)がベストセラーとなった。マンガという表現技法を用い、日本のアジア侵略の歴史を正面から美化・肯定した同著は、二〇〇一年度までで九〇万五千部を売り上げている。同著で攻撃対象になったのは、「慰安婦」被害者だった。メディアによる歴史否定の商品化とその成功は、商品と市場の力を通じてレイシズムを煽動する先がけとなった。

極右議員らが推進した歴史否定運動は、着実に成果を上げていった。二〇〇一年の次の教科書採択時には、つくる会の教科書の採択率は一％に満たなかったが、他方では、積極的に「慰安婦」や加害の史実を記述した教科書の採択率も激減した。

　しかし、マイナスばかりではない。二〇〇〇年に東京で開かれた女性国際戦犯法廷では、国際法に照らして、「慰安婦」制度が「人道に対する罪」に、昭和天皇が有罪に当たる、などの判決が下された。アジア各国の「慰安婦」被害者らの証言と関連資料をもとに、具体的な被害に対する具体的な加害行為を詳細に明らかにしたうえで、国際人権法の専門家を招いて開廷した水準の高い民衆法廷で、国際的には大きな反響をよんだ。

　だが、これを報道しようとしたＮＨＫは、直前に安倍ら極右議員の圧力によって番組を改変した。安倍は、「偏った番組」、法廷は「北朝鮮の工作員によるもの」というデマさえ用いた。現役の極右議員が公共放送（国営ではない）幹部に会うことじたいが本来許されるものではなく、それだけで大問題となってよいはずだったが、この露骨な政治圧力による言論弾圧は野放しにされた。

　そして、二〇〇五年の教科書検定ではついに、二〇〇六年度から使用されるすべての中学校歴史教科書から「慰安婦」の記述が削除された。

　すでに触れたが、山野車輪『マンガ嫌韓流』（晋遊舎）が出版されたのは二〇〇五年だった。日本人と朝鮮人が、明確に美・醜に描き分けられた同著は、疑う余地のないレイシズムマンガであり、日本の朝鮮植民地支配を完全に肯定・正当化するものである。基本のストーリーは朝鮮植民地支配や戦後補償、在日コリアンの人権に関するテーマについての、日本人と在日コリアン学生との「ディベート」を通じ、必ず「クールな」日本人が、「感情的・非論理的な」在日を完膚なきまでに論破し、最後には在日が自分から「屈服する」というものだ。植民地支配の歴史否定を通じて在日コリアンを徹底的に攻撃するという内容である。同著は爆発的ヒットとなり、パート4までシリーズ化され、全体で一〇〇万部以上を売りあげたという。

在特会の登場

二〇〇六年末、在特会が結成された。同会が攻撃する「在日特権」は、『マンガ嫌韓流』のパート2（二〇〇六年）が攻撃対象にしているものだ。在特会は、インターネット上でまことしやかに論じられるままに放置されていた歴史否定とレイシズムを、「政治目的」として公然とかかげた。

このような歴史否定の動きは、いまにいたるまで放置され加速されつづけている。とりわけ第二次安倍政権がスタートした二〇一二年末以降は、政権主導で歴史否定が推進されていった。

二〇一三年には、歴史否定論者として著名な作家の百田尚樹ら四人がNHK経営委員となったが、四人はいずれも安倍首相と考えが近いと言われていた。翌年、NHK会長に就任した籾井勝人は、就任会見で「（慰安婦をめぐる問題について）韓国だけにあったと思っているのか。戦争地域にはどこでもあった」、「韓国は日本だけが強制連行をしたみたいなことを言うからややこしい。お金をよこせ、補償しろと言っているわけだが、日韓基本条約ですべて解決していることをなぜ蒸し返すのか」など と歴史否定発言をして、レイシズムを煽動した。

二〇一四年八月には、旧日本軍が済州島《チェジュド》で女性を強制連行し、日本軍「慰安婦」にしていたという、いわゆる吉田清治証言を朝日新聞が「虚偽」と認めると、首相官邸によって猛烈な朝日新聞バッシングが行われた。これは、政府が「慰安婦」制度を根底から否定する歴史否定を通じて、市民社会にレイシズムを煽動するものだった。同時に、テレビ・新聞などマスコミでの反歴史否定の報道を抑圧し、教科書からも記述を削除することに、ほとんど完全に成功した。

先に指摘したレイシズム煽動による集票構造は、当然歴史否定を通じたポピュリズム的政治も可能にする。典型例が橋下徹だろう。二〇一三年に「慰安婦制度は必要」と語り性奴隷制を肯定しただけでなく、その後、在沖縄米軍司令官の前で「風俗を活用してほしい」などと発言した。これは猛然たる批判を浴びたものの、彼は発言を最後まで撤回せず、逆にマスコミが誤解したせいだとメディア攻撃のネタに活用した。

日本の「上からの差別煽動メカニズム」においては、歴史否定が、レイシズムにない固有の役割を果たしている。欧米のホロコースト否定論とは異なり、日本の歴史否定論は政治空間と市民社会を合法的に横断し、橋渡しをする機能を果たすためだ。

いまようやく反ヘイトスピーチの力が、萌芽的ながら日本で反レイシズム規範を形成させようとしている。だが、反歴史否定規範の形成は、日本ではそれよりはるかに困難だろう。前述のとおり、EU諸国と国際関係がまるで異なるアジアでは、多国間安全保障の枠組みもないままであり、日本とアジアで歴史的事実について共通の記憶形成を強いる国際的な条件もない。また政府は加害の歴史を公的記憶とさせず、教育からも排除し、マスコミも反歴史否定をほとんど報じない。つまり日本社会のなかで、規範形成の基本条件となる基本的史実じたいがあまりにも社会的に周知されておらず、それを普及させる手段も限定されている。

上からの差別煽動が猛威をふるうなか、状況を打開するためには、なによりも反レイシズム規範形成を優先させ、その取りくみのなかで反歴史否定規範を同時に闘いとる取りくみを重ねる必要がある。それは、反レイシズムのシングルイシュー闘争からしても必要なことだ。なぜならレイシストらは今後、反レイシズム規範を無視できなくなるだろうが、より対抗するのが難しい歴史否定を、政治空間と市民社会を自由に横断できる「ぬけ穴」の言説として大いに「利用」してくるだろうからだ。

◇グローバル化と新自由主義が招いた東アジア冷戦構造と企業社会日本の再編

本章では、日本のヘイトスピーチ頻発現象が、①反レイシズム規範の欠如、②上からの差別煽動、③歴史否定という三つの原因によって発生していることを見た。このうち、②上からの差別煽動、③歴史否定の台頭は、グローバル化と新自由主義によって引きおこされてきた。

アジア侵略の被害者が日本を訴えることができるようになったのは九〇年代以降だが、当時は日本政府のなかにも戦後補償に応じるべきという考えが一定程度は見られた。日本の多国籍企業が、グローバル経済のなかでアジア市場を確保するためには、必要な環境整備でもあったからだ。つぶされたとはいえ、九〇年代初頭には、金丸訪朝団はじめ日朝国交正常化交渉の動きさえ日本政府のなかに見られた。二〇〇二年の日朝平壌宣言も、本質的にはアジア市場確保と地政学的安定を求めるグローバル資本の利益に沿ったものだ。ちょうど戦後間もなく、日本の賠償の取り立てをテコにしてアジアの政治的安定をつくりだそうとした米国の戦略のように。

他方で日本企業のグローバル化は、日本の「専守防衛」の見直しと軍事大国化をおしすすめる強力なテコでもあった。財界はグローバル企業の進出先での「安全保障」機能を日本政府に求める圧力を高めた。

冷戦崩壊後、九六年に日米安保共同宣言、九七年に新ガイドライン、九九年に周辺事態法、二〇〇四年に有事法制など、一貫して日本の軍事大国化がおしすすめられてきたのは、決して米国への「従属」だけでなく、財界と政府の積極的な欲求に動機づけられている。

上からの差別煽動メカニズムは、まさしくこのようなグローバル化を背景とした日本の軍事大国化推進のなかで、仮想敵国・北朝鮮への憎悪煽動を通じて形成されてきた。その結果が、チマチョゴリ事件であり、ヘイトスピーチ頻発である。

米国のアジア戦略と日本とアジア

他方で、中国をはじめとするアジア諸国は、旧共産圏崩壊後、一気にグローバル市場に巻きこまれ、一〇億人規模の市場・投資先となり、急激な成長センターに発展した。しかし米国は、台頭する中国の軍事的プレゼンスをけん制するために、アジアから米軍を縮小させず、北朝鮮問題をテコに、日米安保体制の強化をおしすすめることとなった。

米国は、常にアジアvs.日米安保の構図にもちこみ、中国中心のアジア秩序形成（アジア＋日本vs.米国）をかく乱する戦略をとってきた。九〇年初頭の日朝交渉も、二〇〇二年の日朝平壌宣言も、米国は核開発問題をつかい、日朝国交正常化の阻止に動いた。日韓・日中・日ロ間にある領土紛争はこのために利用されてきた。あるいは「ジャパン・ハンドラー」とよばれる米元国務副長官のアーミテージは、小泉政権時代に露骨に靖国参拝を奨励しさえした。

この「離間策」は大成功をおさめた。しかし、成功しすぎた。二〇〇六年の安倍政権以後、アジアvs.日本の歴史問題と領土問題をめぐる深刻な対立は、逆に米・日・韓三国の「同盟」にとって部分的にマイナスになるほどに、日本国内のアジアへの排外主義・レイシズムを煽動する結果となった。

これら日本の軍事大国化・対北朝鮮敵視政策と経済制裁、そしてそれと連動するかたちで行われる在日コリアンへの人権侵害や政治的弾圧が、日本社会に大きな差別煽動効果を発揮していることは言うまでもない。

ヘイトスピーチ後のレイシズム暴力

日本で頻発するヘイトスピーチの特徴とそれをとりまく社会状況をまとめておこう。

第一に、日本のヘイトスピーチは、戦後初の民主主義と社会を破壊するレイシズムである。これは従来、レイシズムを組織された暴力にまで発展させることなく強力な社会統合力を発揮してきた企業社会が、グローバル化によってゆらいだことから生み出されてきたものでもある。

第二に、私たちは反レイシズム規範がゼロのまま、この厄介なレイシズム暴力に直面している。半世紀前の欧米のように、組織された産業別労働組合も社会運動もないだけでなく、新自由主義全盛の時代に、反レイシズム1.0を闘いとらねばならないという特有の困難が加わっている。

第三に、上からの差別煽動メカニズムが強力に作用している状況で闘わねばならない。

第四に、反歴史否定規範がゼロのまま、強力な歴史否定煽動の力に抗さなければならない。

このまま行くとレイシズム暴力はどうなるか。レイシズムが暴力に結びつく（レベル4として現象する）見えない社会的回路が、この三〇年の間に広範に形成され、しかも決定的なまでに強化されてしまった（二四六頁、表5を参照）。その結果、朝高生襲撃事件（Ⅰ）の後に、チマチョゴリ事件（Ⅱ）や、ヘイトスピーチ（Ⅲ）といった、差別煽動の新しい社会的回路をもつレイシズム暴力が増大してしまった。

現時点では、Ⅲヘイトスピーチはレイシズム暴力とはいえ、組織された政治暴力をともなうまでにはいたっていない。だが、政治空間に浸透した極右が政治暴力を行使するようになり、それとⅢのレイシズム運動が結合するような事態になった場合、レイシズム暴力は、いまのような襲撃や偶発的暴力ではすまないだろう。

本章で分析した三つの原因——反レイシズム規範の欠如、上からの差別煽動、歴史否定——を人びとが是正・抑制できなければ、レイシズム煽動が流血の事態にいたることを止めることができない。それはマイノリティを破壊するだけでなく、マジョリティの人格を腐敗させるにとどまらず、民主主義と社会を最終的に圧殺せずにはいないはずだ。

第6章

ヘイトスピーチ、レイシズムをなくすために必要なこと

ヘイトスピーチ頻発をくいとめられるかどうかは、日本の社会と民主主義がレイシズムによって破壊されてしまうのを止められるかどうかという問題と同じである。私たちはそのために何ができ、何をすべきだろうか。難問である。以下は私が反レイシズム情報センター（ＡＲＩＣ）の実践を通じて得た経験をふまえての、現時点での「試論」であることをお断りしておく。

第5章で見た、ヘイトスピーチ頻発の三つの要因の除去・是正がその答えになるだろう。つまり①反レイシズム規範の構築、②「上からの差別煽動」への対抗、③歴史否定への対抗、である。

これらの課題には、だれもがすぐにできることから困難なものまで、短期的課題から長期的課題まで、さまざまな課題がふくまれている。それらをどのように相互に位置づけ、どこからどう手をつけたらよいのかが問題だ。

最優先すべき課題は、反レイシズム規範の構築だと考える。レイシズムが民主主義と社会を破壊することを防ぐための第一の規範となるという意味でも、また日本政府・自治体がもっとも否定しづらい課題であり、対策をとらない限り何度でも争点化される課題という意味でも、基本的課題と言える。

◆1　反レイシズム規範の構築――反レイシズム1.0を日本でもつくること

日本社会ではいま、「ヘイトスピーチをどうするか」という問いが立てられている。しかし問わねばならないのは、ヘイトスピーチを生み出したレイシズムそのものである。レイシズムを規制する規範の形成という課題に結びつかないかぎり、ヘイトスピーチにどのような対策をしようとも解決にはならない。

まずは、日本政府に人種差別撤廃条約の理念にもとづいた反レイシズム法をつくらせることが重要な課題となる。また、自治体に反レイシズム条例をつくらせることも肝要だ。

モノサシの普及を――定義と典型的な差別事例

反レイシズム1.0を勝ちとるためには、反レイシズムというモノサシを普及させることがカギとなる。レイシズムの定義と典型的な事例（被害事例）、適用の仕方（モノサシの当て方）を普及させることだ。

いま日本で反レイシズム1.0成立へのけん引役として最も期待できるモノサシの一つは、カウンターをはじめとする反ヘイトスピーチ活動それじたいだろう。反ヘイトスピーチ活動こそが、ヘイトスピーチを「社会が許してはならない悪」として「見える」化させた。とにかく体を張って、非暴力直接行動で街頭でのヘイトスピーチを止めようとすること、それじたいが、反レイシズム1.0の萌芽を形成させた大きな力だった。街宣が野放しになれば、それじたいがレイシズムの正当化につながり、差別煽動の効果を強める。カウンター行動は、街宣が頻発しつづける以上必要であるし、モノサシの機能としても重要だ。

だが、カウンター以外の反レイシズム活動も、規範形成のためにより機能を強化しなければならない。重要なのは、カウンターをふくめた多様な反レイシズム実践を、反レイシズム1.0規範形成のための社会的回路を切り拓くように工夫して行うということだ。そのためにとくに重視すべきことは、①

被害実態調査、②被害相談、③反レイシズム教育、である。

①被害実態調査

被害実態調査の重要性として、第一に、差別の記録・証拠保全を行うことで、反レイシズム政策を国・自治体がつくらざるをえない立法事実となることがあげられる。差別は記録する人がなく、だれも抗議しなければ、「見えない」ばかりか「なかったこと」にされてしまう。

法務省は、ヘイトスピーチについての実態調査を専門家に委託し、今年（二〇一六年）三月末に結果を公表した。いままで深刻な差別の存在を否定しつづけてきた日本政府が、初めてレイシズムを調査し、その存在を認めたことは前進だった。だがこの調査は、インターネットで確認したものが主であり、被害者からの聞きとりもわずかで、しかも最も被害実態をよく知っている民族団体の協力を欠き、公然と活動をつづけている極右団体の調査も不十分だった。

なによりも、レイシズムはヘイトスピーチに限らず、就職・居住・結婚・教育・社会福祉などあらゆる生活面にわたって頻発している。その包括的実態の調査こそ重要なのだが、日本政府による調査は、あくまでもヘイトスピーチに（それも「本邦外出身者」へ向けられたものに）限定したものにとどまることが予想される。その問題点を社会的に可視化させるのは、NGOや当事者団体が行うレイシズムの包括的な被害・加害実態調査・記録以外にない。

第二に、差別被害の事例を記録し、それをマスメディアや出版物やインターネット上でくりかえし「見える」化することで、反レイシズム運動にとっての基盤とすることができる。被害が存在することを周知しつづけることだ。被害記録は反レイシズム教育にとっても重要な、言わば生きたテキストともなる。

第三に、調査・記録で明らかになったレイシズム被害は、個別具体的な被害実態から、その具体的なレイシズム事件の原因を明らかにすることが可能であるし、そこから、差別撤廃・権利回復・再発防止などの具体的解決策を導くことができる。

第四に、明らかになったレイシズム事件を具体的に解決していくなかで、「モグラたたき」に終わらせず、反レイシズム規範形成への社会的回路にリンクさせる方法を考え、実践できる。

第三、第四の点が重要なので、これをＡＲＩＣ（反レイシズム情報センター）の解決事例から説明したい。

反レイシズム規範への社会的回路形成へ——京大生協の事例

二〇一五年九月に発足したＡＲＩＣ関西の学生メンバーが調査した事例に、次のようなものがある。京都大学生協が発行した『京大生の住まい２０１５』という物件紹介冊子に、「留学生入居可否」マークが堂々と採用されていたことが判明した。「留」の字のマーク（図10参照）が付いているものは、留学生の「入居可」の物件、マークがないものは「不可」を示すものだった。

調査した学生チームがその後、京大生協に電話し抗議したところ、生協側の電話に応じた担当者は口頭で、「留学生入居可否」マークが、たしかに「入居可否」を示すことを認めたうえで、抗議に対しては、「差別ではない」「変える予定はない」と明言した。

ＡＲＩＣ関西では、この件についての調査をさまざまな方法ですすめた。結果、以下のようなことがわかった。

図10　「留学生入居可否」マーク

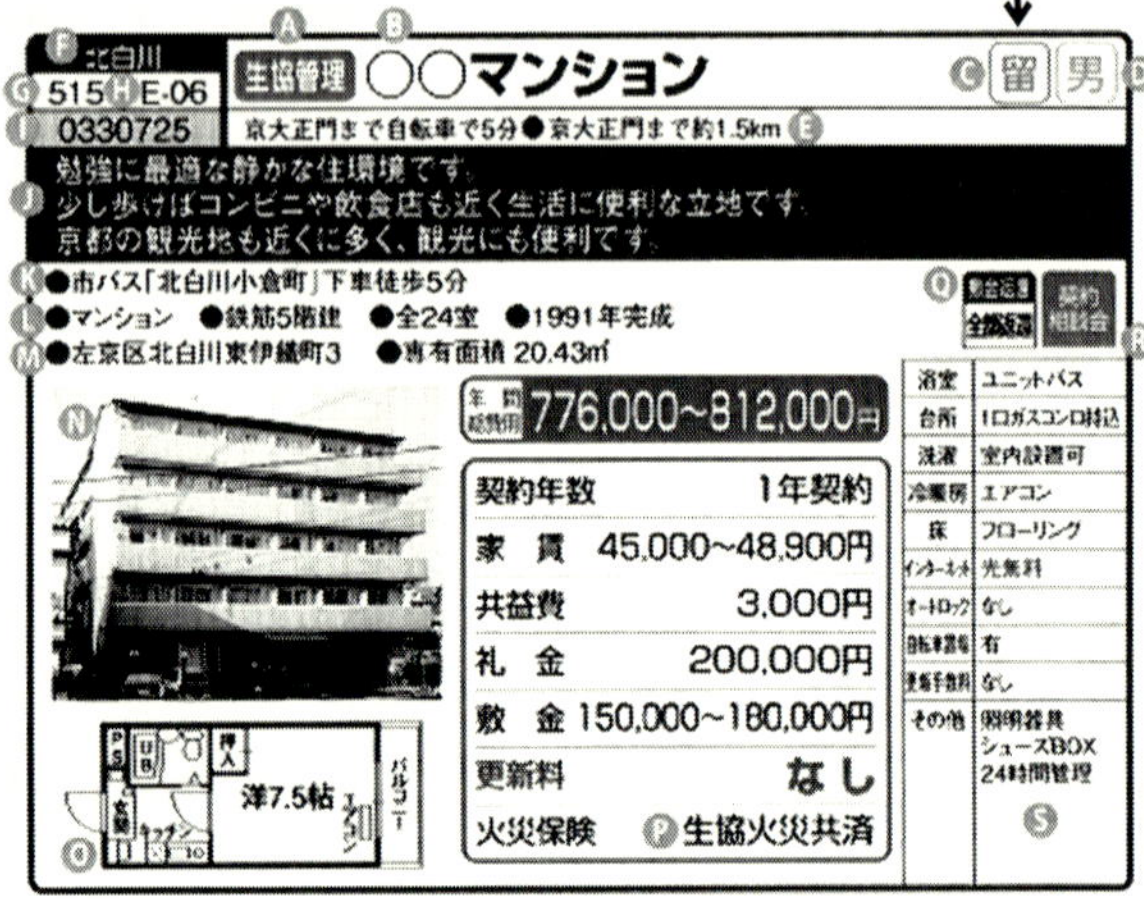

〔『京大生の住まい2015』（京都大学生活協同組合）より〕

・京都府内の大学一〇生協を調べた結果、京大生協だけでなく同志社・同志社女子大生協と立命館大学の計三生協が、同じ「留学生入居可否」マークを採用していた。

・それら物件紹介冊子では、京大生協では物件全三九三件のうち一七二件と、約四四％がマークなし（入居不可）物件だった。同志社と立命館でも、約半数に上った（表7参照）。

・京大生協の冊子では、「留学生入居可否」マークが少なくとも二〇〇六年以降ずっと継続してきた（立命館でも少なくとも一〇年継続）。

「留学生入居可否」というあからさまなレイシズムが、有名大学で、かなり留学生が多い京都で、しかも一〇年以上も放置されてきたことに驚いた。問題は、右の「留学生入居可否」マークがついていない物件の多さだった。これについては、たとえ抗議によってマークが撤廃

【表7】京都府内の大学における留学生入居差別表記の実態調査(2015年)

	物件紹介総数	「留マーク」無（入居不可）	
		件数	総数に占める割合
『京大生の住まい2015』（京都大学生活協同組合）	393	172	43.8%
『同志社大生・同志社女子大生の住まいさがし2015』（同志社生活協同組合）	443	215	48.5%
『住まいさがし（衣笠版2015）』（立命館生活協同組合）	206	103	50.0%

されたとしても、実際には留学生への入居拒否を行う物件の掲載は継続されるだろうことが強く予想された。生協は仲介役にすぎない。根本問題は、保守的な不動産賃貸業界が公然と行ってきたレイシズムである。これにどう対処するかが問われた。

また、物件紹介冊子には、どのページにも反レイシズム情報が載っていない。これでは、仮にマークが撤廃されても、被害にあった留学生や在日コリアンなどのマイノリティが、自分の権利を回復するための相談窓口や手段がわからず、「泣き寝入り」を強いられる恐れがあった。

どうしたらマーク撤廃だけでなく、実効的なレイシズム撤廃につなげることができるだろうか。ARIC関西学生チームでは、この問題について、京都大学近隣の大家さんや仲介業者への聞きとりなどの調査をつづけながら学習会を重ね、作戦を練った（本書にはその議論が反映されている）。

その結果、差別撤廃を「モグラたたき」に終わらせず、それを市民社会における反レイシズムのルールづくり（規範形成）に結びつけるかたちで行おう、という原則を確認した。

京大生協側には、①マーク撤廃だけでなく、②生協が反レイシズムの原則に立ち、差別する業者（家主・仲介業）とは原則つきあわないこと、③物件紹介冊子に、留学生向けの反レイシズム情報（権利回復のための相談窓口紹介など）を掲載すること、④再発防止のための職員研修をすること、などを要求することに決めた。以下は要請書の抜粋だ。

・今後原則としてレイシズムを行う家主や仲介業者とは取引を行わないでください。
・留学生はじめ人種・民族的マイノリティに対するレイシズムを生協として許さないという立場を公に表明してください。
・留学生などマイノリティがレイシズム被害にあったとき、その権利侵害を回復するための情報を積極的に紹介してください。
・現状では『京大生の住まい』はじめ物件紹介冊子・掲示物にはマイノリティが差別にあった場合にどうしたらよいかを示す情報が皆無です。したがって留学生などマイノリティが差別にあった際、どうすればいいかわからず、事実上「泣き寝入り」する人が多いと思われます。
・そのため積極的な対案として『京大生の住まい』はじめ物件紹介冊子・掲示物に、「もしも差別に遭ったら」（仮）のページ・欄などを設け、不当な入居差別に遭ったマイノリティの組合員が自らの権利を回復する方法を明記することを提案します。具体的には人権相談窓口（ＮＧＯ・弁護士会・大学・法務省）や国際条約・国内法・大学の権利規定や手続きを明記してください。

一二月一日付で要請書をメール送付・公開するとともに、インターネット上のchange.orgというキャンペーンサイトを通じて要請への賛同を募った。結果、二〇〇名以上の賛同者が集まり、一二月一四日付で京大生協側は、「留学生組合員の皆様へのよりよい住まい事業の強化のために」という声明を発表した。①マーク撤廃決定、②「（差別する業者は）改善いただけない場合、最終的には取扱をしない方向で整理」すること、③留学生への「トラブル対応窓口」強化、④人権研修実施、をふくむ回答が公開された。京大生協だけでなく、立命館・同志社生協でも同様の対応がはかられた。

このようにして、被害実態調査から差別撤廃への積極的取りくみを勝ちとることができた。

その後、ＡＲＩＣ関西は、京大生協へ、協力してくださった大学教員と一緒に申し入れを行い、前述の要請書の履行について、生協として前向きに対応する旨の回答を得ることができた。理事の方が、リベラルかつ柔軟な対応をとられる方だったため、スムーズに差別問題の是正がはかられたケースだった。

事件を機に京大生協は、明文化された反レイシズムのルールづくりを前向きに検討することを素早く決めた。本書でも確認した、①人種・民族的グループへの②不平等は禁止する、という反レイシズムのルールを導入する、という。これが実現されれば、民間が国・自治体に先行するケースとして高く評価してよいものだ。

しかし、ここまで「リベラルかつ柔軟」な対応をとる京大生協が、なぜ物件紹介冊子に「留学生入居可否」マークを掲載しつづけていたのだろうか。また、なぜＡＲＩＣ関西からの抗議に担当した職員はおざなりな対応をとったのか。

それは、差別・レイシズムの定義が生協になかったためだ。じつは一二月一四日付で生協が出した声明は、誠実ではあるものの、「差別」あるいは「レイシズム」という文言が一カ所も見られないものだった。公への謝罪もあったが、「これまで「留」マークのない物件が、留学生であることを理由に留学生の入居を拒絶していると受け止められる可能性があったことについて、お詫び申し上げます」というもので、マークの記載が差別だと率直に認めたとは言いがたいものだった（そのためＡＲ

ＩＣ関西としては、確認と状況の見極めが済むまでキャンペーンを中止しなかった）。疑問は、理事との話し合いの席で氷解した。理事は、口頭で差別と認めながら、「差別」「レイシズム」という言葉は意味がはっきりしないから今回は使わないと決めた、と明言したのだった。ここには、反レイシズム規範のない企業社会日本で、差別を議論することのむずかしさが典型的にあらわれている。

申し入れの席で差別の定義を説明し、反差別の原則を通じて声明を履行するのか否かでは、意味がまったくちがってくることを説明すると、理事は瞬時にことを理解された。このような経緯を経て、生協は反差別の自主ルール制定の検討を決めるにいたった。

言うまでもなく、「留学生入居可否」マークが採用されつづけた事実は重い。ＡＲＩＣ関西で協力を仰いだある在日コリアンの教員は、「やっぱりこれを見ると、傷つくよね」としみじみと語った。彼もまた一〇年以上前、京大で勤務する際の住宅購入でレイシズムにあった被害者の一人だ。当時京大助教授のポストを得ていたにもかかわらず、断られたという。理由を教えてくれといくらたのんでも、仲介業者は「勘弁してください。ご想像のとおりです」としか言わなかった。

京大生協は、今回の事件とＮＧＯ側との対話を機に、反レイシズムのルールをつくり、レイシズムを行う業者との取り引きを禁止し、留学生などマイノリティ組合員への情報提供・相談窓口の強化などを通じて、国・自治体に先行して反レイシズム規範の形成をすすめた。差別をたんに「なくす」だけでなく、反レイシズム規範の形成につながるこのような事例が増えることを望む。

ＡＲＩＣでは、常時インターネットで差別事例の通報をよびかけている。どんな些細なことでもよいので、ぜひ情報をお寄せいただきたい（レイシズム通報先は、ＡＲＩＣのサイト http://antiracism-info.com/）。

②被害相談活動

反レイシズム規範も政策もなかった戦後日本社会では、在日コリアンはじめマイノリティは、これまでレイシズム被害にあってもどこにも相談できず、また自らの人権を回復する手立てもなかった。つまり日本は、被害者がレイシズムの被害を訴えることさえできない社会なのだ。

被害を回復させるためには、なによりも被害を安心して訴えられる環境をつくる必要がある。被害相談窓口の設置がまずなにより必要だ。

本来ならば日本政府や自治体が率先してほしいところだが、日本政府と自治体はそもそもレイシズム政策を在日コリアンに対して行ってきた当事者でもある。差別してくる行政に、在日の当事者が安心して差別を訴えられるだろうか。

一例として法務省の人権相談窓口をあげる。ここでは「人権侵犯」の相談に乗っているが、「差別被害」というカテゴリが存在しない。被害者が訴えたとき、法務省は加害者側の言い分を聞いたうえで調査し、結果、人権侵害があったと認定されなければ動かない。そこまでで半年以上かかるケースさえある。そして差別だと認定されたところで、法務省にできることはもっとも強力なもので「説諭」どまりだ。法的拘束力はなく、加害者が従わなければそれまでだ。

そういう状況なので、被害相談窓口については、国・自治体に拡充を求めつつも、現状ではNGOや当事者団体が行うほかかない。

ARICでは、インターネット上で在日コリアンへのレイシズム相談を行っている。相談内容には深刻なものが多い。職場という逃げられない環境下でのレイシャル・ハラスメントや、ヘイトスピーチを見て眠れなくなったとか、パスポートの取り方がわからないというものまで、さまざまだ。

この相談活動も、NGOがこなすだけで終わるなら、これも反レイシズム規範の形成には結びつかない。もちろん被害相談は秘密厳守で行われる。だが経験を蓄積し、差別の現場から見えてくる具体的なレイシズム実態を社会に「見える」ようにすることは、反レイシズム規範の形成にとって決定的に重要なことである。

ARICが重視しているのは、先の法務省人権相談窓口だ。相談者で希望される場合には、ARICの相談員が法務省へ同行し、相談窓口を利用する。国の相談窓口を利用すると、
①国がその被害を「聞いた」ことになる。無視されれば法務省が被害を無視したという事例になる。
②国が動けばそれでよい。
③逆に差別相談をないがしろにした場合、その「証拠」が残るため、
④国が差別を放置していることじたいを社会問題化する回路をつくることができる。
これが蓄積されれば、現行法下ではレイシズムにまったく対処できないことの動かぬ証拠が蓄積される。NGOや弁護士、国連がこれを利用することを可能にする。

しかし被害のケアという観点からは、状況は極めて深刻だ。在日コリアンの被害者のエンパワメントにとって、民族団体（日本人も参加するARICはそうではないが）の果たす役割は大きいことを指摘しておきたい。

さまざまな批判がありはするものの、同じ在日コリアン同士が安心して出会える空間が、本人のエンパワメントに資する場合もある。民族団体のネットワークにしかできないことがあるため、それら民族団体とNGOや専門家が協力する必要がある。

③反レイシズム教育

反レイシズム教育も大変重要な課題だ。社会教育は反レイシズム規範の形成にとって不可欠であると同時に、若いマイノリティが学校教育の場でのレイシズム被害から身を守るためにも、また、マジョリティ側の若者が差別を目の当たりにしたときに阻止できるようにするためにも、必要だ。

学校に通う在日コリアンはじめ在日外国人は、いまレイシズムに対して何の防御もない状況におかれている。レイシズムが原因のいじめや暴力がふるわれることも多く報告されている。また深刻なことに、教員による差別さえ横行しているという。ＡＲＩＣにも、東京都内の公立校に通う米国籍の児童が、先生からクラス全員の前で罵倒されるという事件の報告があった。本来であれば校則に差別と暴力の禁止条項を入れるべきだ。

生徒・学生に必要なのは、人権や歴史の「知識」ではなく、その手前で何が差別で何がそうでないかを区別できる術だ。インターネット全盛の現代、だれもがレイシズムを目にする。幼いころからネットに触れて育つ若者が生きてゆくとき、レイシズムにあったら、レイシズムを目撃したらどうすべきか、という対処術が求められている。

私がかつて行ったヘイトスピーチ被害調査によると、インターネットでヘイトスピーチ被害にあう若者は七割以上で、六割以上が週に一度は被害にあっている。いまの若者にとっては、レイシズム・ヘイトスピーチは「直面するかもしれない」ものではなく、「必ず直面する」「日常茶飯事」の現象なのだ。にもかかわらず、学校教育ではレイシズムへの対処法を教えるプログラムがない。

これも本来であれば、政府と自治体が率先して行うべきことだが、時間がかかるだろう。そのためこれも、NGOや当事者団が率先してすすめていかなければなるまい。

ARICでは、大学・高校などへ学生講師の派遣を行っている（出張講師派遣依頼は巻末のARICの連絡先まで）。同時に、反レイシズム教育のためのプログラムや教材づくりを、学生・院生・研究者が一緒になってすすめている。

また、対処術を越えて、本書で取りあげたような、朝鮮植民地支配やアジア侵略の歴史、在日コリアンへのレイシズムについてなど、在日コリアンの歴史や人権、レイシズムに関連する知識を習得する機会は必要だ。これらも政府が自動的に提供することは現状では考えられない。市民の手で機会をつくり、教育機会を増やすことが重要である。

くりかえしになるが、ポイントは、京大生協のケースで見たとおり、個別のレイシズムをたたく＝モグラたたきではなく、一般的な反差別のルールをいかに市民社会に普及させられるか、だ。そこを具体的に考えてゆくべきである。

2　反歴史否定規範の形成

ヘイトスピーチ頻発をくいとめるには、反歴史否定の規範形成もまた不可欠だ。

難問——日本で反歴史否定規範をどう闘いとるのか

だがこれは難問である。反レイシズムの場合、在日や歴史のことはよくわからなくとも、とにかく「差別はおかしい」と言える。だが歴史否定では、「歴史のことはよくわからないけど、それはおかしい」とはなかなか言えない。なぜなら、歴史否定に対抗する規範をつくりあげるために定義と典型事例の積み重ねを行おうにも、肝心のアジア侵略の歴史について知る機会が圧倒的に少なく、また日本政府・自治体が公認したアジア侵略の歴史がほとんどないために、公共機関に反歴史否定の基準を求めることができないからだ。

そうしたなかで、反歴史否定規範を形成するにはどうしたらよいのか。難しいが試論をのべたい。私見では右の理由から、反レイシズム規範形成のためのシングルイシュー闘争が、極めて重要な戦略的足掛かりになると考える。「歴史のことはよくわからないけれど、差別はおかしい」という一点でも、いまの歴史否定と闘うことができるからだ。比較的ハードルの低い反レイシズムの立場から歴史否定と闘うというワンステップを経ることは、日本でハードルの高い反歴史否定規範形成の実践的意義を広く訴えるための必要条件になるだろう。

謝罪・法的責任の前に真相究明と事実の認定を

第4章で指摘したが、戦後補償問題の「解決」には、①真相究明、②法的責任の認定（違法性の認定）、③法的責任の履行（刑事では責任者処罰・公的規範形成、民事では被害者個々人への謝罪・賠償をふくむ人権回復）、④再発防止策（歴史研究・教育やヘイトスピーチ規制など）がふくまれる。なかでも、②が決定的だが、それには①真相究明を政府が実施するか、明らかになった歴史的事実を日本政府が公式に認める必要がある。

日本軍「慰安婦」問題をはじめ、日本政府が戦後補償に真摯に取りくまないのは、政権担当者にその意思がないからだけではない。それは国家が謝罪・賠償を行うときに不可欠な、②の法的責任と、その条件となる①真相究明の実施を、政府に認めさせることができていないからだ。言い方を変えれば、日本政府は謝罪と賠償を拒否しているというよりも、法的責任とその前提となる真相究明の着手を、かたくなに拒否しているのだ。

反歴史否定規範をつくるには、法的責任認定のための真相究明を政府が実施し、まずは史実を認めさせねばならない。そのために何ができるのか。

地道な取りくみではあるが、研究者・専門家が協力して①の「真相」を政府にくりかえしつきつけ、政府の逃げ場をなくしていき、同時に、④の歴史教育を市民社会で先行させることが重要と考える。基本的な歴史的事実が何であるかをとにかく量的に広めることも大切だ。基準となる歴史的事実を世に広め、政治空間での歴史否定を批判する作業は、やはり歴史研究者・ジャーナリストを中心に取りくまれるべきだろう。なにより国に事実を認めさせることが肝要だ。

そして歴史教育だが、教育の現場は近年より一層非民主的になりつつある。教育現場に期待できないならば、市民レベルでこれを担保しなければならないだろう。

◆3 「上からの差別煽動」にどう対抗するか?

「上からの差別煽動」への対抗について考える。九〇年代から二〇年以上継続している政治空間からのレイシズム煽動効果をどのようにくいとめればよいのか。極右議員の運動をどう規制するのか、レイシズム・歴史否定によって票が集まるような構造をどう打破するのか。

じつは、反レイシズム規範や反歴史否定規範を積み重ねたところで、この政治空間からの差別煽動を抑制するのは難しい。

なぜなら、第一に、レイシズムや歴史否定を政治空間からしめだしたとしても、市民社会へのレイシズム煽動が起こるからだ。これは欧米での事例を見れば明らかだ。たとえば、フランス政府がパリ同時攻撃（二〇一五年一一月）後に「対テロ戦争」をさけぶことで、レイシズム暴力は急増する。国や自治体による好戦的政策などによって（直接のレイシズム・歴史否定でなくとも）、市民社会のレイシズムはいやおうなしに煽動されてしまう。米国で、9・11後の「対テロ戦争」によってイスラモフォビアがとめどなく増大したことでも、それは実証されている。

第二に、そもそも日本の民主主義が極めて脆弱で、反レイシズム以前に民主的な政策を実現させる大衆的基盤をもった野党政党も存在せず、それをつくるだけの市民社会の力量もいまはないためだ。

こうした状況では、反レイシズムは、トータルな民主主義を目指す多様な人権擁護活動や、社会運動の連帯を通じて、健全な民主主義を育成するという課題に取りくむことなしには勝ちえない。

そのことを大前提としつつ、では反レイシズムの立場から何ができるのか。それは反レイシズム規範をつくるという運動課題のなかで、とりわけ政治空間で行われるレイシズムに対しては、一層厳しく監視・批判し、これを見すごさないことだ。

ARICでは、政治家・政党によるレイシズム（ヘイトスピーチから歴史否定までをふくむ）の監視・記録を行うデータベース・サイトを準備中だ（二〇一六年六月二二日に公開した。七月一六日現在一〇〇八件の事例が検索可能。http://antiracism-info.com/database_home）。第2章・第4章で見たとおり、日本の国会・地方議員や政党はヘイトスピーチを日常茶飯にくりかえしている。石原慎太郎や維新の会を除名になった西村眞悟、自民党の中山成彬などは、そのヘイトスピーチをまとめただけでもおそらくゆうに一冊の本ができるのではないかと思われる。それら政治家によるヘイトスピーチやレイシズム事件を、学生ボランティアで手分けして過去の事例を探し出し、同時に現在進行形で監視・調査し、見つけたら逐一記録し、アップするサイトである。

政治空間でのヘイトスピーチは、市民社会でのそれの何倍も危険だ。政治家の差別を監視し網羅することで、人びとに注意を喚起し、レイシズム実態を「見える」化させ、同時にレイシズムの動かぬ証拠を蓄積させることで、NGO・専門家・議員・マスコミが、反レイシズム実践に利用できるようにしたいと考えている。これも、ぜひ読者の協力をお願いしたい（現在、データの打ち込み・整理・確認や英訳を行う学生ボランティアを募集している。興味のある方は巻末のARIC連絡先まで）。

そして、レイシズムの制度化・政治化に注意を払わねばならない。第3章でヘイトスピーチの特徴としてあげたが、ヘイトスピーチがあくまでもレイシズム運動として、それも政治空間と市民社会のレイシズムを結びつける運動として活性化していることに最大限の注意が必要だ。政治家データベースでは、政治家とレイシストらとのつながりなども収集・情報発信していきたい。

かつて朝高生襲撃事件のときに反共主義の政治暴力がレイシズムを組織したように、「上からの差別煽動」効果がこのまま加速しつづければ、それによって継続的に組織されたレイシズム運動が政治的に暴力を行使する段階が遠からずやってくることになるだろう。

「上からの差別煽動」のおおもとを断ち切るためにも、まずは一般的な民主主義を闘いとることが必要である。それは、長期的な課題とならざるをえないだろうが、日本型企業社会を企業横断的なユニオンやその他社会運動によって改編し、新たに福祉国家をつくるようにすることでもある。同時に反レイシズム規範を闘いとる過程のなかで、上からのレイシズム・歴史否定をとくに監視・批判し、撤回・処分させるようにもちこみ、そしてレイシズム運動を監視し、政治空間と市民社会におけるレイシズム運動の結合に最大限警戒しなければならないだろう。

◆おわりに――反レイシズムを超えて

日本のヘイトスピーチは、従来の在日コリアンへのレイシズムとの連続性をもちつつも、それとは一線を画した異質性と桁ちがいの危険性をもつレイシズム現象だ。そのためこれを放置すると、マイノリティを徹底的に破壊するだけにとどまらず、加害者個人のみならずマジョリティ側の人格・モラルをも腐敗させ、ついに民主主義と社会を壊す。

日本のヘイトスピーチ頻発状況を抑止するためには、なによりも日本で反レイシズム1.0を闘いとらねばならない。それは冒頭で指摘した在日コリアンの絶対的とも言える沈黙状況を是正するために必要な三つの人権規範――①一般的人権規範、②反レイシズム、③反歴史否定――のうちの一つにすぎない。だがそれでも反レイシズムが闘いとられれば、マジョリティとマイノリティの共通言語としても、また在日コリアンの身を守る盾としても、不十分ながら一つ目の足がかりとなりうる。

しかし第5章でも書いたが、「反レイシズム」とは、基本的には人権規範の形成（反レイシズムというモノサシ、ルールづくり）と、それに照らしたさまざまな対応策（加害者処罰・被害者の人権回復・再発防止の為の教育など）だと言える。つまり、反レイシズムとは、本質的に、レイシズムが起きたときにどうするかという事後策か、最善でも予防策でしかない。本書で論じたのは、あくまでも「レイシズムが最悪の暴力にまで発展するのをどうやって抑制するか」という問いへの答えであった。

だが、本当の課題は、そもそもレイシズムが起きる社会的条件を別のものにおきかえることだ。本来は、レイシズムが必然的に暴力に結びついてしまう近代社会そのものをどうするかという問題に向きあわねばならない。反レイシズムは、「反レイシズム」だけでは不十分なのである。

いったい、なぜレイシズムは生み出されてしまうのか。人はなぜ差別をするのか。

これは、日本のみならず世界中の人びとが悩み苦しんでいる問いであり、全世界の人文科学の研究者が必死に取りくんでいるアクチュアルな問題でもある（第4章で反レイシズム2.0の課題としたのはこのことだった）。

この問いにはさまざまに解答しうるが、やはり重要なのは、資本主義と国民国家という近代が生み出した問題の一つとしてとらえる必要があるということだろう。反レイシズム1.0を勝ちとるという課題に取りくみながら、並行して、近代そのものの課題、世界をのみこみつつある新自由主義への対抗や、継続する植民地主義の克服といった根本的な課題に取りくむことが重要ではないだろうか。

あとがき

　個人的な話で恐縮だが、私にはまだ小さなおいっ子がいる。動物戦隊ジュウオウジャーとブドウが大好きな彼の夢は「警察官になること」。かっこいいからだそうだ。ハルモニ（つまり私の母）との散歩で交番の前を通ったとき、彼は背筋を反りかえらせて敬礼してみせた。警官は笑って敬礼を返してくれた。彼は興奮した。調子に乗った彼は、以来、交番を通るたびに敬礼するようになった。

　まるで、それが生きがいであるかのように夢中で話す母からこの話を聞かされた私は、複雑な気もちになった。警察は、在日コリアン（つまり彼と彼の周辺の人びと）を弾圧する側にいて、彼を「殺せ」と連呼する醜悪なヘイトスピーチが起きるたび、目の前でそれを許容し警護する立場にいる。彼は憧れの警察に弾圧される側に、レイシストから「殺せ」と言われる側にいる。そもそも、日本では日本国籍がないと警察官になれない。

　何年か先、彼がこのことを知ったとき、何を思うだろう。このような残酷な現実を、彼の両親や周りの大人は、子どもたちにどう伝えたらよいのか。そもそも彼――と彼のような子どもの世代の在日コリアンたち――は、レイシズムによって、最悪命さえ奪われかねない危険な日本社会で、どうしたら自分をゆがめることなく人間らしく生きていけるのだろうか。在日コリアンはこのような問いに日々悩まされて生きるほかない。

かつて、在日コリアンにとって民族差別に抗することは、「よりよく生きる」ためのポジティブな選択肢であった。もちろんいまもこれは変わるまい。だが、ヘイトスピーチ頻発現象はもはや、「よりよく生きよう」というよびかけを――少なくとも私には――許さなくなった。同じ在日コリアンにはとにかく「自分を殺さずに生きてくれ」というほかなくなった。ヘイトスピーチ頻発現象は、在日コリアンにとって、なによりも生存権――「健康で文化的に生きる」はるか以前の生命・財産を維持するという意味での――を根底から脅かす、レイシズム暴力頻発時代の到来を意味したのである。

＊＊＊

本書を書き終える間際の七月二六日午前二時半すぎ、神奈川県相模原市の知的障がい者施設「津久井やまゆり園」に、刃物をもった元職員である植松聖（二六歳）が侵入し、当時入所していた障がい者や施設職員二六名に重軽傷を負わせ、一九名を殺害するという事件が起きた。犯人が五カ月前の二月、衆院議長宛てに書いた直筆の手紙には「私の目標は重複障害者の方が家庭内での生活、及び社会的活動が極めて困難な場合、保護者の同意を得て安楽死できる世界です」と書かれていた。そして犯行時には職員に「話せるのか」などと確認し、重度の障がい者のみを選別して殺害したという。

未だ不明な点は多い。だが事件が極めて意識的かつ計画的に引きおこされた、障がい者への差別犯罪（ヘイトクライム）であり、レイシズム暴力であることは否定できない（本書六五頁、「生物学的発想に支えられるレイシズム」の項参照）。

右の手紙はこう結ばれていた。「日本国と世界平和の為に、何卒よろしくお願い致します。〔略〕安倍晋三様にご相談頂けることを切に願っております」。つまり犯人は安倍政権であれば、障がい者を抹殺すべきとする自らの差別思想を理解するはずだと考えたのである。事件は本書第5章でのべた「上からの差別煽動」効果が、レイシズムを暴力に結びつける社会的回路を発展させてしまったことを如実に示しているように私には思える。政治家によるヘイトスピーチ頻発や安倍政権の存在は、ヴィヴィオルカが言う「加害者の目には暴力が正当だと映るような条件」（本書七四頁参照）そのものではないか。

マスコミの多くは事件を「大量殺人」と報道するばかりで、差別については沈黙し、政治家もほぼ完全に口をつぐんでいる。事件がたとえ刑法で裁かれたとしても、障がい者差別やレイシズム・ジェノサイドとしては社会的に裁かれない可能性がある。このままでは事件は後々まで差別煽動効果を発揮しつづけるのではないか。私にはそれが本当に恐ろしい。

差別は人を殺す。これは誇張でも警句でもない。差別が命を奪う社会的回路が形成された、ヘイトスピーチ頻発時代の日本の現実である。

＊＊＊

影書房編集部から本書執筆の打診を受けたとき、私のような浅学非才よりずっと適任の人物がいるではないか、またその年にちょうど大学院（修士課程一年目）に入ったので、もう少し研究を重ねたいとの躊躇がないわけではなかった。

だが、ヘイトスピーチ頻発状況のひどさは、考えれば考えるほど、桁外れの深刻さをもっているように思えた。その原因も、ヘイトスピーチ以前のレイシズムが「見えない」社会と、日本政府のレイシズム政策にあるとしか思えなかった。しかし肝心の知識人とジャーナリスト、そして上の世代の活動家からは、ごく一部を除き、納得のいく分析と理論がいくら待っても出てこなかった。

ヘイトスピーチ頻発現象は、従来型の反差別運動と理論の行きづまりをさらけだしてしまったように思えてならなかった。ヘイトスピーチ頻発現象を理解しそこねているのは、差別そのものの理解が誤っていたからではないか。そう自問しつづけた。大学時代から民族差別（当時はレイシズムという言葉を使っていなかった）をなくすために、ささやかながら運動にかかわってきた私にとって、ヘイトスピーチ特有の嘲笑は、自分のいままでの全活動をその意義もろとも完全に否定するものだったからだ。学び直すほど、私は運動と理論のあり方を根本から見直す必要に迫られた。民族運動の活動家ではなく、大学生・院生・研究者によるＮＧＯとしてＡＲＩＣを立ちあげ、大学院にも入学することにしたのはそのためだ。

ヘイトスピーチの登場によって私は、試論ながら本書をこのように書き、世に問いながら、まったく新しい反差別実践に取りくむよりほかない状況に追いこまれたのである。

差別が人を殺さずにはいない、待ったなしの現実を前に、私たちは道徳・理念への回帰や他者への想像力喚起だけをさけぶわけにはいかない。具体的にレイシズムが暴力に結びつく社会的回路を特定し、それをなくすための方策を考えるという基礎作業が不可欠だ。微力ながらそれに取りくんだ本書の企図がうまくいったか否かは、読者の判断に委ねたい。

本書はほぼ書下ろしであるが、一部に『図書新聞』での連載（三三一〇号他）や文化センターアリランの機関誌『アリラン通信』（五二号）への寄稿を大幅に加筆修正したものをふくむ。

本書のタイトル「日本型ヘイトスピーチとは何か」をつける際に参考にしたものが二つある。

一つは樋口直人の『日本型排外主義』である。樋口によると「日本型排外主義とは近隣諸国との関係により規定される外国人排斥の動きを指し、植民地清算と冷戦に立脚するものである」。そして「外国人の増加や職をめぐる競合といった外国で排外主義を生み出す要因は、日本型排外主義の説明に際してさしたる重要性を持たない」としている（樋口前掲書、二〇四頁）。

私は樋口の『日本型排外主義』の主張に全面的に賛同するものではないが、日本の排外主義が欧米のそれと比べても、特殊なかたちであらわれている点を強調する立場に共感を覚える。

もう一つは木下武男と後藤道夫の日本型企業社会の分析である。混迷のなかで貪り読んだ本のなかで、日本が同一（価値）労働同一賃金という最低限の平等基準さえ存在しないジョブレス社会（木下）であり、性と年齢ほか各種差別を内包した日本型雇用システムが社会的規範となっていると説く木下の著作から、私はそれこそが日本で反差別運動が依拠しうる社会的平等規範の形成を阻み、社会運動に致命的なまでの苦戦を強いてきた特殊な社会的条件であることに気づかされた。特殊な日本型企業社会で頻発するレイシズム煽動・ヘイトスピーチは特殊なかたちをとるのではないかと考えたことで、それが遊び半分で嗤いながらジェノサイド煽動をくりかえす、極度に反人間的な形態をとってあらわれた理由も、すべてではないが、はじめて言葉にすることができた。

東アジア冷戦構造・継続する植民地主義・平等原理なき日本型企業社会が生みだした、最悪のレイシズム暴力現象としての日本の「ヘイトスピーチ」頻発状況を、欧米で差別禁止法制を整備してもなお対処に困る差別言説／煽動を指す「ヘイトスピーチ」という語で表現し議論することに強烈な違和感を覚える。本書のタイトルを不格好ながら「日本型ヘイトスピーチとは何か」とさせていただいた所以である。

最後に、本書を書くにあたってさまざまな方がたのご協力・ご支援・ご指導をいただいたことに感謝を申し上げる。全員のお名前をあげることはできないが、とくに一橋大学言語社会研究科での主ゼミの指導教員である鵜飼哲先生、副ゼミの指導教員であるイ・ヨンスク先生のお二人には、ＡＲＩ

Cの活動でたまにしか大学院に出られないときでも、機会あるごとにいろいろとご教示をいただいた。影書房編集部は、私に本書執筆の機会をつくってくださり、忌憚のない意見と粘り強く綿密な編集作業によって、決して平易とは言えない本書をできるだけ読みやすいものにすべく力を尽くしてくださった。そして本書は、大学入学以後、民族差別反対運動やその他活動・研究をともにしてきた友人諸氏との一〇年以上にわたる議論なしには書きえなかった。とくに困難な状況下で、ＡＲＩＣを立ちあげたメンバーとともに、どうしたら本当にヘイトスピーチ頻発状況を打開できるのかという問題と格闘し、学生・院生主体の反差別ＮＧＯがすすむ道を切り拓く作業は、本書の内容そのものに反映されている。

本書が困難のなかでレイシズムと闘う人にとっての、実践における武器として役立つことを願いつつ。

二〇一六年八月三一日

梁　英聖

❖主要参考文献（順不同）

ミシェル・ヴィヴィオルカ（森千香子訳）『レイシズムの変貌――グローバル化がまねいた社会の人種化、文化の断片化』明石書店、二〇〇七年
安田浩一『ネットと愛国――在特会の「闇」を追いかけて』講談社、二〇一二年
樋口直人『日本型排外主義――在特会・外国人参政権・東アジア地政学』名古屋大学出版会、二〇一四年
在日朝鮮人の人権を守る会編『在日朝鮮人の基本的人権』二月社、一九七七年
姜誠『パチンコと兵器とチマチョゴリ――演出された朝鮮半島クライシス』学陽書房、一九九五年
朝鮮時報取材班『狙われるチマ・チョゴリ――逆国際化に病む日本』拓植書房、一九九〇年
中村一成『ルポ京都朝鮮学校襲撃事件』岩波書店、二〇一四年
内海愛子・高橋哲哉・徐京植編著『石原都知事「三国人」発言の何が問題なのか』影書房、二〇〇〇年
樋口雄一『日本の朝鮮・韓国人』同成社、二〇〇二年
山田昭次『関東大震災時の朝鮮人虐殺とその後――虐殺の国家責任と民衆責任』創史社、二〇一一年
姜徳相『関東大震災・虐殺の記憶』青丘文化社、二〇〇三年（『関東大震災』中公新書、一九七五年の増補新版）
岡本雅享編『日本の民族差別――人種差別撤廃条約からみた課題』明石書店、二〇〇五年
内海愛子・梶村秀樹・鈴木啓介編『朝鮮人差別とことば』明石書店、一九八六年
大沼保昭『在日韓国・朝鮮人の国籍と人権』東信堂、二〇〇四年
鄭栄桓『朝鮮独立への隘路――在日朝鮮人の解放五年史』法政大学出版局、二〇一三年

鄭栄桓「「解放」後在日朝鮮人史研究序説（1945―1950年）」二〇一〇年、一橋大学博士論文
小沢有作『在日朝鮮人教育論〈歴史篇〉』亜紀書房、一九七三年
金尚均編『ヘイト・スピーチの法的研究』法律文化社、二〇一四年
エリック・ブライシュ（明戸隆浩他訳）『ヘイトスピーチ――表現の自由はどこまで認められるか』明石書店、二〇一四年
田中宏『在日外国人 第三版――法の壁、心の溝』岩波新書、二〇一三年
師岡康子『ヘイト・スピーチとは何か』岩波新書、二〇一三年
加藤直樹『九月、東京の路上で――1923年関東大震災ジェノサイドの残響』ころから、二〇一四年
中塚明『これだけは知っておきたい　日本と韓国・朝鮮の歴史』高文研、二〇〇二年
マイノリティ研究会『各国の人権擁護制度』解放出版社、一九九五年
ナタン・レルナー（斎藤恵彦他訳）『人種差別撤廃条約』解放出版社、一九八三年
梶村秀樹『梶村秀樹著作集第六巻　在日朝鮮人論』明石書店、一九九三年
部落解放研究所編『世界はいま――諸外国の差別撤廃法と日本』部落解放研究所、一九八五年
石田勇治『過去の克服――ヒトラー後のドイツ』白水社、二〇〇二年
前田朗『増補新版　ヘイト・クライム――憎悪犯罪が日本を壊す』三一書房、二〇一三年
前田朗編『なぜ、いまヘイト・スピーチなのか――差別、暴力、脅迫、迫害』三一書房、二〇一三年
徐京植『皇民化政策から指紋押捺まで』岩波ブックレット、一九八九年
木下武男『格差社会にいどむユニオン――21世紀労働運動原論』花伝社、二〇〇七年
木下武男・後藤道夫『なぜ富と貧困は広がるのか』旬報社、二〇〇八年

著者について

梁 英聖　リャン ヨンソン

1982年東京生まれ。在日コリアン3世世代。東京都立大学卒。

東京外国語大学世界言語社会教育センター講師。研究テーマは在日コリアンへのレイシズム等。

反レイシズムNGO「反レイシズム情報センター（ARIC）」（http://antiracism-info.com/）代表。

著書に『レイシズムとは何か』（ちくま新書、2020年）、共著に『フェイクと憎悪』（大月書店、2018年）、『レイシズムを考える』（共和国、2021年）など。

日本型《にほんがた》ヘイトスピーチとは何《なに》か
——社会《しゃかい》を破壊《はかい》するレイシズムの登場《とうじょう》

二〇一六年一二月　九日　初版第一刷
二〇二三年一〇月　六日　初版第七刷

著者　梁《リャン》　英聖《ヨンソン》

発行所　株式会社　影書房
〒170-0003　東京都豊島区駒込一—三—一五
電話　〇三（六九〇二）二六四五
FAX　〇三（六九〇二）二六四六
Eメール　kageshobo@ac.auone-net.jp
URL　http://www.kageshobo.com
〒振替　〇〇一七〇—四—八五〇七八

印刷／製本　三恵社

落丁・乱丁本はおとりかえします。

定価3、000円＋税

ISBN978-4-87714-468-5

申《シン》 恵丰《ヘボン》 著

友だちを助けるための国際人権法入門

基地建設に反対する市民の弾圧やネットでのヘイトスピーチは不当な人権侵害。日本で実際に起きた人権問題を題材にケーススタディで学ぶ国際人権法。すべての人の人権を守るために。 A5判 158頁 1900円

LAZAK（在日コリアン弁護士協会）編／板垣竜太、木村草太 ほか著

ヘイトスピーチはどこまで規制できるか

目の前にあるヘイトスピーチ被害に現行法はどこまで対処できるのか。「言論・表現の自由」を理由とした法規制慎重論が根強いなか、議論を一歩でも前に進めようと開催された、弁護士・歴史家・憲法学者らによるシンポジウムの記録。その後の座談会の記録他も収録。 四六判 204頁 1700円

中村一成 著

映画でみる移民／難民／レイシズム

戦争、差別、貧困・格差、植民地主義……歪んだ現実を映画人はどう描き、批判してきたか。『太陽の男たち』、『ブレッド＆ローズ』、『この自由な世界で』、『ライフ・イズ・ビューティフル』、『移民の記憶』、『憎しみ』他、日本の差別状況をも抉り出す映画評20本。 四六判 318頁 2500円

李《リ》 信恵《シネ》 著

#鶴橋安寧

アンチ・ヘイト・クロニクル

ネット上に蔓延し、路上に溢れ出したヘイトスピーチ。ネトウヨ・レイシストらの執拗な攻撃にさらされながらも、ネットでリアルで応戦しつつ、カウンターに、裁判にと奔走する著者の活動記録。 四六判 262頁 1700円

ロバート＆ジョアナ・コンセダイン 著／中村聡子 訳

私たちの歴史を癒すということ

ワイタンギ条約の課題

白人入植者の子孫の著者は、先住民族マオリと出会い、植民地時代から続く土地収奪や差別などの不正を正す責任に気づく。マオリの権利と尊厳、社会正義を回復させるための実践とは。解説：上村英明 四六判 443頁 3200円